适用于机动车维修企业业务接待员

Jidongche Weixiu Qiye Yewu Jiedaiyuan Congye Zige Kaoshi Zhinan

机动车维修企业业务接待员从业资格考试指南

机动车维修检测人员从业资格考试指南编委会

人民交通出版社
China Communications Press

内容提要

本书依据《机动车维修从业人员从业资格条件》（GB/T 21338—2008）的相关要求组织编写，介绍了汽车维修企业业务接待员应该掌握的从业相关知识。主要内容有：汽车后市场服务的新理念、汽车文化概论、汽车构造知识、汽车维修企业认识、汽车维修服务接待、汽车维护知识、汽车常见故障、汽车维修业务管理、汽车维修财务知识等。

本书是汽车维修企业业务接待人员从业资格培训的专门教材，也可作为大专院校汽车专业的教学用书，汽车维修企业管理人员亦可参考阅读。

图书在版编目（CIP）数据

机动车维修企业业务接待员从业资格考试指南 / 机动车维修检测人员从业资格考试指南编委会主编. —北京：人民交通出版社，2012.5

ISBN 978-7-114-09700-3

Ⅰ.①机… Ⅱ.①机… Ⅲ.①汽车 – 修理厂 – 商业服务 – 资格考试 – 指南 Ⅳ.①U472.31 – 62

中国版本图书馆 CIP 数据核字（2012）第 043682 号

书　　名：机动车维修企业业务接待员从业资格考试指南
著 作 者：机动车维修检测人员从业资格考试指南编委会
责任编辑：曹延鹏
出版发行：人民交通出版社
地　　址：（100011）北京市朝阳区安定门外外馆斜街3号
网　　址：http：//www.ccpress.com.cn
销售电话：（010）59757969，59757973
总 经 销：人民交通出版社发行部
经　　销：各地新华书店
印　　刷：北京交通印务实业公司
开　　本：787 × 1092　1/16
印　　张：18
字　　数：441千
版　　次：2012年5月　第1版
印　　次：2012年5月　第1次印刷
书　　号：ISBN 978-7-114-09700-3
定　　价：40.00元
（有印刷、装订质量问题的图书由本社负责调换）

机动车维修检测人员从业资格考试指南
审定委员会

机动车维修检测人员从业资格考试指南
编写委员会

前言

交通运输部颁布实施的《道路运输从业人员管理规定》，规定了对道路运输从业人员实行从业资格考试制度。道路运输从业人员从业资格考试制度的实施，对于加强我国道路运输从业人员从业资格管理、提高道路运输从业人员素质和促进我国道路运输业健康发展具有十分重要的意义。

道路运输从业人员是指经营性道路客货运输驾驶员、道路危险货物运输从业人员、机动车维修技术人员、机动车驾驶培训教练员、道路运输经理人和其他道路运输从业人员。其中，道路运输经理人包括道路客货运输企业、道路客货运输站（场）、机动车驾驶员培训机构、机动车维修企业的管理人员；其他道路运输从业人员包括道路客运乘务员、机动车驾驶员培训机构教学负责人及结业考核人员、机动车维修企业价格结算员及业务接待员。

为了配合交通运输部道路运输从业人员从业资格考试，帮助广大应考人员系统地学习相关知识，在短时间内掌握考试内容，顺利地通过考试，我们继《机动车维修技术人员从业资格考试指南》（共5本）之后，又组织编写了《机动车检测维修经理人从业资格考试指南》、《机动车维修企业价格结算员从业资格考试指南》、《机动车维修企业业务接待员从业资格考试指南》。

作为机动车检测维修企业业务接待员培训的专用教材，本书具有以下特点：其一，知识体系完整，内容编排上科学合理，由浅入深、循序渐进，语言通畅，概念清晰，图文并茂；其二，注重理论联系实际，在系统介绍机动车检测维修企业业务接待员工作要求和方法的同时，注重对典型案例的分析，有利于提高学员解决实际问题的能力，达到学以致用的目的。

本书适用于机动车检测维修企业业务接待员的自学和培训教育，是机动车检测维修企业业务接待员从业资格考试的配套教材。

由于编者水平有限，加之编写时间仓促，书中难免存在疏漏和不妥之处，诚请广大读者批评指正。北京华育通盛文化发展有限公司、辽宁省道路运输协会等单位在本套丛书编写和审定过程中也做了大量工作，在此深表感谢。本书在编写过程中得到了行业内相关专家、学者的无私帮助，同时也参考了许多相关的著作、论文、报纸发表的文章、企业培训资料、网站等，在此一并表示感谢。

最后，预祝广大应考人员顺利通过机动车维修企业业务接待员从业资格考试。

机动车维修检测人员从业资格考试指南编委会

二〇一二年三月

前言

目 录

第一章 汽车后市场服务新理念

学习目标

通过对本章内容的学习,您需要:

1. 了解我国汽车服务行业的市场环境;
2. 熟悉汽车后市场服务的特征、汽车后市场服务的新理念;
3. 掌握汽车后市场的服务项目。

第一节 我国汽车服务行业面临的市场环境

2001 年 11 月 11 日,中国正式加入世界贸易组织(WTO)。这给中国的汽车市场环境以及汽车服务行业的市场环境带来了巨大的影响。

一 降低关税带来的积极影响

1 对整车销售的影响

我国加入 WTO 之后,随着汽车整车进口关税的下降以及汽车市场的逐步开放,国内汽车消费者拥有了更大的选择余地。这样,既有利于广大的汽车消费者,也有利于进一步扩大汽车市场。同时,私人汽车的普及进一步加快,汽车生产企业最终从市场竞争中、从规模效益中得到了更多的收益。

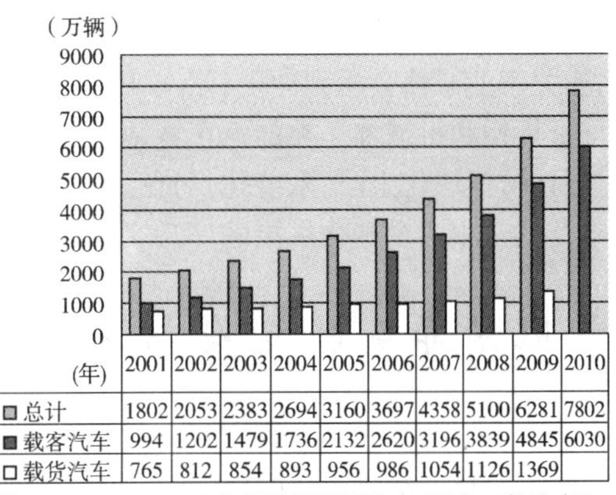

(年)	2001	2002	2003	2004	2005	2006	2007	2008	2009	2010
总计	1802	2053	2383	2694	3160	3697	4358	5100	6281	7802
载客汽车	994	1202	1479	1736	2132	2620	3196	3839	4845	6030
载货汽车	765	812	854	893	956	986	1054	1126	1369	

图 1-1 2001 ~ 2010 年间我国民用汽车(不含三轮汽车和低速货车)保有量(单位:万辆)

2001 ~ 2010 年间,我国民用汽车(不含三轮汽车和低速货车)保有量见图 1-1。2010 年,我国大陆地区民用汽车保有量达到 7802 万辆(不包括三轮汽车和低速货车 1284 万辆),其中私人汽车保有量 6539

万辆。民用轿车保有量4029万辆,其中,私人轿车3443万辆,已经形成了巨大的市场份额。

降低关税、引入竞争,不仅可以通过进口整车来满足国内需求,而且对国内汽车市场价格也起到了制约作用,迫使国内生产企业按照比较利益原则,利用国际和国内市场合理配置资源,降低成本,提高效率。十年来,我国汽车工业得到了长足的发展,从原来在世界汽车市场上的无足轻重,到2009年的汽车产量位居世界第一,不能不说是加入世界贸易组织之后给汽车行业带来了巨大利益。我国在2001~2010年间的汽车销售量见图1-2。

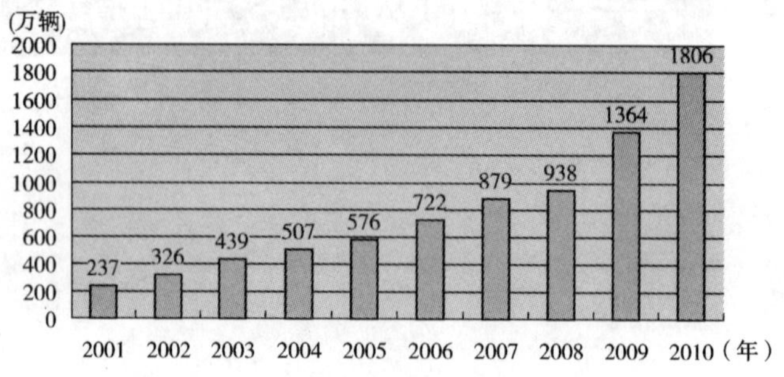

图1-2 2001~2010年间的汽车销售量(万辆)

汽车生产企业在市场竞争中的优胜劣汰,为我国汽车工业的产品结构和组织结构调整提供了难得的机遇和外在动力,促进企业联合重组,加快产业结构调整步伐。2002年6月,一汽与天汽签署重组协议,完成了中国汽车工业发展史上规模最大的一次联合重组。2007年12月26日,上海汽车集团与跃进汽车集团签约,跃进集团下属的汽车业务全面融入上汽。另外,吉利汽车公司近年来的不断发展壮大、比亚迪汽车公司的横空出世……都是加入世界贸易组织之后政策及环境改变所带来的结果。

2 对汽车零部件的影响

从对市场的有效保护理论来讲,降低零部件(即中间投入品)的价格,必然会大大降低汽车生产过程中的成本。

政府为了形成对整车的较高保护率,关税水平是按照"原材料、中间投入品、最终产品"的顺序依次递增的,从而最大程度地降低生产汽车的中间投入品价格。这样,有利于整车生产厂家有效降低生产成本和最终售价,整车生产企业会取得效益最大化的利益。

由于我国汽车工业80%以上的直接就业人口集中在汽车零部件生产企业,如果零部件工业在加入WTO之后被挤垮,会导致大批职工下岗,汽车工业也会成为跨国公司在我国的装配点。同时,由于汽车工业与其他相关配套行业具有较高的关联度,一旦汽车工业被挤垮,相关工业必然会受到冲击,汽车工业作为支柱产业的地位会受到严重挑战。不过,作为劳动密集型和机械加工类的汽车零部件行业,在我国具有一定优势,所受到的冲击较小。

目前,模块化生产、系统化供货已成为零部件配套的主流形式,随着零部件进口关税的下降及汽车生产全球化举措的广泛实施,我国生产汽车零部件的成本也在逐年下降。

二 取消非关税壁垒措施带来的积极影响

加入WTO之后,随着国家对一些非关税壁垒措施(如汽车进口配额)的取消和弱化,汽车生产企业可以在更大范围内学习、借鉴和采用国外先进技术与经验,促使我国汽车工业融入了世界汽车工业的发展潮流之中。

我国的汽车工业经过一段时间的发展,具有了比较优势的部分产品,在成本上已经具有了竞争优势,在性能上也在逐渐为部分国家所接受,具有一定的区域竞争力。

同时,随着投资限制措施的取消,我国汽车工业的投资环境也得到了大幅度改善。外商在我国投资建厂享受到了普惠制待遇。这样,更加有利于吸引外资尤其是跨国公司的投资;有利于引进高新技术,加快技术改造和技术进步的步伐;有助于外方向中方转让先进的技术;有利于外方在我国建立研究开发机构,并将其纳入到跨国公司的全球发展战略之中。近几年来,一些国际汽车工业巨头,逐渐将它们的关键产品投放到了中国市场,充分说明了这一点。

加入 WTO 后,我国得到了一个公正解决贸易纠纷的场所,贸易体制转向了多边贸易体系,获得了稳定的多边优惠待遇,为我国汽车产品在国际市场上创造了一个良好的出口环境。

三 开放汽车服务贸易带来的积极影响

汽车服务贸易体系是汽车产品销售的重要基础与保障,对于我国来说,也是极度薄弱的环节。如果我国不尽快完善汽车服务贸易体系,外国服务企业一旦在我国建立了外方控股的汽车服务贸易体系,就为它们在我国销售外国汽车产品打开畅通的渠道,将对我国汽车工业的发展产生重大冲击。从这一点上讲,加入 WTO,对外开放汽车服务贸易市场,对于我国在更大范围内学习、借鉴国外先进的汽车服务贸易运作方式和管理经验是有好处的。

同时,我国汽车服务贸易体系将会产生质的变化,有利于我国汽车服务贸易体系与国际惯例接轨,我国的汽车消费者会享受到优质的服务,从而扩大市场消费。

第二节　汽车后市场服务的特征

随着汽车保有量的大幅增长,汽车后市场得到了长足发展。汽车后市场是汽车产业链中最稳定的利润来源,可占总利润的 60% ~70% 。每台汽车接受售后服务所开支的金额平均约为车价的 2 倍。再加之私家车主的售后维护服务意识逐渐增强,因此,中国的汽车后市场面临着难得的发展机遇。分析汽车后市场的发展,总结归纳汽车维修企业的经营业态,对于宏观把握汽车维修业的状况有着积极意义。

一 中国的汽车后市场

1 汽车后市场的定义

汽车后市场是汽车产业链的有机组成部分,是指汽车自出产之后的全部相关环节,包括销售领域的金融服务、汽车租赁、汽车广告、汽车装潢、二手车交易;日常运行领域的油品、汽车保险、汽车维护、汽车维修;面向车主服务领域的驾校、停车场、车友俱乐部、救援系统、交通信息服务等;流通领域的整车与零部件物流;服务领域的汽车资讯、汽车培训等。

2 国内汽车后市场的发展

我国汽车后市场的发展起步较晚,大致经历了四个阶段:

第一阶段:1990~1996年,属于起步阶段,维修服务对象几乎都是公务车。在这个阶段,个人用户几乎还没有开始消费汽车的,汽车维修依然带有计划经济时期的部分色彩。

第二阶段:1997~2001年,属于开始发展阶段,维修服务对象以公务车为主,只有极少数私家车。该阶段处于我国加入WTO的前夜,正在逐步接受国外消费理念。

第三阶段:2002~2008年,这个阶段属于中国成功加入WTO并在积极准备、顺利召开奥运会的阶段,整个国家处于前所未有的开放阶段,各种经济成分纷纷涉足汽车后市场,汽车后市场企业处于洗牌阶段。服务对象是私家车、公务车各占半壁江山。

第四阶段:2009年以后,汽车后市场处于稳步发展阶段,服务对象以私家车为主,公务车为辅,每个地区都有2~3家区域性的龙头企业,品牌快修店与4S站并行,国外汽车服务连锁巨头进入中国,个体经营的维修店在选择自己的发展道路。

二 汽车后市场的主要内容

在国内的汽车市场,后市场所包括的主要业务见表1-1。

汽车后市场的主要内容　表1-1

业务名称	项　目	具体内容
汽车美容	车表美容护理	无水洗车、泡沫精致洗车、全自动电脑洗车、底盘清洗、漆面污渍处理、漆面飞漆处理、新车开蜡、氧化层去除、漆面封釉、漆面划痕处理、抛光翻新、金属件增亮、轮胎增亮防滑、玻璃抛光等
	车内翻新护理	车内顶棚清洗、车门衬板清洗、仪表盘清洗护理、桃木清洗、丝绒清洗、地毯除臭、塑料内饰清洗护理、真皮座椅清洗、全车皮革维护等
	高级美容护理	漆面封釉、漆面镀膜、汽车桑拿、底盘封塑、臭氧消毒、划痕修复等
汽车装饰	新车装饰	全车贴膜、铺地胶、铺地垫、挡泥板、尾箱开启器、桃木内饰、加装轮眉、防撞胶条、更换拉手、安装门碗、加装晴雨挡、加装尾喉,还包括部分客户要求的真皮座椅、豪华天窗、隔音工程等
汽车维护	日常维护(必做)	换润滑油、加防冻液、更换三滤、更换刮水器、变速器止漏、清洗更换制动片、空调检测及加氟利昂、蓄电池维护等
	附加维护(选做)	燃烧系统免拆清洗、润滑系统免拆清洗、冷却系统免拆清洗、电脑检测及解码、发电机维护、发动机维护、尾气达标等
汽车电子	电子产品	防盗器、倒车雷达、中央门锁、车载电话、GPS、加装电动门窗、更换自动天线、车载冰箱、胎压检测器、电压转换器、各部位车灯、车载应急灯、后视系统等
汽车娱乐影音系统	娱乐影音产品	车载电视、CD、VCD、DVD、喇叭、功放、低音炮、显示器、电子游戏系统等

续上表

业务名称	项　　目	具体内容
汽车改装	汽车外观改装	改装包围、更换转向盘、增加个性贴纸、更换轮胎、更换轮毂、更换仪表等
	汽车性能提高改装	增加氙气灯、改装进气系统、改装排气系统、改装点火系统、改装供油系统等
	赛车按标准改装	车内头盔、防滑架、赛车服饰、减振器、悬架加强、赛车安全带等
汽车饰品	个性饰品	卡通娃娃、个性香水、内外闪灯、游侠伴侣、风火轮、个性地毯、动感领动、个性座套、钛金气喉、车饰边条、香熏挂件等
	专用饰品	野营套装、车载冰箱等
汽车轮胎	轮胎服务	更换轮胎、轮胎平衡、四轮定位、快速补胎、专业补胎、轮胎冲氮气、轮胎维护等
汽车专业维修	车辆维修	对汽车各部位进行维修，主要是对车身、底盘、发动机、电气系统等进行全面、系统的维修，使之恢复正常等
车上办公	办公用品	车用办公桌椅、车用电脑、车用打印机、车用传真机、车载电话、车用热水器、车用电冰箱等
汽车租赁	按时间分	定时租赁、临时租赁
	按客户类别分	政府租赁、企业租赁、个人租赁
车主俱乐部	汽车类服务	代办保险、验车、泊位、换领驾照、补领驾照、补领行驶证、管家提醒、代（补）交养路费、理赔、审证、贷款等
	汽车体验与交流	外驾车出游、试乘试驾、车友会、会员制等，汽车救援：如拖车服务、快速抢修、提供 24 小时救援等
二手车业务	二手车业务交易	二手车的购买、销售、中介、评估、暂管、代过户、置换、装饰等
汽车融资	信贷	汽车信贷、消费信贷
汽车广告	汽车广告	涉及报纸、杂志、电台、电视台、户外、单页、比赛赞助等
汽车资讯	汽车资讯	市场调查、市场分析、行业动态、统计分析、政策法规等
汽车文化	汽车文化	汽车模型、汽车体育、汽车知识、汽车报刊、汽车书籍、汽车影视、汽车车迷、汽车与社会等
汽车培训	汽车培训	驾驶培训、维修培训、美容装饰培训、销售接待培训、维修接待培训、保险理赔培训、中层管理培训、行业决策培训等

三 汽车维修业现状

汽车维修业是由汽车维护和修理厂点组成，为汽车运输服务，相对独立的行业。

汽车维修是通过对汽车的维护和修理来维持和恢复其技术状况，延长汽车的使用寿命，它是汽车流通领域中的重要组成部分。

1 汽车维修市场现状

随着改革开放的深入，中国的汽车维修市场逐步对社会开放。原交通部于 1983 年提出了"有路大家行车,有水大家行船"的开放政策,出现了各行各业、各部门、各单位都来从事投资少、见效快的汽车维修业的状况,汽车维修业得到飞速发展。

目前,一个以中心城市为依托,一类企业为骨干,二类企业为基础,三类业户为补充,综合性能检测站为质量保证,各种经济成分协调发展的汽车维修网络已基本形成,较好地适应和满足了营运车辆和社会车辆的维修需求,为国民经济和社会发展作出了应有的贡献。

近几年,我国汽车产量与销售量逐年快速增长。2011 年汽车产销量分别达到了 1841.89 万辆和 1850.51 万辆,蝉联全球第一。随着国民经济的发展,我国汽车保有量将会以更快的速度增长,与之配套的汽车维修市场更是蕴藏着无限商机。

同时,由于汽车生产技术的进步,生产水平和人民生活水平的提高,公路条件的改善,尤其是高速公路的普及,对汽车在安全、环保、可靠、快速、舒适和经济等方面提出了更高的要求,促使汽车在品种、结构及性能方面越来越多样化。为适应这些变化,汽车的维修也必须有较大的发展,以最大限度地满足社会需求。

2 汽车维修技术现状

在汽车维修技术方面,目前具有以下主要特点:

汽车维修技术的特点

▲维修对象电子化;
▲维修设备现代化;
▲维修资讯网络化;
▲维修管理电脑化;
▲故障诊断专家化。

3 汽车维修行业存在的基本问题

中国的汽车维修行业已经取得了巨大的进步,出现了前所未有的大发展,技术装备水平有了很大提高,现代的汽车检测诊断技术得到了广泛应用,但是,与汽车技术的发展和用户日益增长的需求相比,仍有一定差距,主要问题见表 1-2。

汽车维修行业存在的基本问题 表 1-2

存在问题	具体表现
行业属性定位不准确,认识不到位	车辆社会化和私家车的迅速发展,使汽车维修业走向了社会化,并促使汽车维修业从产品型行业向服务型行业过渡,但汽车维修业按传统的为运输生产服务的观念仍未彻底转变,为普通百姓服务的意识尚需提高,个性化的定制式服务、关联化的一站式服务机制尚未形成,行业的信息反馈机制、投诉调查处理机制还不十分完善
市场秩序有待进一步规范	执法监督不到位,市场准入把关不严,致使无证修车、不规范的路边店、占道修车等现象屡禁不止;街边店作业环境脏、乱、差,干扰了市场秩序,损害了整个行业的形象

续上表

存在问题	具体表现
维修质量得不到保证,行业的信誉度较差	维修技术与飞速发展的汽车技术存在较大差距,加之维修行业从业人员素质偏低,造成新技术的推广和普及困难,影响了传统的经验维修方式向新的诊断、换件为主的维修方式的顺利过渡,维修质量得不到保证;同时,使用假冒伪劣汽车配件等问题的存在,使社会上普遍存在用户修车不放心,怕被骗、怕被宰的现象,行业诚信度不高
乱收费问题存在	存在配件乱加价、乱收费以及增加作业项目多收费等问题,收费不透明和收费的事先沟通机制不完善
从业人员素质低	从事汽车维修的技术工人,初中及以下文化程度的约占40%;具有高中文化程度者占50%,具有大专及以上文化程度的不足10%。从业人员的总体素质低,造成了技术工人的技术水平低,使汽车维修质量得不到保障

4 国内汽车维修渠道模式

在目前的中国汽车后市场,汽车的维修主要有以下六大渠道:

中国汽车后市场的六大渠道

▲汽车4S店;
▲传统的大中型维修厂;
▲汽车维修路边店;
▲汽车专项服务店;
▲品牌快修、美容装饰连锁店;
▲汽配商城。

这六大渠道在厂房面积、设备投资、人员素质、地点便利性、服务质量、服务时间和收费标准等方面各有千秋,短期可以共存。但随着市场的发展变化,经过逐步变化的汽车4S店和国际知名品牌的快修、维护、美容连锁店将成为两大主要渠道。

四 我国汽车维修企业发展模式

企业选择何种经营模式,对自身发展有着近乎决定性的影响。目前,中国汽车维修市场主要有路边维修店、独立修理厂、汽配商城、特约维修站、连锁经营店等几种模式。

1 路边维修店

路边维修店通常是个人出资的临时性汽车维修店,甚至属无证、无照经营。

这类维修店在资金、人员、设备、技术水平、配件质量等方面均存在明显不足,最大竞争优势在于两条:收费低廉、服务及时。

它们不承接大修、保修期内的维修,而选择洗车、美容及保修期外车辆的维护、更换易损件、小修等,服务对象大多为过路车、家庭车、经营型车等。部分私车主“保修期内找特约站,保修期外找路边店”的维修策略从一个侧面佐证了它的服务面向及竞争优势。

2 独立修理厂

独立修理厂的来源，既有原来依附于行业或企业，后独立发展起来的修理厂，也有近年来新建的小型汽车修理厂。资本形式分为国有、集体、民营。由于它们未获得品牌车特约维修权，因而在配件来源、技术支持、专用设备及免费服务等方面无特权，无法与特约维修站公平竞争。其经营方向定位于投资较少、技术要求不高的车辆维护、车辆小修、汽车美容等。

目前这类企业经营差异很大，有的凭借良好的信誉、过硬的技术、完善的设备、出色的服务获得了长足发展，但也有一些企业在苦苦地支撑，甚至有朝着路边维修店方向发展的趋势。

3 汽配商城

汽配商城是一种颇具中国特色的汽车贸易方式。1994 年前后，国家对汽车零部件、整车经营政策逐步放开，全国建了许多汽车配件商城、汽车交易市场。

随着外商涌入及 4S 模式的推行，汽配商城的经营逐渐冷淡。部分业户为了多销配件，为客户免费更换。部分私家车主，遇到例行维护或小修小换，自己开车到汽配城购件，当场让其维修。

汽配城管理者基于这一现状，为了生存及谋求发展，借鉴 4S 店模式，将原来单纯经营汽车配件的功能扩展为“三位一体”（整车销售、配件经营、维修服务，亦称大 3S）。

4 特约维修站

汽车特约维修起源于美国。整车厂为保证产品维修质量，将经过水平考查、人员培训后的维修厂冠以“特约维修站”的称号，将其纳入自己的营销体系，便于控制产品的售后服务，树立产品形象。该模式被引入欧洲后，发展成 3S 或 4S 式汽车营销、服务体系。目前，这种模式在国外尤其是在欧洲和日本有相当强的生命力。

1980 年以来，随着国内进口车的增加，特约维修站式的汽车售后服务模式，被外商（尤其是日商）带入。这种模式一问世，便以其新颖的形式、完善的服务博得消费者高度评价，逐渐成为发展趋势。后来，又演变为 3S、4S（整车销售-Sale、配件供应-Supply、维护维修-Safeguard、信息反馈-Service）汽车营销新模式。

汽车维修企业感悟到这种模式的发展前景，看到了别人从中所获利益，迅速作出反应，纷纷与整车厂建立联系，争取成为特约维修站，以求长久发展。

5 连锁经营店

连锁经营采用统一品牌形象、统一标准、统一价格、统一采购和配送，降低了企业的生产成本和管理成本，提高了经济效益，有利于企业的迅速扩张。

第三节　汽车后市场服务的新理念

随着我国汽车工业的发展和车辆的社会化、私有化，汽车维修市场出现了很大变化，特别是交通主管部门对汽车维修市场进一步加强监管之后，汽车维修行业面临着一些新的形势，体现了一些新的理念。

一 汽车维修需求增幅明显

加入 WTO 以来，我国汽车市场发展很快，保有量逐年直线上升。汽车保有量的大幅增长，对具有汽车使用后勤保障功能的汽车维修行业产生了深远的影响，提出了更高要求。

二 汽车维修个性化需求凸显

自 2002 年之后，我国的私家车市场发展很快，私家车保有量直线上升。

2004 年年底，我国私家车保有量达到 1365 万辆，开始全面超过公务车；至 2010 年年底，私家车保有量达到 6539 万辆（其中轿车占 3443 万辆），占全部民用汽车保有量的 83.81%。私家车消费，目前已经成为了我国汽车消费市场的绝对主力（图 1-3）。

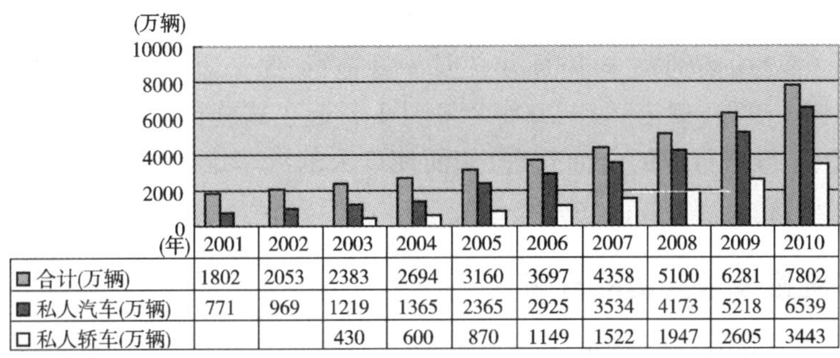

(年)	2001	2002	2003	2004	2005	2006	2007	2008	2009	2010
合计(万辆)	1802	2053	2383	2694	3160	3697	4358	5100	6281	7802
私人汽车(万辆)	771	969	1219	1365	2365	2925	3534	4173	5218	6539
私人轿车(万辆)			430	600	870	1149	1522	1947	2605	3443

图 1-3 2001～2010 年我国民用汽车、私人汽车（不含三轮汽车和低速货车）保有量

私家车（尤其是私人轿车）保有量的高速增长，对机动车维修行业提出了新的要求，产生了极为深远的影响。汽车进入家庭的步伐加快，使得汽车维修服务成为了社会的焦点，维修行业面临新的挑战。

汽车维修行业的从业人员必须清醒地认识到，在私家车占据历史舞台的今天，汽车维修业已经走向社会化，已经开始从产品型行业向服务型行业转变。车主向维修服务商提出了“快捷、廉价、安全”的具体维修要求。汽车维修行业要进一步提高为普通百姓服务的意识，开展个性化的定制式服务、关联化的一站式服务，完善行业的信息反馈机制、投诉调查处理机制等。

三 维修作业方式发生根本变化

随着现代汽车生产技术含量的不断提高，汽车维修已由机械修理为主稍带一些简单电路检修的传统方式，逐步转向依靠电子设备和信息数据进行综合诊断与维修的作业方式。各种各样的专用检测设备和仪器纷纷问世，为汽车维修行业注入了高科技成分。有了这些专用的检测仪器，就可以方便地探明汽车各系统的工作情况，准确判断出故障所在，为快速排除故障提供了强大的技术保障，同时也对维修技术人员提出了更高的技术和素质要求。

另外，自 2005 年 4 月 1 日开始施行的由商务部、国家发展和改革委员会、工商行政管理总局联合颁布的《汽车品牌销售管理实施办法》，奠定了我国汽车销售的 4S 店基本模式，也决定了汽车生产主机厂对汽车维修企业的绝对控制权，无论是新车的销售权利，还是故障车辆诊断的专用工具，以及更换配件的单一来源渠道，都决定了主机厂对加盟4S店的绝对控制。这一变化趋势，值得汽车维修行业经营的决策者们重点研究。

四 维修市场竞争加剧

我国加入WTO三年后，已将汽车维修市场全面开放，国外企业和个人均可来华投资建立汽车维修企业，并且可以独资。

当前，美国的蓝霸、AC Delco，德国的博世、日本的黄帽子等快修连锁品牌纷纷入户中国内地，将充足的资金和先进的管理经验、维修技术带入了中国，为我国汽车维修行业注入了新的活力，同时也与我国的汽车维修企业进行着激烈的竞争。

五 交通主管部门对维修监管的力度加大

近年来，政府对汽车维修行业的监管力度在逐年加大。由国务院颁布的《中华人民共和国道路运输条例》（简称《条例》）于2004年7月1日施行，原交通部根据《条例》发布的《机动车维修管理规定》（简称《规定》）于2005年8月1日起正式施行。《条例》和《规定》的正式施行加强了对汽车维修行业的全面管理，从而使广大的汽车维修企业和从业人员必须加强法制观念，守法经营。

1 对汽车维修技术人员的要求

在《规定》第十一条中，对必要的技术人员做了详细的规定，以满足汽车维修业务的需要，确保承修汽车的维修质量。

2 对维修质量的要求

《规定》中规定了机动车维修实行竣工出厂质量保证期制度，确保汽车的维修质量以及必要的售后服务。

3 鼓励开展连锁经营

原交通部在《关于道路运输业结构调整的若干意见》中提出：引导具有一定规模和实力的汽车维修企业在统一汽车维修服务质量标准的前提下，采取异地设点或联营等形式，实行连锁经营，并要按照现代物流的经营理念，统一汽车配件、维修设备及机具的采购和配送，降低维修成本，确保零配件品质纯正和维修质量可靠，进一步提高企业的知名度和市场份额。在原交通部第7号部令《机动车维修管理规定》中又规定：任何单位和个人不得封锁或者垄断机动车维修市场，鼓励机动车维修企业实行集约化、专业化、连锁经营，促进机动车维修业的合理分工和协调发展。

连锁经营以其独有的特点，越来越被机动车维修经营者所看重，成为机动车维修行业经营方式发展的方向。鼓励机动车维修企业实行连锁经营，成为现阶段行业发展的一项政策。

发展连锁经营，有利于发展大流通，带动大生产；有利于优化流通业态结构，整合和有效利用现有市场资源，完善社区功能，向用户提供质优价廉的商品和方便快捷的服务；有利于提高市场的组织化程度，实现经营行为的标准化和规范化，净化市场环境；有利于扩大经营规模,提高企业国际竞争力。

根据相关测算,一辆新车从购入到报废,在车主的全部花费中,购车费用只占约35%,而燃油、税费、保险费、停车等费用约占20%,后期维护、维修费用约占45%(图1-4)。所以,“买车容易养车难”的说法是有一定道理的,不少车主从拥有爱车的那一天起,就不得不算计着不菲的维护、维修费用。既收费低廉,又能保证汽车维修质量的快修连锁店,满足了客户省钱的基本要求。

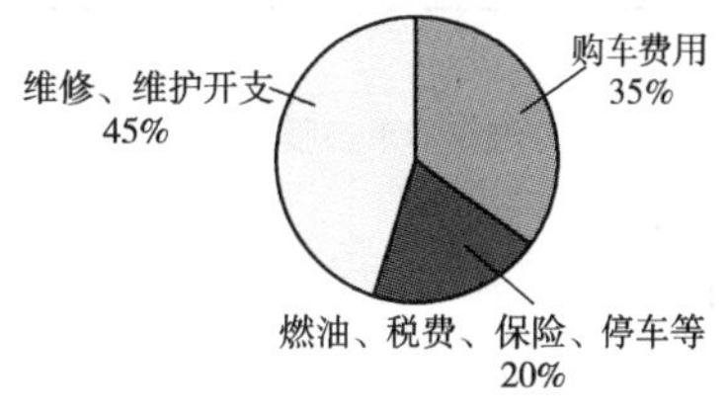

图1-4　汽车使用周期费用构成图

总之,中国的汽车维修市场正处于发展和完善的时期,汽车维修行业是一个有广阔前景的朝阳行业,正在日新月异地向前发展。

【复习思考题】

1. 我国是何时加入世界贸易组织的?
2. 我国加入世界贸易组织,给整车销售带来了什么影响?
3. 我国加入世界贸易组织,给汽车零部件的生产带来了什么影响?
4. 我国加入世界贸易组织,给开放汽车服务贸易带来了积极影响?
5. 汽车后市场包括哪些主要内容?
6. 我国汽车维修市场现状如何?
7. 目前的汽车维修行业主要存在哪些问题?
8. 在私家车为主的年代,汽车维修应该如何服务于客户的需求?
9. 汽车后市场主要包括哪些方面?
10. 在目前的中国,汽车后市场主要有哪六大渠道?
11. 4S店的经营优势是什么?
12. 面对维修资讯网络化和维修管理电脑化的汽车维修行业,应该如何掌握自己的计算机知识?

【工作页】

汽车后市场相关服务内容工作页

布置日期:____年____月____日	完成时间:____(分钟)
问题: 依据所学到的关于汽车后市场的相关知识,结合本厂的实际情况,在本厂应该强化汽车后市场的哪些服务项目?还可以进一步开展哪些汽车后市场的服务项目?	任务: 分析在本厂应该强化哪些汽车后市场的服务项目?并分析进一步开展汽车后市场服务项目的可行性。
分析要点:	

续上表

工作步骤	注意事项
1. 学习汽车后市场服务项目。	
2. 调研本地区汽车用户对开展汽车后市场服务的需求情况。	
3. 调研竞争对手在本地区开展汽车后市场服务的基本情况。	
4. 分析本厂的资源条件、竞争优势。	
5. 提出我厂应该强化的现有汽车后市场服务项目。	
6. 提出我厂应该进一步开展的汽车后市场服务项目。	
学习纪要:	

【模拟考试题】

一、单项选择题

1. 我国于________加入 WTO。

A. 2000 年 11 月 11 日　　B. 2001 年 11 月 1 日

C. 2001 年 11 月 11 日　　D. 2001 年 11 月 1 日

2. 我国汽车产量于________成为世界第一。

A. 2008 年　　B. 2009 年　　C. 2010 年　　D. 2011 年

3. 政府为了造成对汽车整车这一最终产品较高的有效保护率，关税水平是按照________的顺序依次递增的。

A. 原材料、中间投入品、最终产品　　B. 中间投入品、原材料、最终产品

C. 最终产品、原材料、中间投入品　　D. 最终产品、中间投入品、原材料

4. 我国的私家车于________全面超过公务车。

A. 2002 年　　B. 2004 年　　C. 2008 年　　D. 2010 年

5.《机动车维修管理规定》于________起正式施行。

A. 2002 年 8 月 1 日　　B. 2004 年 8 月 1 日

C. 2005 年 8 月 1 日　　D. 2008 年 8 月 1 日

6. 一辆新车从购入到报废，在车主的全部花费中，购车费用约占________。

A. 25%　　B. 30%　　C. 35%　　D. 40%

7. 一辆新车从购入到报废，在全部花费中，燃油、税费、保险费、停车等费用约占________。

A. 10%　　B. 20%　　C. 25%　　D. 30%

8. 一辆新车从购入到报废，在车主的全部花费中，后期维护、维修费用约占________。

A. 30%　　B. 35%　　C. 40%　　D. 45%

二、多项选择题

1. 以下________的说法是正确的。

A. 一汽集团与天汽集团合并　　B. 吉利集团兼并沃尔沃

C. 比亚迪与力帆合并　　D. 上海集团与跃进集团合并

2. 私家车主维修时，希望维修商提供的维修服务应该主要包括________。

A. 快捷　　B. 廉价　　C. 安全　　D. 高档

3. 面对私家车主的维修诉求，汽车维修应该重点开展________等服务内容。

A. 个性化的定制式服务　　B. 关联化的一站式服务

C. 完善行业信息反馈机制　　D. 完善投诉调查处理机制

三、判断题

1. 汽车进口配额属于非关税贸易壁垒。（　）

2. 汽车车内翻新护理不属于汽车后市场的服务范围。（　）

3. 汽车维修业是由维护和修理厂点组成，为汽车运输服务，相对独立的行业。（　）

4. 目前，汽车维修作业方式主要是机械修理为主捎带一些简单电路检修。（　）

5. 所谓汽车 4S 店，是指整车销售、配件供应、维护维修、贷款回笼。（　）

四、分析题

目前，我国的汽车经销及售后服务模式，基本以 4S 店为主。请分析这种汽车后市场服务模式对于我国的汽车工业发展及向消费者服务方面的利与弊。

第二章 汽车文化概论

学习目标

通过对本章内容的学习，您需要：

1. 了解汽车的命名与译名、我国车牌的编排规则、汽车的发展历史、汽车的展览、我国汽车维修企业的发展模式等；

2. 熟悉世界第一辆汽车的发明，汽车发展史上的十大技术革新、汽车外形的设计要求、世界上主要汽车公司的概况等；

3. 掌握汽车史上的三次重大变革、汽车后市场的相关业务；

4. 重点掌握世界主要汽车公司的商标识别、汽车颜色的相关影响、汽车维修市场的发展对维修接待所提出的要求等。

第一节 汽车发展简史

汽车，人人熟知，但应该如何给汽车下一个准确定义呢？

“汽车是一种能自行驱动，主要供运输用的无轨车辆。原称‘自动车’，因多装用汽油机，故简称汽车。”——《辞海》

“一种交通工具，用内燃机做发动机，主要在公路或马路上行驶，通常有四个或四个以上的轮子。”——《现代汉语词典》

工具书中汽车定义的局限

▲摩托车也是自行驱动、无轨行驶、使用汽油机。

▲拖拉机也使用内燃机、无轨、有四个或四个以上车轮。

▲蒸汽汽车采用外燃机，而非内燃机。

▲汽车除使用汽油外，还可使用天然气、煤气、甲醇等作为燃料，或借助于太阳能、电力驱动。

界定汽车定义的因素

▲汽车的产生与发展，不同时期的汽车有着不同结构特点，汽车种类和用途日新月异。

▲汽车原意源自西方，应以西文原意并结合现代汽车予以定义。英文“Automobile”是由“Auto(自动的)”和“Mobif(会动的)”构成的，这就是“汽车”的来历，其意为“自己会动的”，并没有内燃机、外燃机和使用什么燃料之分。

▲汽车与其他相似机械的区别，在汽车定义中，不应完全涵盖相似机械的所有特点。

在汽车史上，曾出现过形形色色的汽车：就动力构成而言，既有外燃机、内燃机、电动机之分，也有汽油、柴油、天然气、煤气、甲醇、太阳能、电力等区别；就用途而言，有客车、轿车、货车、洒水车、消防车、工程车、大型平板运输车、扫雪车、翻斗车、婚礼车等琳琅满目、不胜枚举的各种车型；就结构尺寸而言，既有供单人乘坐的微型车，也有可运输航天飞机的“巨无霸”……这些汽车虽种类繁多，异彩纷呈，用途迥异，但都具有汽车的整体特性，都是基于交通运输这个本能派生出来的，都属于“自动车”范畴。

摩托车是在自行车或类似自行车的车体上加装发动机而成的，其车架与汽车车架截然不同；拖拉机与汽车相比，在整体结构上有着明显差异，汽车车身不可分体，除个别车类中的部分车型，如：大型平板运输车，驾驶室与载物平板不共用一个车架外，其他各类车辆，驾驶室与车厢要么一体，要么统一固装在一个车架上；而拖拉机的车身则是两半式，中间活络连接，驾驶室与车厢不能固装为一体，且驱动轮大，从动轮小。

综上所述，汽车的定义应如此界定：汽车是一种具有 4 只或 4 只以上车轮，驾驶室与车厢一体或固装在同一车架上，具备自行驱动能力，并且只凭车轮驱动、主要供运输或由此派生出来的其他特殊用途使用的无轨车辆（图 2-1）。

a) 大客车

b) 皮卡

c) 越野车

d) 轿车

图 2-1　不同类型的汽车

由于汽车需具有 4 只或 4 只以上车轮，因此 2 轮或 3 轮摩托车不是汽车。

由于汽车具备自行驱动能力，故凭电力网中的电力做动力的有轨或无轨电车不是汽车。

由于汽车只凭车轮驱动，且主要供运输或由此派生出来的其他特殊用途使用，所以儿童玩具车、拖拉机、坦克、装甲车、推土机及其他工程机械等均不是汽车。

另外，人们在谈论轿车时，常常会提到“厢”的概念，常见的轿车一般是三厢车，所谓“三厢车”，是因为它的车身结构由三个相互封闭、用途各异的舱（即人们所称的“厢”）所组成：位于车前部的发动机舱、位于车身中部的乘员舱、位于车后部的行李舱。两厢车的前部与三厢车没有区别，作用也是一样的。不同之处在于这种汽车将乘员舱近似等高地向后延伸，把后行李舱和乘员舱合为一体，形成只有发动机舱和乘员舱的“两厢车”。两厢车尾部有宽敞的后车门，使其具备了使用灵活、用途广泛的特点：放倒后排座，就可获得比三厢车大得多的载物空间，可用来运送许多大型家电和家庭用品。图 2-2 为三厢车与两厢车。

a) 两厢的骐达

b) 三厢的和悦

图 2-2　三厢车与两厢车

一　汽车诞生前的尝试

1 畜力车和人力车

车起源于原始的运输工具——橇。先人们在获得了使用橇的丰富经验后，将橇下圆木的中间部分削掉，使其成为中间细两头粗的形状，大大减少了摩擦阻力。再后来又分开制作，将中间部分做成细长的轴，两端部分做成圆板形的轮，这就是车的雏形。

据《文史考》记载，第一辆车子是在 4600 多年前由黄帝发明的。

夏朝初期，大禹治水时，采用了相当先进的交通工具——“水行靠舟，陆行用车”，他曾以“车正”的官职任命奚仲负责造车、管车。奚仲对前人所造车子加以改进，使车子使用起来更加方便。后来，人们又将实心车轮更换成有辐车轮，使车更加轻巧。

比较实用的古车包括车架、车轴和车轮等几大部分。车架由一条车梁以及前端用来套马的横木组成；车轴装在车梁的后端；为了保持车子行走起来能够平衡，左右各穿一个用木头制成的车轮；车轮中间有向四周放射的直木——辐；车厢做成半圆形或者簸箕形，以供人乘坐。在河南辉县出土的战国时代的大型车，甚至使用了斜置车辐。

不过，这样车所存在的最大问题就是车轴部分磨损太快。到了周朝，金属的使用日益普及，人们采用金属（主要是铜）制作车轴——只是在轴与车轮相对转动处用金属制作，并用动物油脂润滑。这样，车轴的抗磨性得以大大提高。

这个时期的车子品种很多，按车子的结构来分，有二辕车、三辕车；从车子的用途来分，有打猎车、运物车、战车、乘用车等；从拉车所用马的数量来分，有一马车、二马车、三马车、四马车等。其中供有身份人乘坐的车子都是套有四匹马的马车，人称“驷马高车”。

但当时的人们不懂得什么是统一标准，每个制作车子的人都按自己的喜好自行加工，这就使得制作出来的车子五花八门，给人们的使用和维修带来很多麻烦。

车是中国人发明的

▲皇帝发明了车，他叫轩辕氏。

▲大禹治水时，水行靠舟，陆行用车。

▲奚仲担任“车正”官职，负责造车、管车。

▲秦始皇规定“车同轨”。

秦始皇于公元前 221 年统一中国后，为加强中央集权，在下令“书同文”的同时规定“车同轨”——规定轨宽六尺（约合 1.38m）。从那以后，车轮距离有了统一标准，不同人制作的车子都可按相同车辙行走，“闭门造车”者再也行不通了。从这个意义上来说，秦始皇还是车辆标准化的创始人呢！图 2-3b）为秦始皇及秦陵出土的铜车马邮票。

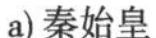

a) 秦始皇

b) 秦陵铜车马邮票

图 2-3　秦始皇及秦陵铜车马

后来，随着城市的出现，人口越来越集中，考虑到公共卫生问题，城市中出现了不用马拉而用人拉的出租车——“黄包车”，这是一种典型的供人乘坐的人力车。

2 汽车诞生前的种种尝试

随着社会的发展，人们已经不满足于使用畜力或人力来拉动车子了。他们在想：能不能发明一种机器来代替人力或畜力去拉动车子呢？

唐朝天文学家曾一行发明了一种“激铜轮自转之法，加以火蒸汽运，名曰汽车”的装置，可惜未能更好地完善。国外工程师们先后进行了种类繁多的尝试，如滑轮车、弹簧发条车、双桅风帆车、发条车等。

1766 年，英国人瓦特在对前人发明的蒸汽机作了重大改进后，使其变得更加实用，为实用汽车的问世创造了必要的条件。

1769 年，法国工程师尼古拉·斯·古诺经过 6 年研究，将一台蒸汽机装在了一辆木制三轮车上，这是世界上第一辆完全凭借自身动力实现行走的蒸汽汽车。这辆车被命名为“卡布奥雷”，车长 7.32m，车高 2.2m，车架上放置着一个像梨一样的大锅炉（直径 1.34m），前轮直径 1.28m，后轮直径 1.50m，前进时靠前轮控制方向，每前进 12～15min 的路程，需停车加热 15min 的水，运行速度为 3.5～3.9km/h。后来，由于控制方向比较费力，试车途中下坡时撞到了般圣奴兵工厂的石头墙上，破损得七零八落。虽然世界上第一辆蒸汽汽车落得个如此悲惨的结局，但它作为汽车发展史上第一座重要里程碑的地位是不容怀疑的。1771 年，古诺又制成了一辆性能更好的蒸汽汽车——时速 9.5km，可以牵引 4～5t 货物。该车现被设在巴黎的法国国家艺术及机械品陈列馆收藏（图 2-4）。

图 2-4　古诺的蒸汽汽车

但是，类似于古诺这样的蒸汽汽车行走速度太慢了，无法满足人们快速行动的要求。一直到俄国发明家古利宾为汽车装上飞轮、齿轮、变速器和滚动轴承以后，汽车的速度才有了明显提高。1803 年，英国工程师特雷威蒂克制成了能乘坐 8 人，时速达 9.6km/h 的蒸汽汽车。该车的问世,标志着蒸汽汽车结束了单纯实验,跨入了实用阶段。更多人开始涉足蒸汽汽车的制造,英、德、法、美等国相继诞生了多家蒸汽汽车制造公司。

1825 年,英国嘉内公爵设计了一种转向轴,基本解除了前面小轮的承重量,使车把转向自如。他于 1827 年推出的蒸汽汽车成为世界上正式开始营运的第一辆蒸汽公共汽车(图 2-5)。该车能载客 18 人,运行速度 19km/h。自那以后,欧美国家的城乡道路上,越来越多的蒸汽汽车开始出现。

图 2-5　英国最早的蒸汽公共汽车

然而,蒸汽汽车还不能算是现代汽车,因为它工作时不仅要发出巨大的噪声,而且排出的废气也严重地污染了空气,再加之体积庞大、笨重,使用起来很不方便,也根本无法穿行于人口密集的大街小巷。因此,它最终被淘汰也就不足为怪了。

不过,蒸汽汽车是人类在寻求公路运输摆脱落后的畜力牵引、实现机械化的道路上迈出的关键性一步,是一项革命性的突破,在汽车发展史上具有重大的意义。

蒸汽汽车的兴衰

▲1766 年,瓦特完善了蒸汽机。

▲1769 年,古诺发明了蒸汽机汽车。

▲1803 年,特雷威蒂克制成实用型的蒸汽机汽车。

▲1827 年,嘉内公爵制成世界首辆正式营运的蒸汽公共汽车。

▲蒸汽汽车因噪声大,且体积庞大、运行笨重,在内燃机汽车问世后逐渐被淘汰。

3 内燃机的发明

内燃机的发明是从往复活塞式开始的,发动机吸入新鲜空气和燃料、压缩并点燃混合气、燃烧作功、排出废气等工作连环进行,使用煤气、汽油、柴油等为燃料。

内燃机的发明经历了近百年的历程,最终才于 1867 年由德国人奥托制成往复活塞式四行程煤气机。1876 年,奥托又制成了另一台四冲程发动机,并于次年获得专利。这是一台单缸卧式、压缩比为 2.5 的 2942W(4 马力)煤气机。它采用活塞曲柄连杆机构,转速为 250r/min,热效率高达 12% ~14%。不久,这种以发明人名字命名的“奥托机”就闻名于世了。

美国得克萨斯州于 1859 年 8 月 27 日打出了世界上第一口具有商业价值的油井,给内燃机带来了新的燃料。于是,工程师们又加紧研制以石油为燃料的发动机。

德国人哥德利普·戴姆勒,根据奥托机的原理,用汽油作燃料,于 1883 年制成四冲程汽油机。这种发动机比以前的煤气机质量小、转速高——750r/min,非常适合于汽车使用。

顾名思义,汽油机是以汽油做燃料与空气混合后进行工作的。但是,石油产品中的汽油只是其中的一部分。人们在研制汽油机的同时,也在尝试用廉价的重油作为发动机燃料,以便降低成本,提高热效率。1892 年,德国工程师狄塞尔提出了压燃柴油机理论,并获得了柴油机的发明专利。1897 年，他制成以柴油为燃料，仅靠压缩就可点火的柴油机。这台柴油机转速 180r/min，功率 1.1kW，热效率达到 24% ~26%，经济性能比汽油机高 1.5 ~2 倍。

二 第一辆现代汽车

1885 年，德国人卡尔·本茨(Karl. Benz，1844 ~1929 年)制成了世界上第一辆以汽油作燃料的现代汽车。1886 年 1 月 29 日，他在德国曼海姆帝国专利局的专利申请获得了批准，于是，这一天就成为了现代汽车的诞生日，卡尔·本茨也被誉为了"现代汽车之父"。

奔驰一号车(图 2-6)质量为 254kg，装用三个装有实心橡胶轮胎的车轮；单缸四冲程汽油发动机(排量 0.9L，功率 625W(0.85 马力)，转速 400r/min)放在两后轮之间；发动机输出的功率靠齿轮和齿条机构传给装有差速装置的后轴，汽车前进速度为 13 ~18km/h，但无法倒行，前进方向的控制完全依靠一根操纵杆来实现。另外，该车没有制动踏板装置，也没有减振机构，更没有车篷，包括驾驶员在内的两名乘客就坐在两个后轮之间的硬座上。

a) 奔驰一号车

b) 卡尔·本茨

图 2-6　卡尔·本茨及其一号车

仔细观察世界第一辆汽车的结构，你会发现它的外形和当时的马车差不多，分析比较它的速度及载质量，也不比马车有任何优势。但是，它的巨大贡献不在于其本身所达到的性能，而是一个观念的变化，那就是内燃机的采用和自动化的实现。卡尔·本茨不仅敢于向当时占有垄断地位的马车制造商挑战，而且敢丁抛弃在技术上已相当成熟的蒸汽发动机不用而去选用新生的内燃机作动力，足可见其充分的自信及观念上的巨大转变。正因为这种车可以自己行走，所以后人才用希腊语中的"Auto(自动)"和拉丁语中的"Mobif(会动的)"构成复合词来解释这种类型的车，这就是"Automobile(汽车)"一词的来历。

现在，这辆车被收藏在奔驰汽车博物馆内，至今仍保持着可运行状态。

三 十大技术革新

虽然本茨发明了汽车，但是他所发明的汽车与今天的汽车相比，不可同日而语。

在汽车的发展过程中，各种创造、发明层出不穷，它们为汽车的日益完善、汽车工业的发展壮大作出了积极贡献。其中，以下十大技术革新成就的作用尤为突出。

汽车史上的十大技术革新

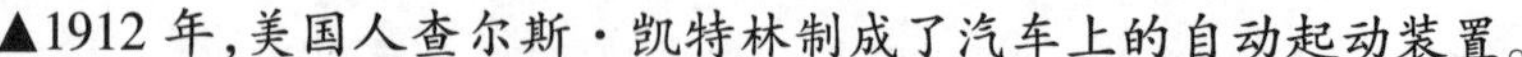

▲1888 年，英国人邓禄普取得了充气式“自行车和三轮车新式轮胎”专利。

▲1912 年，美国人查尔斯·凯特林制成了汽车上的自动起动装置。

▲1877 年，德国人奥托获得了四行程煤气发动机专利。

▲1904 年，美国人斯特蒂文特制成了简单的自动变速器。

▲1902 年，法国人雷诺获得了内胀式鼓式制动器的发明专利。

▲1900 年，美国人获得了全金属车身专利；1924 年，美国道奇汽车首先采用了成型钢板闭合结构的安全型车身。

▲1909 年，福特 T 型车买主可选装风窗玻璃，后来逐渐成为安全玻璃。

▲1953 年，美国霍利化油器公司取得了在点火系中使用晶体管的专利。

▲1976 年，沃尔沃率先推出带有含氧感知器的三元催化转换器。

▲自 20 世纪 70 年代起，世界各国相继制订汽车防撞标准，推进了汽车安全设施的普及。

四 汽车史上三次重大变革

在世界汽车工业发展史上，虽然有过无数次的变革，但真正称得上改变了世界汽车工业生产格局的变革却只有三次。

1 汽车的大批量生产

汽车工业虽然起源于德国，但由于当时法国的工业基础、消费环境都要优于德国，因此，法国的汽车工业远远超过了德国。当时全部以手工生产的汽车，成本一直居高不下，产量也无法提高。因此，当时有人将汽车比喻为“工程师的宠物，有钱人的玩物”，普通人根本买不起汽车。

美国人亨利·福特（1863 ~ 1947 年）于 1908 年完成了汽车生产流水装配线的建设，并于同年生产出著名的 T 型车（图 2-7）。这条以屠宰业生产线的逆向操作为模式的装配线投

a) 亨利·福特

b) 福特 T 型车生产线

图 2-7 福特及其 T 型车生产线

入使用以后，极大地提高了生产效率，一辆汽车的装配时间由原来的750min 降至 93min。生产效率的提高，使得汽车产量大幅度增加（1908～1927 年间共生产 T 型车 1500 多万辆），售价一降再降（1908 年售 850 美元，1916 年售 360 美元）。

在福特的带动及竞争促动下，美国其他汽车公司也得到了快速发展，他们不仅借鉴了福特的流水生产线，而且推出了不同价位的汽车以满足不同消费者阶层，努力扩大市场占有率，在整体上提高了美国汽车的国际竞争力（全球市场占有率多年超过 90%）。在这场市场竞争中，除福特公司以外，由艾尔弗雷德·斯隆领导的通用公司是另一家成绩突出的汽车公司。

2 汽车的多样化生产

"二战"之前，欧洲各国汽车厂家利用自身技术优势，在品种上实现了多样化，在性能及配备上尽量适应欧洲各国自然条件、社会环境、生活习惯等要求，以新颖的汽车（如发动机前置前驱、后置后驱、承载式车身、微型省油车等）与美国厂家竞争。

"二战"之后，欧洲人将竞争的重点放在了改变美式汽车车型单一、体积庞大、油耗过高的缺憾上。经过德国、意大利、法国、英国等国汽车制造商的不懈努力，终于在柔性生产线上生产出了一系列款式别致、令人大开眼界的新型汽车，如严谨规范的奔驰、宝马，轻盈典雅的法拉利、雪铁龙，雍容华贵的劳斯莱斯、美洲虎等，为沉闷单一的车坛带来了清新的气息。欧洲汽车企业从而也占据了相当的市场份额，并产生了巨大的经济效益。

3 精益化生产方式

进入 20 世纪 60 年代，经济型小轿车的生产在日本逐渐增多，同时，以丰田为代表的几家汽车公司，将"全面质量管理"和"及时生产系统"两种新型的管理机制应用到了汽车生产中。前者要求工人承担更多的责任，将产品质量放在首要位置；后者规定了在生产过程中所需的图纸、材料、生产工具等要不多不少、源源不断地及时送到生产现场。两者紧密衔接，相辅相成，推动了日本汽车工业的高速发展。1973 年，因中东战争而引发了全球石油危机，各国消费者对汽车的需求马上由豪华气派型转向了小型省油型。而美国汽车厂商在当时所生产的轿车中，豪华气派、油耗偏高的占绝大多数，不适合于普通消费者的需求。日本生产的小型省油车马上成为全世界的畅销货。他们抓住这一大好机遇，奋力抢占全球汽车市场尤其是欧美市场，获得了巨大成功。图 2-8 分别是日本丰田公司于 1966 年生产的第一代花冠汽车和日产公司于 1970 年产生的 Fairlady Z 汽车。

汽车史上的三次重大变革

▲由美国福特公司发起的"流水线大批量"生产模式。

▲由欧洲汽车生产厂家联合发起的"多样化汽车品种"开发模式。

▲以日本丰田公司为代表，推出的"精益化生产方式"管理模式。

a) 第一代丰田花冠汽车(1996年上市)

b) 日产 Fairlady Z 汽车(1970年上市)

图 2-8 丰田公司的第一代花冠汽车和日产公司的 Fairlady Z 汽车

五 汽车史上产量最大的四款车

在世界汽车史上,的确产生过许多知名的汽车品牌。这些汽车,或因拔得头筹而为人记忆,或因历史渊源而为人称道,或因性能超群而为人注目,或以产量稀少而为人珍惜……其中,有四款车作出了突出的贡献,有效地促进了人类社会的发展。这四款车分别是:美国福特汽车公司出产的福特T型车、大众汽车公司出产的甲壳虫汽车和高尔夫汽车、日本丰田汽车公司出产的花冠汽车(表2-1)。

历史上产量最多的四款汽车 表 2-1

汽车品牌	出产公司	公司总部所在地	最初问世时间	累计产量(万辆)
福特T	福特	美国	1908年10月	1500(截止到1927年5月停产)
甲壳虫	大众	德国	1939年8月	21 529 464(截止到2003年12月)
高尔夫	大众	德国	1974年3月	2600(截止到2008年12月)
花冠	丰田	日本	1966年10月	3500(截止到2008年12月)

六 中国汽车五十年

1953年7月15日,我国在长春举行了第一汽车制造厂奠基典礼。会上由李岚清等六名青年党员,将毛主席亲笔题词“第一汽车制造厂奠基纪念”的汉白玉基石放在基座上,中国第一汽车制造厂的建设从此拉开了序幕,开始了我国汽车工业史上一场规模宏大的建设。

1956年7月13日,第一批解放牌汽车从总装配线上驶出(图2-9a)),标志着中国不能制造汽车的历史从此结束,为中国汽车工业竖起了里程碑,圆了几代人的汽车梦。1958年7月,第一汽车制造厂又试制出红旗 cA72 型高级轿车,该车发动机为8缸、V形排列,功率为

a) 第一代解放货车(1956年)

b) 第一代红旗轿车(1958年)

图 2-9 国产解放货车及红旗轿车

162kW/4000r/min,装有自动变速器,散热器罩窗孔采用中国传统的扇子造型,后灯采用大红宫灯,发动机罩上方标志是三面红旗(后改为一面红旗,图 2-9b))。

"大跃进"时期,各地纷纷建立汽车生产厂,掀起了一股汽车热。但在三年自然灾害时期,大多又陆续停办。随着经济形势的好转,汽车工业刚刚呈现出好转趋势,马上又遇到了文革的破坏。因此,汽车工业一直处于波浪起伏的状态。

十一届三中全会确立了我国改革开放的基本国策,中国汽车工业也随之掀开了新的一页。这一阶段的基本特征是:党和政府提出要把汽车工业发展成为支柱产业;在产量不断提高的同时,加快进行产品结构调整,形成比较完整的汽车产品系列;改变过去那种封闭的发展模式,引进国外先进技术和资本。

1985 年 3 月 21 日,与德国大众合资的上海大众有限公司成立,标志着中国汽车工业从此步入与外商合作的时代。随后,各地纷纷引进外资合作生产汽车,许多国外知名品牌陆续进入国内市场,丰富了我国的汽车品牌;随着合资生产的轿车、MPV、客车、货车等项目的开工,国内长期以来"缺重少轻"的格局被改变,汽车产品从只能生产货车的单一品种,发展到包括货车、客车、轿车、越野车、自卸车、牵引车等六大类 150 多个基本车型,以及厢式、罐式、矿用自卸车、专用汽车 1000 多种产品;随着汽车产品的出口,改变了过去国产汽车只能内销的格局,开始占领国际市场;随着私家车市场份额的逐渐扩大,改变了过去汽车只能公款购置的模式,真正实现了与国际接轨;随着与外商合作的进一步加深,能够生产出具有世界一流技术水平的轿车,部分新车型已经可以与国际市场同步上市。

进入 21 世纪以来,中国汽车工业进入了快速发展阶段。2000 ~ 2010 年,我国仅仅用了 10 年时间,就完成了汽车产量从 200 万辆到 1800 万辆的巨大跨越,2010 年我国汽车年产量为 1826.47 万辆,成为绝对的世界头号汽车制造大国。

第二节 汽车商标欣赏

汽车的商标,作为汽车产品的标识,它是艺术性和象征性的高度统一,是一家汽车制造厂将自己的产品质量、公司信誉、处世原则和企业精神昭示于世的图腾。因此,它也是汽车生产企业生存与信誉的缩影。欣赏每一种汽车商标,都可以读到一个流传已久的故事。

一 世界著名汽车商标欣赏

世界著名汽车商标的解读见表 2-2。

世界著名汽车商标解读 表 2-2

商标图案	商标解读	商标图案	商标解读
GM	美国通用汽车公司(General Motors Corporation)前两个单词的第一个字母大写"GM"		通用—别克的商标由三把刀排列而成,给人一种起点高,并不断向上的感觉

续上表

商标图案	商标解读	商标图案	商标解读
	凯迪拉克是缔造美国底特律的法国贵族。美国人亨利·利兰德创建汽车公司时，为向他表示敬意，就以凯迪拉克作为商标。商标图案就是凯迪拉克家族族徽。现在凯迪拉克属于通用公司	HUMMER	通用—悍马从1979年开始装备美军部队，随着后来美军战略政策的转变，悍马逐渐由军用变为军民两用，商标就是悍马的英文拼写
	通用—雪佛兰的商标是图案化了的蝴蝶领结	PONTIAC	通用—旁蒂克的商标是以一位印第安酋长的名字来命名的，箭头代表锐意进取
	美国福特公司是以创建者姓氏命名的。蓝底白字商标图案中那花体F取自他本人手体，而Ford一词的整体组合犹如一只活泼可爱的小白兔，据说这是因亨利·福特非常喜爱兔子的缘故		福特—林肯是第一个以总统名字命名的车型。镶嵌在车头正中长形围绕的十字星，象征着尊严和庄重。公司的气派和用意也毫不掩饰：轿车的质量以总统的名义担保
	福特—野马是以加利福尼亚州出产的一种善跑的野马作为车型商标		福特—雷鸟取“善走，飞行迅速，亦能在雪地上疾驰”的自然界雷鸟作为商标，暗指该车性能优良
	福特—水星的商标是在一个圆中有三个土星行星运行轨迹，很容易让人联想到福特汽车具有太空科技和超时空的创造力		福特—美洲狮汽车用美洲狮的头像作为图形商标，表示该车像雄狮那样的威武气派，像美洲狮一样与大自然共舞
CHRYSLER	美国克莱斯勒商标像是一枚勋章，体现了克莱斯勒人的远大抱负，又像是蓝色五边形被白色五星分割成的五部分，喻意亚、非、欧、美、澳五大洲会成为克莱斯勒的汽车市场		克莱斯勒—普利茅斯的商标是僧侣曾乘坐过的帆船“珠夫拉瓦号”的船形图案，体现了普利茅斯的创造精神
Jeep	克莱斯勒—吉普原本主要供应军用，现在也大量供应民用，商标就是直接采用了英文“Jeep”的拼写		克莱斯勒—鹰的商标是一只鹰头，象征产品的优良品质

续上表

商标图案	商标解读	商标图案	商标解读
DODGE	克莱斯勒—道奇的商标象征道奇车强壮剽悍,善于决斗,表示道奇部的产品朴实无华、美观大方		克莱斯勒—蝰蛇车标采用了美国最凶猛的蛇种之一(Viper),预示蝰蛇跑车动力强劲,跑劲十足
	德国戴姆勒—奔驰的商标是一个三叉星,象征着陆上、水面和空中三个领域的机械化	smart	戴姆勒—奔驰生产的另外一款车型是精灵,商标直取其英文字母 Smart
BMW	德国宝马以一个蓝白相间的螺旋桨作为公司商标,象征着该公司过去在航空发动机技术方面的领先地位	PORSCHE	德国保时捷商标就是斯图加特市的纹章,只是在其上部增加了"Porsche"字样而已
	德国大众公司商标中的 VW 取自于公司德文名称"大众"(VOLKS WAGES)的两个字母,该公司生产的汽车也都是以此为商标		大众—奥迪商标以四个连接在一起的圆环为商标,说明当年该公司是由四家公司合并组建的
	德国欧宝商标非常简洁:圆形代表着车轮,两条对接重叠的横杠代表车架,整个图案置于淡黄色的底图上,愈显醒目	MAN	德国 MAN 是一款重型载货汽车生产厂家,取名男人(MAN)大概是为了表征车的强壮
CITROËN	法国雪铁龙公司前身是齿轮公司。人字形齿轮的加工在过去必须借助于先进的加工设备及加工工艺才能实现,以此为标志意味着雪铁龙齿轮公司在这一领域的技术领先地位		法国标致公司最早是生产拉锯的,雄狮可以完整体现标致拉锯三大优点:锯齿像雄狮的牙齿那样经久耐磨;锯身像雄狮的脊梁骨般富有弹性;整个拉锯的性能像雄猛的狮子那样所向无敌
	法国雷诺公司是以创始人路易斯·雷诺的姓氏命名,图形商标是四个菱形拼成的图案,象征雷诺三兄弟与汽车工业融为一体,表示雷诺能在无限四维空间中竞争、生存、发展	Ferrari	意大利法拉利公司主要生产跑车,以跳马图作为商标,黄色的底色代表公司所在地莫丹那市,跳马下方为法拉利(Ferrari)字样

续上表

商标图案	商标解读	商标图案	商标解读
MASERATI	意大利玛莎拉蒂公司商标是一支三叉戟,是公司所在地波伦比亚市的市徽,也象征着玛莎拉蒂三兄弟齐心协力创办汽车制造厂	LANCIA	意大利蓝旗标志是在矛和旗的周围加上车轮状的圆环,并把这一图案置于盾形框架之中,整个图案寓意蓝旗发展锐不可当
LAMBORGHINI	意大利兰博基尼标志是一头无畏的斗牛,充分体现了公司创建人兰博基尼不甘示弱的牛脾气秉性,同时也暗喻着公司所生产的高速大功率运动车的特性	FIAT	意大利菲亚特实际是意大利都灵汽车厂(Fabbrica Italiana di Automobili Torino),1943 年将名称中意大利文四个单词的首字母连起来,成为 FIAT,并将其确定为公司标志
ALFA-ROMEO MILANO	意大利阿尔法·罗密欧公司标志直接采用了公司所在地米兰市的市徽,而米兰市的市徽又是中世纪米兰领主维斯康泰公爵的家徽	IVECO	意大利依维柯全称为工业车辆公司(Industrial Vehicles Corp. B. V),简称 IVECO,是以菲亚特公司为主体的三国四公司
	意大利德·托马索公司所产赛车向以性能高、款式新而备受猎奇者的钟爱。公司以创建人德·托马索(De. Tomsao)的姓名命名,商标图案系一变形 T 字	EB BUGATTI	意大利布加迪商标分两种,一种只是 EB 两个字母,是创始人埃托尔·布加迪(Ettore Bugatti)英文缩写,另外一种是上边一个 EB,下边 Bugatti 字母,周围一圈小圆点象征滚珠轴承,底色为红色
ROLLS RR ROYCE	英国劳斯莱斯是由理查德·罗尔斯(L. Rolls)和亨利·罗依斯(H. Royce)共同组建的,商标取自两个人姓氏的首字母,上下则分别为两个人的名字	B	英国宾利商标是劳斯莱斯公司为纪念杰出工程师宾利(Bently)而采用的,商标图案中醒目地印着一个大大的 B 字,整体造型如一只展翅的雄鹰
	英国美洲虎公司专门生产豪华轿车,商标图案为一只跃起的美洲虎及美洲虎的英文拼写 JAGUAR	LOTUS	英国莲花商标除包含了莲花的字样 LOTUS 外,还有创始人安东尼·考林·布鲁斯·柴普罗姓名的字头四个字母(ACBC)组成的花瓣形图案
TVR	英国泰威(TVR Engineering Limited)是特雷沃·威尔金森(Trevor Wilkinson)于 1954 年创建。公司名称取自于他名字(Trevor)的几个字母	V	英国伏克斯豪尔商标标新立异,选用了一只鹰头狮身怪兽,怪兽高举公司标识的第一个字母

续上表

商标图案	商标解读	商标图案	商标解读
	英国陆虎汽车公司(Austin Rover)的商标选用了北欧海盗威金人的头像。这些威金人乘船到处流浪,而"Rover"一词的意思也是流浪者		沃尔沃 VOLVO 最初是瑞典滚柱轴承厂一家子公司的名称,源自于拉丁文的几个字母"VOLVO"的意思是滚滚向前
	瑞典坤宝的 SAAB 是公司名称缩写,商标由三部分组成:斯湛尼亚部(SCANIA)、坤宝小客车部(SAAB Car)和飞机部,其中前两个部生产汽车。图案置于代表地球的深色圆上,说明公司志在参与全球市场竞争		奥地利的斯太尔戴姆勒普赫公司主要生产载货汽车、牵引车、越野车、大客车等。公司标志为一环形靶,因它原是一家军火厂,把名字 STEYR 写在靶心,象征公司经营会得以成功
	捷克的斯柯达商标最外边大圆表示完美的、可走遍全球的产品,圆中翅膀象征技术进步,翅膀下方箭头表明生产方式进步,翅膀上的小孔代表生产精确度、技术灵敏性及产品放眼世界		俄国拉达轿车的商标图案由拉达 LADA 的 L 和 D 两个字母组合成一个带帆的游船图案
	西班牙西特公司的全称为图雷斯莫汽车有限公司(Sociedad Espanola de Automoviles de Turismo S.A),商标就是公司名称的缩写		华沙小客车厂因建于波兰首都华沙而得名。商标是厂名 Fabryka Somochodow osobowych 的缩写 FSO 三个字母艺术地结合在一起
	日本丰田的英文拼写是 TOYOTA,商标由三个椭圆环组成。一横一竖构成 T 字,代表丰田,外边椭圆表示地球,中间 T 字与外边椭圆上下接触重合,充分反映出丰田要把自己的技术、产品推向全世界的愿望		丰田—凌志的商标为车名 LEXUS 第一个字母的大写
	日本五十铃公司的商标是两根柱子,分别象征着"和用户并肩前进的五十铃"和"与世界各国协作发展的五十铃"		日本三菱商标源于创建公司的 Lwasaki 家族徽号。红色的三菱商标体现了三菱公司的三个原则:承担对社会的共同责任、诚实与公平、通过贸易促进国际谅解与合作

续上表

商标图案	商标解读	商标图案	商标解读
	日本"马自达(MAZDA)"在日语中的意思为"松田",作为交通工具,音译为"马自达"更加贴切,其椭圆两侧代表着无限与崇高的创造力,里面的火焰图形表示内心充满诚挚、强烈的感情		日本铃木公司的商标图案是由铃木英文(SUZUKI)中的第一个字母"S"变形而来的,给人以力量的感觉,象征着发展中的"铃木"
	日本富士重工的商标是六连星,象征着1955年4月原富士重工业公司兼并了另外5家企业后组成的新企业。六连星的排列取自牧牛星座昴宿星团中可由人类在地球用肉眼看到的六颗星。用椭圆形环围住六连星寓意着合并后的六家企业齐心协力、共同发展	NISSAN	日本日产商标简洁明了,红色圆表示太阳,中间蓝色长方形及其上白色的字是"日产"的拼写,图案表明公司位于"日出之国"的日本
	日本本田公司的新商标于1981年5月开始启用,取自"本田(HONDA)"的第一个字母。此标志体现出技术创新、职工完美和经营坚实的特点,同时还有紧张感和可以放松一下的轻松感		日本大发工业公司的商标是根据"大发"英文(DAIHATSU)首字母D变化而来的。据称,这个设计表现出了"永葆青春"的大发精神。该公司于1967年加入丰田集团
	韩国现代公司始建于1967年,其标志用公司英文拼音Hyundai的首字母"H"表示,它与本田公司商标的区别在于"H"为斜花体	DAEWOO	韩国大宇商标中的椭圆代表全球,向上展开的形态表现了大宇的创造和挑战意志,中部五个蓝色实体代表欧、亚、美、非、澳五大洲,两边较厚的蓝色实体代表南北两极。蓝色代表年轻、活泼,白色表示牺牲,整体构图表现了大宇家族的创造、挑战、牺牲之企业精神
KIA	起亚商标是公司英文名称KIA的艺术化造型,K字上笔如腾空飞翔,寓意公司的起飞		韩国双龙公司商标将SSANGYONG中的S抽象成8字,形似双龙飞舞,表示双龙情深意重

二 中国著名汽车商标欣赏

中国汽车工业在改革开放之后得到了长足的发展,也催生出了许多民族品牌,使我们的汽车研发、生产能力得到了很大的提高。

表2-3是我国部分汽车公司的商标。

中国著名车标 表 2-3

一汽	红旗— 一汽	解放— 一汽	东风	重庆长安
奇瑞	吉利	比亚迪	中华	夏利
柳州五菱	长城皮卡	厦门金龙	东南汽车	哈飞松花江
中国北方	海南马自达	北京吉普	金杯	上汽集团

第三节 汽车相关元素

人们在欣赏、选购一辆汽车时，往往离不开这辆车的相关元素。分析这些相关的元素，可以使我们得到很多的启迪。

一 汽车地域元素

每一辆汽车，都有自己的出身，而这种出身，又带有明显的设计者、生产者所在地区或国家的烙印。

美国是一个多民族的国家，讲究自由、生活奢侈、傲视列国，具有较强的民族优越感。由于占世界人口总数5.3%的美国人占有了40%的全球汽车，所以它被公认为是“轮子上的国家”。基于这一历史、文化、政治背景，美国的汽车文化也表现出了多元化的特点：强调人对自然的征服，强调人的个性自由，强调竞争意识。所以，美国汽车总是充满了虎虎生气，宽敞舒适、设备齐全、豪华气派、线型流畅、强劲有力，就连汽车座椅也被设计成平坦宽敞状，以便使虎背熊腰的“山姆大叔”能够安若泰山般地坐下（图2-10）。

图2-10 车体宽大的1983年版凯迪拉克

德国人传统严谨、一丝不苟，善于思考而勇于进取，喜欢将一切都弄得井然有序，素有“欧洲时钟”之称。体现在汽车造型上也显得较为传统：造型严谨、线条挺拔、刚劲有力，给人以坚固、耐用的感觉。

法国人向来讲究浪漫，所设计的汽车也体现了这一明显的民族特征：汽车外形的流线型较为前卫，座椅相对舒适，附加功能较多。

日本民族善于接受外来文化，工作认真勤奋。体现在汽车造型上，也可以看出他们的这一民族特征：尽管人们很难在日本车上发现他们自己的民族属性，但却兼顾了欧美车的许多优点——造型刻意追求完美，座椅设计“软硬兼施”，充分考虑到了东方人和西方人的审美观及形体差异，近乎无可挑剔。他们生产的汽车在世界各国都受到了普遍欢迎。

中国具有5000年的文明史，对民众文化心态产生潜移默化影响的是儒学。儒家主张“大一统”，强调统一；认为国家只有统一才能得到稳定；主张“君君、臣臣、父父、子子”，强调尊卑秩序。儒家主张适应了中国历史的需要，因而成为了连接中华民族的文化链条，并且在车文化上也有具体体现。中国的汽车文化虽然短暂，但车文化的历史却可以追溯到4600多年以前的黄帝时代：黄帝见风吹篷转而造车；孔子乘车周游列国；秦始皇南征北战和统一后的东巡战车万乘，甚至在驾崩之后也有战车陪葬；起源于战国时代的中国象棋里的“车”是一枚在经纬线上纵横驰骋、机动灵活、所向无敌的棋子，其作用远胜于当时广泛驯养的马以及冷兵器时代末期颇具杀伤力的炮……由此可见，车在中国古代的战争和交通运输中占有及其重要的地位。但是，中国古车的辉煌到了宋代就开始逐渐衰弱，其主要原因是：宋代以后，官僚贵族们基于乘车的艰辛（颠簸、车轴噪声），极力呼吁改革乘用工具。不过，他们不是从车辆结构和性能、道路材料和质量等方面去改进，而是青睐于乘坐由人抬的轿子（图2-11），对载人车辆的制作与改进不再重视，加之运河的发达，更导致了人们对车辆的轻视。

图2-11 中国古代轿子

二 汽车外形设计元素

当人们注目马路上南来北往的汽车时，看到它的只是外形；当我们欣赏展览会上风格各异的轿车时,注意的是其造型。汽车(尤其是轿车),以其外形向人们炫耀着自己的身份与地位,暗示着自己的性能与价格……当然,最主要的还是向世人展示自己的美学属性。

评价一辆汽车造型的美学价值,应该排除个人的主观认识,以机能上的理想外形(即能够高度发挥汽车机能的完全合理的造型)作为评价的主要依据。

确定汽车的外形需要考虑三个因素,即机械工程学、人体工程学和流体力学。汽车设计师在决定采用何种汽车造型时,必须将机械工程学、人体工程学和空气动力学三个方面的因素加以综合考虑,只有这样,才能使造出的汽车既可正常运行,又能方便驾驶和乘坐。当然,除了以上三方面的因素以外,各汽车制造厂在设计自己的汽车外形时,表现手法上还会有所不同。这主要是为了突出自己的特色并刺激顾客的购买欲望,不是决定汽车外形的根本因素。

从汽车诞生的那一天起,世界各国的工程师们就在反复地尝试着设计从汽车机能方面来讲最为理想的造型。纵观百余年来的发展历程,汽车外形大体上主要可划分为马车型、箱型、甲壳虫型、船型(图 2-12)、鱼型、楔型、子弹头型等类型。

图 2-12　采用船型外形的红旗轿车

三 汽车车体颜色元素

车身颜色与外形一样重要,是影响汽车购买与使用的重要元素之一。

黑色给人庄重、严肃、富有之感,多用于贵族车型,为政府机关及老年人所青睐;红色代表火热的生命力,给人勃勃向上的心跳感觉,多用于年轻人,尤其是年轻女性使用的汽车;白色清新靓丽、卓尔不群,给人安然洁净之感,多用于私家车领域;绿色具有田园诗画般的风情,给人健康、生机勃勃的感觉;黄色具有轻盈、高洁目性的特点,给人柔和、希望之感;蓝色显示着汽车的博大、尊贵和风度,是名贵汽车的常用颜色;桃红色具有积极的动感,最能体现车主个性,风光无限而又不落俗套。就世界范围而言,白色、黑色、蓝色是目前三种最常用的颜色,其中黑色为首选色,白色是过去 20 年中最流行的颜色。

选择汽车车身颜色时应主要考虑五个方面的协调问题:

选择汽车车身颜色时应考虑五个方面的协调

▲与用车环境协调。

▲与车型相协调。

▲与车主的气质、个性和心理需求协调。

▲与交通安全协调。

▲与汽车的维护、维修协调。

(1)与用车环境协调。由于不同地区的阳光照射强弱有别,导致人们对不同色彩的偏爱。例如,北方的冬季气候寒冷,人们一般多选暖色基调,而且色彩也应相对重些,如红色、黄色等；而南方的夏季气候炎热，人们一般多选冷色基调来降低感觉气温，而且色彩也相对浅些，如白色等。在沙漠或长期积雪的地区，宜选绿色，以便给人以清新、愉快的感觉；在广阔的大草原上，宜选用醒目的红色、白色、黄色等。

另外，由于习俗、信仰的差异，不同民族对色彩的偏爱也有所差别。中国人喜红色，日本人爱白色，北欧流行蓝、绿色，意大利人好黄色，而荷兰人则对橙黄色情有独钟。

(2)与车型相协调。微、轻型轿车由于本身不引人注目，应选用亮度较高、比较活跃的色彩。中、高档轿车宜选用亮度相对较低、色彩较沉稳的色调，以显示其豪华气派的英雄本色。旅行车多采用国际流行色，以给人华贵、舒适、洒脱、大方的美感；车内色彩不宜五花八门，宜选用比较柔和的乳白、米黄或浅蓝色等，其中内壁色彩应比顶棚色彩适当重些，以减轻对驾乘者的压抑感。

(3)与车主的气质、个性和心理需求协调。中老年成功人士由于开展业务的需要，车体颜色应体现其华贵、庄重的气质，一般选择黑色或白色。青年人充满青春活力，既要求汽车能够体现自身的华贵、快捷，又要求体现驾车人活跃、鲜明的个性特点，所以车身颜色以轻色调为主。时尚女性爱美求新，可以选购颜色独特(如色彩斑斓型)的汽车。

(4)与交通安全的协调。理论研究与实践调查均已表明，车身颜色与交通安全密切相关。正确选择车身颜色对于减少甚至避免交通事故具有非常重要的作用。

由于辨认明亮色比辨认灰暗色容易 1～3 倍，给对方来车以比实际距离要近得多的感觉，从而使其提前采取避让措施，因此，明亮色可大大提高行车安全。表 2-4 列出了各种不同色彩基调的可辨性。

车身颜色辨认率 表 2-4

车身颜色	白	象牙	淡黄	黄	红	灰	浅绿
辨认率(%)	88	77	68	50	38	26	19
车身颜色	淡蓝	褐红	浅褐	深蓝	黑	深绿	
辨认率(%)	12	9	7	6	5	4	

(5)与维护、维修的协调。汽车在大自然通行、停放，免不了脏污甚至损伤，因此，选择车身颜色时应考虑到日后维护、维修的方便性。虽然黑色车身显得稳重，但使用中容易沾污，为保持其明亮和高的辨认度，必须经常擦拭，因而平时维护汽车的劳动强度明显加大。色彩斑斓的汽车车身一旦被刮伤，修补费用也是一笔相当大的开支。

四 世界主要汽车生产厂家

在国际汽车业，各公司历经数十乃至上百年残酷的市场竞争，有的发展成为了雄踞一方的汽车巨头，而有的则被无情地淘汰或兼并。目前世界汽车市场基本上是被少数几家大公司垄断经营，简要介绍这些公司的发展、生产、经营和管理对我们从事汽车行业的人来说会有很大的启迪作用；对已被列为国家支柱产业的我国汽车工业的发展来说不啻是他山之石；对普通的汽车爱好者来说，则可增长见识、加深了解。

目前，世界许多汽车生产企业已经打破了国家的界限，相互持有股份组成跨国公司是一种趋势。

尽管汽车生产厂家众多，但目前世界汽车生产的格局基本被“6＋3”九大汽车企业所垄断，它们分别是：通用汽车公司、福特汽车公司、戴姆勒—奔驰汽车公司、大众汽车股份公司、丰田汽车公司、雷诺汽车公司，以及标致—雪铁龙股份公司、本田技研工业股份有限公司、宝马汽车公司。这九家企业每年的汽车产量均超过全球产量的90%。

五 汽车展览元素

汽车发明后，工程师们努力使汽车技术日臻完善。但无市场，资金无法回笼，制约了技术发展，导致发展缓慢。随着企业家介入，市场逐渐形成，汽车工业得以快速发展。

没有汽车市场的发展、汽车流通的扩展，汽车工业不可能发展到今天的水平，汽车也不会被冠以“世界第一商品”的桂冠，更不会被誉为“改变了世界的机器”。

各公司参加博览会时，无不挖空心思使展台富有新意，以便吸引参观者，提高知名度。例如，结合展览介绍工作原理的专题讲座；以“汽车史话”为题展示汽车演变和发展；以“生产过程”为题展示如何由原材料变成汽车的过程；“进步旅行”式的流动展示（通用于1936～1938年、1939～1940年间开办流动展览，足迹遍及美国、加拿大、墨西哥和古巴等国家共计251座城镇，吸引观众1259万人次）；模拟进入外部空间进行探险活动的“模拟旅行”（福特1962年在西雅图博览会上所为）；以“未来发展”为主题的汽车发展预测……各种方式都曾被参展厂家以不同形式使用过。今天，各公司在凭借自己产品和技术与对手展开竞争的同时，还借助各自的文化理念，打起了文化战。

（1）博览会起源。1851年，世界最早的博览会在伦敦举行，数十个国家的工业品、手工艺品和发明物吸引了成千上万参观者，产生了轰动效应。因其示范作用，各地相继召开博览会。

（2）早期的汽车展览。

1889年巴黎博览会展示蒸汽车、戴姆勒汽车、奔驰汽车。

1893年，芝加哥博览会开展。有五六辆汽车参展。

1900年11月3日，美国首次车展——纽约汽车展示会开幕。展出40多家厂商的300多辆汽车及部分比赛获胜汽车，历时8天。组织了部分汽车比赛。展示会印象：“第一，汽车外形与马车差别很小；第二，价格昂贵；第三，汽车在一夜之间变成了商业界巨头。”（《世界汽车》杂志）闭幕式上成立了美国汽车制造商协会。

旧金山于1915年举办世界博览会，展出了部分美国产汽车。福特汽车公司除提供成品车外，还在场馆内安装了一条日产18～20辆的临时装配线（持续11个月）。参观者不仅目睹了福特车装配过程（约20min一辆），甚至可当场装配车。汽车被誉为“整个博览会中最为有趣的工业展品”。

福特汽车公司成功为其他公司仿效。通用汽车公司在1933年芝加哥世界博览会上，安装了一条生产雪佛兰轿车的装配线，可容纳1000现场观众，允许顾客跟踪装配。

（3）世界五大车展。衡量车展是否为国际一流的主要依据是：参展商规模和级别、汽车展品的档次、首次亮相的新车、概念车的多少、展出面积、配套设施的先进性及完备性、主办方的服务质量、国内外媒体宣传报道量、观众数量和专业水平等。据此，当今世界五大车展见表2-5。

（4）国内三大车展。根据衡量汽车展览级别的依据，目前，国内主要有三大车展：

①上海国际汽车展。始办于1985年，73家公司在1.5万m^2展区内展示，是国内的第一次汽车展会。上海国际汽车展逢单年举办，规模和影响日渐壮大。

世界五大车展 表2-5

车展名称	车展简介
德国法兰克福车展	创办于1897年，是世界上举办最早、目前规模最大的车展，有世界汽车工业“奥运会”之称，向以博大著称。展览时间一般在9月中旬，每两年举办一次，主要展出轿车、跑车、商务车、特种车、改装车及汽车零部件等
法国巴黎车展	起源于1898年的国际汽车沙龙会，直至1976年每年一届，此后每两年一届（与法兰克福车展交替举办），是世界第二大汽车展。在9月底至10月初举行，向以优雅著称。展览地点位于巴黎市区，共有8个展馆，展出的车辆主要有轿车、跑车、商用车、特种车、改装车、古董车、电动车及汽车零部件等
瑞士日内瓦车展	创办于1924年，是欧洲唯一每年举办的大型车展。每年3月份举行，在展览面积7万多m^2的室内展馆举行，面积虽然不大，却是生产豪华轿车的世界著名汽车生产厂家的必争之地，是各大汽车商首次推出新产品的最主要的展出平台，素有“国际汽车潮流风向标”之称。日内瓦车展的最大特点就是“奢华”
美国北美车展	创办于1907年，起初叫“底特律车展”，1989年更名为“北美国际汽车展”，展览时间固定在每年的1月5日左右开幕，举办地在美国的汽车之城底特律。展览面积约8万m^2，会议室、会谈室近百个。车展每年为底特律带来了可观的经济收益，年平均在4亿美元以上。北美车展“作秀”味道很浓，看上去更像一个汽车的狂欢派对，吃喝玩乐加音乐灯光，热闹非凡，所以人们称北美车展是以妖娆著称
日本东京车展	东京车展是世界五大车展中历史最短的，创办于1954年，逢单数年秋季举办，双数年为商用车展，是亚洲最大的国际车展，历来是日本本土生产的各种千姿百态的小型汽车唱主角的舞台。展馆位于东京附近的千叶县幕张展览中心，是目前世界最新、条件最好的展示中心。展品主要有整车及零部件。车展特点之一是车型极其多，多得让人无法记住，几乎什么稀奇古怪的车型都有，但又不是概念车，而且以小车型居多。车型种类的繁多，恰恰体现了日本人的细腻所在

②北京国际汽车工业博览会。逢双年举办，创办于1990年，当时有140辆汽车，400家客商在2万m^2展区参展，10万人次观众观看展出。北京车展以产品的科技前瞻性和创新程度为世人所瞩目。

③长春国际汽车博览会。由国际贸易促进委员会批准，每两年举办一届，开始于1999年，号称要做成国内第三大品牌车展。长春举办汽车展的优势是有本地一汽集团，以及合作伙伴大众的支持。

中国三大车展

▲上海国际汽车展，始办于1985年，逢单年举办。

▲北京国际汽车工业博览会，创办于1990年，逢双年举办。

▲长春国际汽车博览会，开始于1999年，每两年举办一届。

【复习思考题】

1. 汽车的定义是什么？
2. 谁发明了世界上第一辆蒸汽机汽车？
3. 谁在何时发明了世界第一辆现代汽车？其诞生的重大意义是什么？
4. 世界汽车史上，有哪十项主要的技术革新？
5. 分别解释丰田、奔驰、奥迪、标致、玛莎拉蒂、劳斯莱斯、法拉利汽车商标的含义。
6. 目前中国内地的民用汽车保有量大约是多少？去年中国内地的汽车产量为多少？
7. 简述汽车史上的三次重大变革。
8. 汽车外形的设计主要考虑哪些因素？
9. 在世界汽车史上，产量最大的四款车是什么？
10. 请举出三种最安全的汽车车身颜色。
11. 目前世界知名的汽车展分别是哪五个？
12. 调查一家汽车维修企业，写出一份他们在客户服务方面的调查报告。
13. 根据你所掌握的知识以及所了解到的汽车维修市场现状，假如你要从事汽车维修接待工作，写出一份工作计划。

【工作页】

汽车文化知识工作页（车标识读）

<table>
<tr><td colspan="2">布置日期：____年____月____日</td><td colspan="3">完成时间：____（分钟）</td></tr>
<tr><td colspan="2">问题：
作为一名维修接待人员，应该准确识读常见车型的车标，这样才能自信地与客户交流。</td><td colspan="3">任务：
识读以下常见车标，将生产公司的名称填入车标的下面，并能够简单说出车标图案的含义。</td></tr>
<tr><td></td><td>LAMBORGHINI</td><td>Ford</td><td></td><td></td></tr>
<tr><td></td><td></td><td></td><td></td><td></td></tr>
<tr><td></td><td></td><td></td><td></td><td>Ferrari</td></tr>
<tr><td></td><td></td><td></td><td></td><td></td></tr>
</table>

续上表

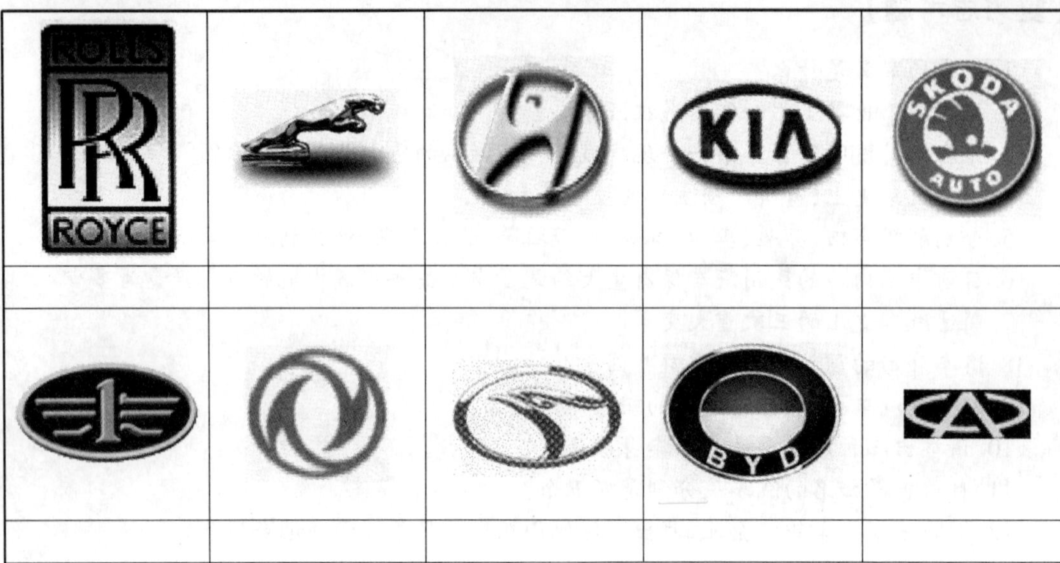

学习纪要：

再列出20个在上面的工作页中没有给出的车标图案，而且还能准确解读它们。

汽车文化知识工作页（欠缺弥补）

布置日期：____年____月____日	完成时间：____（分钟）
问题： 针对不同的车型，面向不同的客户群体，维修接待人员所需要的汽车文化知识是各不相同的。 我们应该如何拾遗补缺，弥补自己在汽车文化知识方面的不足？	任务： 结合本单位主要维修的车型，根据所服务客户的特点，弥补自己在汽车文化知识方面的欠缺。
我的客户主要关心的汽车文化知识	
我所熟知的汽车文化知识	
我所欠缺的汽车文化知识	
学习纪要：	

【模拟考试题】

一、单项选择题

1. 所谓"两厢车",是指________。

A. 两排座位

B. 发动机单独一个舱、乘员与行李合并形成一个舱

C. 发动机与乘员一个舱、行李单独一个舱

2. "车同轨"的法令,是由________下达的。

A. 秦始皇　　B. 李世民　　C. 乾隆　　D. 汉武帝

3. ________发明了世界上第一辆蒸汽机汽车。

A. 尼古拉·斯·古诺　　B. 瓦特　　C. 卡尔·本茨　　D. 恩佐·法拉利

4. ________发明了内燃机。

A. 卡尔·本茨　　B. 奥拓

C. 哥德利普·戴姆勒　　D. 瓦特

5. 现代汽车之父是________。

A. 卡尔·本茨　　B. 尼古拉·斯·古诺

C. 恩佐·法拉利　　D. 哥德利普·戴姆勒

6. ________于1888年获得了充气式"自行车和三轮车新式轮胎"的专利权。

A. 古德里奇　　B. 亨利·福特　　C. 邓禄普　　D. 查尔斯·凯特林

7. 在世界汽车销售的历史上,销量最大的一款车是________。

A. 福特T型车　　B. 甲壳虫　　C. 高尔夫　　D. 花冠

8. "甲壳虫"汽车是由________汽车公司生产的。

A. 福特　　B. 大众　　C. 丰田　　D. 通用

9. 高尔夫汽车是由________汽车公司生产的。

A. 福特　　B. 大众　　C. 丰田　　D. 通用

10. 我国第一批解放牌汽车是________下线的。

A. 1953年7月15日　　B. 1956年7月13日　　C. 1958年7月13日

11. 2010年,我国汽车年产量超过________万辆,成为世界头号汽车制造大国。

A. 1200　　B. 1500　　C. 1800　　D. 2100

12. 以下________车标是林肯。

A.

B.

C.

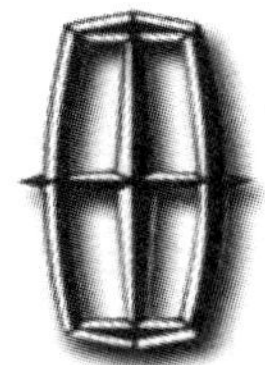
D.

13. 奥迪汽车是以四个连接在一起的圆环作为商标的,说明当年________。

A. 四家小公司合并组建的　　B. 发动机是四缸的

C. 汽车是四轮的　　D. 当年的销售价格是4000马克

14. 由于不同地区的阳光照射强弱有别,导致人们对不同色彩的偏爱。在寒冷的地区,

一般适宜选择________的车身颜色。

A. 冷色基调　　B. 暖色基调　　C. 中性色调

15. 在1915年举办的旧金山世界博览会上，________公司在场馆内安装了一条日产18～20辆的临时装配线。

A. 通用　　B. 福特　　C. 克莱斯勒　　D. 凯迪拉克

二、多项选择题

1. 以下________循环属于往复活塞式内燃机的工作循环。

A. 进气　　B. 压缩　　C. 作功　　D. 排气

2. 三元催化转换器的采用，可以使汽车达到________。

A. 节省燃油　　B. 提高性能　　C. 降低使用费用　　D. 净化排气

3. 日本三菱商标以三个菱形作为商标，表明了三菱公司的________原则。

A. 制造优质产品　　B. 承担对社会的共同责任

C. 诚实与公平　　D. 通过贸易促进国际谅解与合作

4. 评价一辆汽车造型的美学价值，应以机能上的理想外形，需要考虑________因素。

A. 机械工程学　　B. 人体工程学　　C. 流体力学　　D. 经济学

5. 在百余年的汽车发展历程中，以下________曾经作为汽车外形的典型代表出现过。

A. 箱型　　B. 甲壳虫型　　C. 鱼型　　D. 楔型

6. 以下________因素是挑选汽车的车身颜色时需要考虑的协调因素。

A. 交通安全的协调　　B. 与车主的气质　　C. 与车型相协调　　D. 与维护、维修的协调

7. 以下________三种颜色的车身，安全性最好。

A. 红色　　B. 白色　　C. 墨绿色　　D. 淡黄色

8. 以下________可以入选世界五大车展。

A. 德国法兰克福车展　　B. 法国巴黎车展　　C. 英国伦敦车展　　D. 日本东京车展

9. 建国之后，我们国家的汽车牌照主要经历了________三个阶段。

A. 49式车牌　　B. 78式车牌　　C. 92式车牌　　D. 02式车牌

三、判断题

1. 汽车是一种具有4只或4只以上车轮，驾驶室与车厢一体或固装在同一车架上，具备自行驱动能力，并且只凭车轮驱动、主要供运输或由此派生出来的其他特殊用途使用的无轨车辆。（　）

2. 汽车轮胎之所以都是黑的，主要是因为在制作轮胎的橡胶中加入了可以大大提高耐磨性能的炭黑。（　）

3. 在汽车工业史上，精益化生产方式的广泛采用是由以宝马公司为代表的德国汽车行业创建的。（　）

4. 在汽车工业史上，流水装配线生产模式是由美国福特汽车公司发明的。（　）

5. 甲壳虫汽车是首次采用流水线装配方式组织生产的车型，极大地提高了生产效率。（　）

6. 甲壳虫汽车是汽车史上销售量最大的一款汽车。（　）

7. 考虑与车型协调，选择微型、轻型轿车时，应选用亮度较高、比较活跃的色彩。（　）

8. 中、高档轿车宜选用亮度较低、色彩较沉稳的色调，以显示其豪华气派。（　）

9. 白色车身的汽车，使用中容易显得脏。（　）

四、分析题

1. 卡尔·本茨在发明现代汽车时，不仅敢于向当时占有垄断地位的马车制造商挑战，而且敢于抛弃在技术上已相当成熟的蒸汽发动机不用而去选用新生的内燃机作动力，体现了其充分的自信及观念上的巨大转变。我们在工作实践中，有无敢于突破常规，创新工作模式或人物、事迹？

2. 福特汽车公司在生产T型车时采用了流水线装配作业法，极大地提高了生产效率，降低了生产成本与售价，为汽车在全社会的普及奠定了基础。结合实际，我们的工作有哪些需要改进？

3. 以日本丰田汽车公司为代表的日本汽车行业，从20世纪60年代开始推行“全面质量管理”和“及时生产系统”两种新型的管理机制，推动了日本汽车工业的高速发展。结合实际，我们还有哪些问题值得改进，以节省成本，提高效率，确保汽车的维修质量？

第三章 汽车构造知识

学习目标

通过对本章内容的学习，您需要：

1. 了解汽车的性能参数、概念车的相关知识等；

2. 熟悉汽车的基本工作原理、汽车配件常识、汽车运行材料性能、轮胎存放方法、轮胎的换位方法等；

3. 掌握汽车的分类、汽车的基本结构等；

4. 重点掌握汽车 VIN 的具体含义及所标注位置、汽车运行材料的选用等。

第一节 汽车整车知识

汽车，是由自备动力驱动，具有四个或四个以上车轮的非轨道承载车辆。

一 汽车分类

1 按用途分类

汽车一般是按用途进行分类的，不过在中国，现行标准与曾经的分类方式有所不同。

(1)按照新标准分类。根据国家标准《汽车和挂车类型的术语和定义》(GB/T 3730.1—2001)的规定，汽车分乘用车和商用车辆两大类。其中，乘用车又分为轿车类和其他乘用车类(包括多用途车和运动用车)；商用车辆又细分为客车、半挂牵引车、货车(包括专用作业车)，如图 3-1 所示。

①乘用车。其设计和技术特性上主要用于载运乘客及其随身行李和(或)临时物品的汽车，包括驾驶员座位在内最多不超过 9 座，它也可以牵引一辆挂车。乘用车按照车身、车顶、座位、车门、车窗结构或数量不同，可分为普通乘用车等 11 类。

②商用车。在所有的汽车类型中，除了乘用车外，都归属于商用车。所谓的商用车，主要用于运载人员、货物及牵引挂车的汽车。商用车分为客车和货车两大类。其中：货车分为普通货车、多用途货车、半挂牵引车、全挂牵引车、越野货车、专用作业车、专用货车；客车分

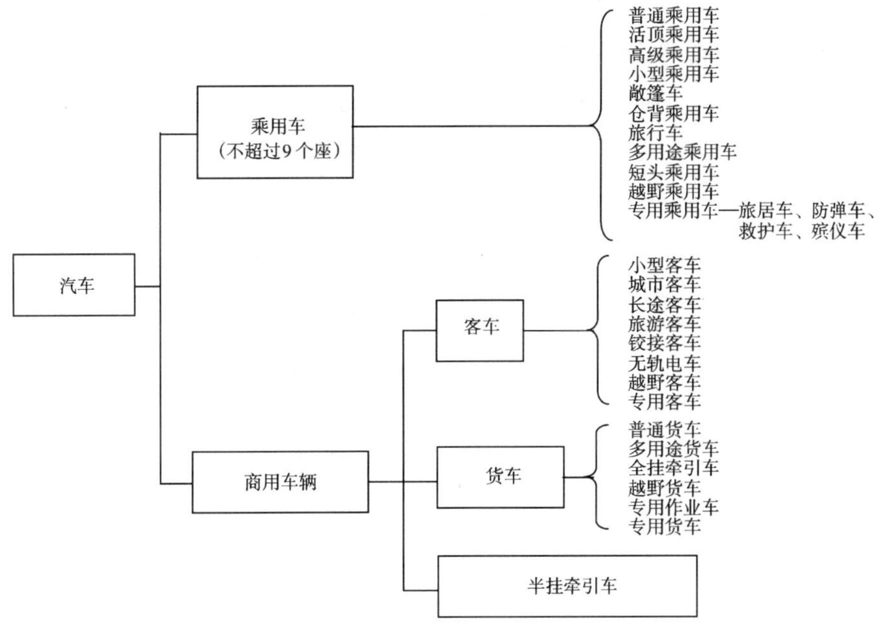

图 3-1　汽车分类图

为小型客车、城市客车、长途客车、旅游客车、铰接客车、越野客车、专用客车。

(2)按照旧标准分类。除按现行国标分类外，我国还曾采用国家标准《汽车型号编制规则》(GB 9417—88)中的另一种分类方法(表 3-1)，这种分类方法依然在人们的印象中留有较深的印象。

按汽车用途的分类表　　表 3-1

汽车类型	分类依据	汽车类别	指　标
载货汽车	依公路运行时厂定最大总质量(m)	微型货车	$m \leq 1.8$t
		轻型货车	1.8t $< m \leq$ 6.0t
		中型货车	6.0t $< m \leq$ 14t
		重型货车	$m >$ 14t
越野汽车	依越野运行时厂定最大总质量(m)	轻型越野汽车	$m \leq$ 5t
		中型越野汽车	5.0t $< m \leq$ 13t
		重型越野汽车	13 $< m \leq$ 24t
		超重型越野汽车	$m >$ 24t
轿车	依发动机排量(V)	微型轿车	$V \leq$ 1L
		普通轿车	1L $< V \leq$ 1.6L
		中级轿车	1.6L $< V \leq$ 2.5L
		中高级轿车	2.5L $< V \leq$ 4L
		高级轿车	$V >$ 4L
客车	依客车的车长(L)	微型客车	$L \leq$ 3.5m
		轻型客车	3.5m $< L \leq$ 7m
		中型客车	7m $< L \leq$ 10m
		大型客车	$L >$ 10m
		特大型客车	指铰接和双层客车中大型客车，又可分为城市、长途、旅游及团体客车

2 按公安机关管理分类

公安机关新车登记时,按规格分为载客、载货、三轮汽车、低速货车 4 类(表 3-2)。

公安机关汽车分类之规格术语

表 3-2

分　类	规格术语	说　　明
载客	大型	车长≥6m 或乘坐人数≥20 人。乘坐人数可变的,以上限确定。乘坐人数含驾驶员(下同)
	中型	车长<6m,乘坐人数>9 人且<20 人
	小型	车长<6m,乘坐人数≤9 人
	微型	车长≤3.5m,发动机汽缸总排量≤1L
载货	重型	车长≥6m,总质量≤2000kg
	中型	车长≥6m,总质量≥4500kg 且<12000kg
	轻型	车长<6m,总质量<4500kg
	微型	车长≤3.5m,载质量≤750kg
三轮汽车 (原三轮农用运输车)		以柴油机为动力,最高设计车速≤50km/h,最大设计总质量≯2000kg,长≤4.6m,宽≤1.6m,高≤2m,具有三个车轮的货车
低速货车 (原四轮农用运输车)		以柴油机为动力,最高设计车速≤70km/h,最大设计总质量≤4500kg,长≤6m,宽≤2m,高≤2.5m,具有四个车轮的货车

二 汽车基本结构

汽车,一般是由发动机、底盘、车身、电气系统四个部分组成的。轿车、载货汽车的组成分别见图 3-2a)、3-2b)。

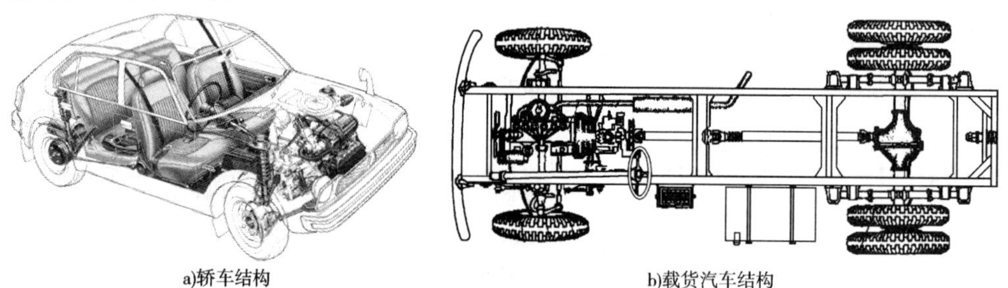

a)轿车结构　　b)载货汽车结构

图 3-2　汽车的总体结构

1 发动机

目前汽车上广泛使用的是往复活塞式汽油机(或柴油机)。这种发动机由两大机构、五大系统组成,即:曲柄连杆机构、配气机构、燃料供给系统、润滑系统、冷却系统、起动系统、点火系统(柴油发动机没有点火系统)(图 3-3)。

2 底盘

底盘由传动系、行驶系、转向系和制动系等组成(图 3-4)。发动机、车身、电气系统及各种附属设备都直接或间接地安装在汽车底盘上。汽车底盘接受发动机所输出的动力,将发动机的旋转运动转变成汽车的水平运动，并保证汽车能够按照驾驶员的操纵正常行驶。

传动系统是指将汽车发动机动能传递到车轮上的动力传动装置。这套传动装置不仅能够实现动力的传递，而且还可以实现动力的接通与切断、起步、变速、倒车等功能。传动系统一般由离合器、变速器、传动轴、驱动桥等组成。

图 3-3　汽车发动机

图 3-4　汽车底盘

行驶系统将汽车各总成、部件连接成为一个整体，支撑着整车部件，并将发动机旋转运动的动力转变成汽车的直线运动，并实现汽车的平顺行驶。行驶系统由车架、车桥、车轮和悬挂等组成。

转向系统用来控制汽车的行驶方向，由转向盘、转向传动机构、转向器等组成。

制动系统用来使行驶中的汽车按照需要减速、停止行驶、在坡道驻车等，由制动控制部分、制动传动部分、制动器等部件组成。汽车制动系至少需要有两套各自独立的制动装置，即行车制动装置和驻车制动装置。

3 车身

汽车车身按用途分为轿车、客车、货车和专用汽车车身；按所用材料分为钢制车身、轻金属车身、塑料车身、混合车身；但一般按承载方式分为非承载式车身、半承载式车身、承载式车身三大类。它是驾驶员工作和装载乘客、货物的场所，它应为驾驶员提供方便的操作条件，为乘客提供舒适安全的环境或保证货物完好无损（图 3-5）。

车身结构形式不同，碰撞损坏后的维修方法也不同。

（1）非承载式车身，即有车架的车身。车身与车架通过弹簧和橡胶垫柔性连接，发动机和底盘主要总成直接装在车架上，载荷由车架承担，车身主要承受本身及客货的重力和汽车行驶引起的惯性力、空气阻力。货车、客车、少数高级轿车采用非承载式车身。图 3-6 所示为大客车的车身结构。

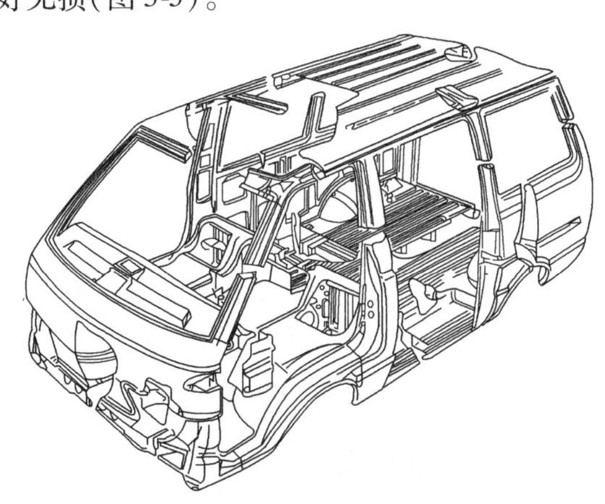

图 3-5　薄壳式车身

（2）半承载式车身。车身与车架用螺钉、焊接、铆接方式刚性连接，载荷主要由车架承受,车身也分担部分车架载荷。这种形式的车身只用于大客车。

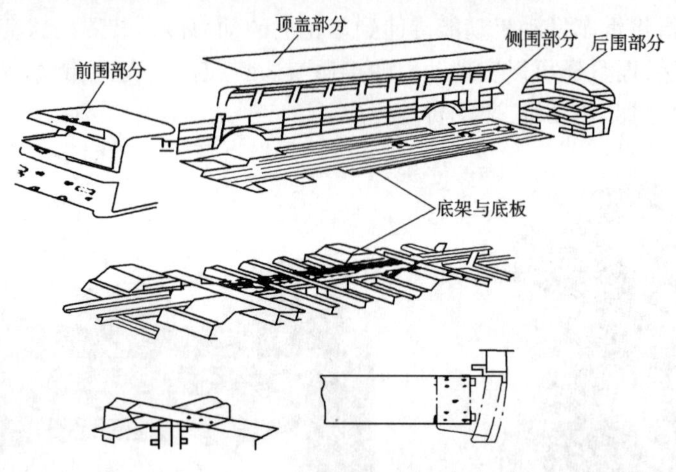

图 3-6　骨架式客车车身

(3)承载式车身。没有单独车架,只有车身。发动机和底盘主要总成都装配在车身上,各种载荷均由车身承受(图 3-7)。车身是由钢板焊接而成的箱式或蛋壳形结构,其刚性轻型结构可将冲击能量分散到整个汽车,因此在受撞击时,远离冲击点部位的受损情况不可忽视。这种车身需要装备有效的隔声和防振措施。承载式主要用在普通型轿车上,车身有几大主要钣金件:

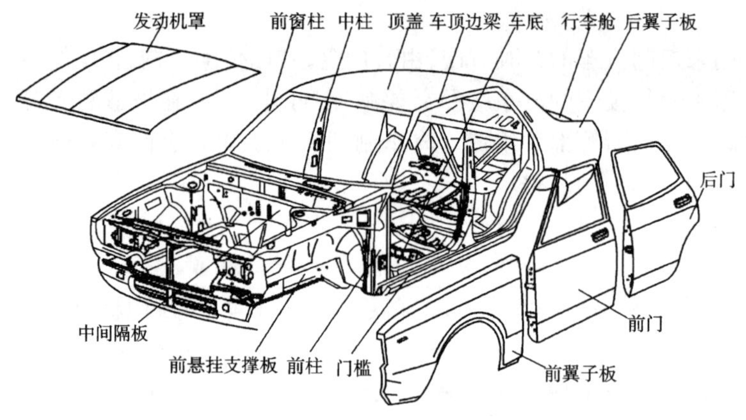

图 3-7　轿车车身壳体

前机舱:这是由前焊接件、左右纵梁、前挡板、副车架等组成的方形框架,是车身骨架中强度最高的组件。

车身下底板:它有前、中、后三块钣金件焊接在一起,各钣金件按受力、材料厚度、几何形状等的不同冲压成各式梁槽,前端与前挡板左右纵梁焊为一体,后端与后悬支撑焊为一体。左右与 A、B、C 三柱焊接在一起,底板上下面涂防腐漆、耐热漆、防石击漆。

汽车后箱:由左右叶子板、内骨架、后挡板、左右悬挂支撑与底板焊接而成,形成后箱。

左右侧边梁:由 A、B、C 三柱、上下边梁、顶篷等焊接成一体,组成左右框架。由于需要在左右框架安装车门,因而边框的金属件较少,门的空间较大,比较脆弱。

4 电气系统

电气系统用于启动发动机,并确保点火、照明、灯光、信号、仪表、计算机等各装置的正常工作。汽车电气系统的一般采用12V或24V的电压，负极搭铁。电气系统包括电源组、发动机起动系统、点火系统、照明装置、信号装置、仪表、控制装置以及各种电器设备。

汽车总成及其零部件的划分见表3-3。

汽车总成及其零部件划分 表3-3

<table>
<tr><th>总成名称
（系统或装置）</th><th colspan="2">总成范围
（系统或装置）</th><th>基础件</th><th>主要零部件</th><th>其他零部件</th></tr>
<tr><td rowspan="2">发动机总成（附离合器）</td><td colspan="2">发动机</td><td>汽缸体</td><td>汽缸盖、曲轴、凸轮轴、连杆、飞轮、正时齿轮、润滑油泵、油底壳</td><td>汽缸内部零件、配气机构零件、进排气歧管、供给系（不含油箱）、冷却系（不含散热器）</td></tr>
<tr><td colspan="2">离合器</td><td>离合器壳</td><td>离合器片及压盘</td><td>分离轴承及操纵机构等</td></tr>
<tr><td rowspan="3">变速器总成（附传动轴）</td><td colspan="2">变速器</td><td>变速器壳</td><td>变速器盖、一轴、二轴、中间轴及其齿轮</td><td>同步器、轴承、操纵机构等</td></tr>
<tr><td colspan="2">分动器</td><td>分动器壳</td><td>分动器盖，主、被动轴及其齿轮</td><td>轴承、换挡操纵机构等</td></tr>
<tr><td colspan="2">传动轴</td><td></td><td>前后传动轴</td><td>传动轴花键套、万向节总成、中间支承等</td></tr>
<tr><td rowspan="4">前桥总成（附转向器及前悬架）（含前轮制动）</td><td colspan="2">前桥</td><td>前轴、前驱动桥壳</td><td>转向节、主销、前轮制动鼓或盘、前驱动主减速器壳、半轴</td><td>前轮制动底板、蹄片或块及其调整装置、转向节臂及梯形臂、横直拉杆、前主减速器锥齿轮及差速器等</td></tr>
<tr><td colspan="2">转向器</td><td>转向器壳</td><td>转向器传动副及轴承、转向助力器总成</td><td>转向柱及管、转向盘、转向垂臂、助力器内部零件等</td></tr>
<tr><td rowspan="2">前悬架</td><td>普通悬架</td><td></td><td>弹性元件、减振器总成</td><td>弹性元件与减振器连接及传力零件</td></tr>
<tr><td>空气悬架</td><td></td><td>气囊总成、气囊减振器、空气压缩机</td><td>气囊与减振器连接零件、空气阀、传感器等</td></tr>
<tr><td rowspan="4">后桥总成（附后悬架）（含后轮制动）</td><td colspan="2">后桥</td><td>后桥壳</td><td rowspan="2">后驱动主减速器壳、半轴、半轴套管、后轮制动鼓或盘</td><td rowspan="2">后主减速器锥齿轮、差速器、轴承、油封、后轮制动底板、蹄片或块及调整装置等</td></tr>
<tr><td colspan="2">中桥</td><td>中桥壳</td></tr>
<tr><td rowspan="2">后悬架</td><td>普通悬架</td><td></td><td>弹性元件、减振器总成</td><td>弹性元件与减振器连接及传力零件</td></tr>
<tr><td>空气悬架</td><td></td><td>气囊总成、气囊减振器、空气压缩机</td><td>气囊与减振器连接零件、空气阀、传感器等</td></tr>
<tr><td rowspan="5">制动系（不含前后轮制动）</td><td rowspan="2">气压制动</td><td>空压机</td><td>空压机缸体</td><td>缸盖、油底壳、曲轴及连杆</td><td>空滤器、皮带轮、活塞、活塞环等</td></tr>
<tr><td>储气筒及控制装置</td><td></td><td>储气筒、制动阀、制动气室</td><td>油水分离器、继动阀、快放阀、防冻泵、气压感载比例阀、多回路压力保护阀等</td></tr>
<tr><td rowspan="3">液压制动</td><td>制动总泵</td><td>泵体</td><td>活塞、顶杆</td><td>皮碗、止回阀、弹簧等</td></tr>
<tr><td>制动分泵</td><td>泵体</td><td>活塞</td><td>皮碗、弹簧及连接管路等</td></tr>
<tr><td>真空（空气）增压助力器</td><td>助力器壳</td><td>控制阀、真空罐</td><td>助力器内部零件、液压感载比例阀、安全缸等</td></tr>
</table>

续上表

总成名称（系统或装置）	总成范围（系统或装置）		基础件	主要零部件	其他零部件
制动系（不含前后轮制动）	辅助制动	发动机排气制动		排气制动阀	气压或电磁控制阀及连接传力机件等
		电涡流制动器		转子及定子总成	控制阀、离合开关、加速开关等
		液力下坡缓速器		缓速器壳及盖	转子、轴承、控制阀、密封件等
	车轮防抱装置	车速传感器电控装置		电控单元、液控单元	液压泵及压力调节阀、连接管路等
	驻车制动器	机械式驻车制动器		制动鼓或盘	制动蹄片或块及其连接传力零件、操纵控制机构等
车架总成	车架		车架	纵梁、横梁	保险杠、备胎架、油箱及支架、蓄电池架、踏板架、翼子板支架、前后拖钩等
车身	货车	驾驶室	驾驶室骨架	内外蒙皮、车门、车窗、仪表台、翼子板、发动机罩、散热器总成	座椅、靠背、门窗玻璃及升降器、刮水器、散热器罩、百叶窗等
		车厢	纵、横梁	底板、前挡板架	边板、边柱、后板、挡泥板、篷杆、挂钩等
	轿车客车	轿车	车身骨架	车门、车窗、内外蒙皮、仪表台、散热器总成	门窗玻璃及升降器、车门控制装置、散热器罩、发动机罩、翼子板、刮水器等
		客车	横梁、车身骨架	散热器总成、内外蒙皮、车门、车窗、仪表台、座椅	门窗玻璃及升降器、翼子板、仪表台、发动机罩、散热器罩、刮水器等
电器	起动电源系			起动机、蓄电池、发电机及调节器	点火开关、起动继电器、充电灯或电流表等
	电子控制装置			电控单元	传感器、执行器及开关等
	灯光信号装置			大小灯、转向灯、制动灯、喇叭	其他灯光信号装置及开关、仪表等
空调音响	空调系统	制冷		压缩机、冷凝器、蒸发器、鼓风机	膨胀阀、各种开关、传感器、制冷剂管路等
		采暖		火焰燃烧器、鼓风机	热水开关、散热器、燃油箱及管路等
	音响电器			收放机、扬声器、音响座箱	控制开关及线束等
车轮	车轮		轮毂	轮辋、轮盘、轮辐	挡圈、锁圈、衬块、螺栓等
	轮胎			外胎、内胎、垫带	气门嘴、气门芯等

续上表

<table>
<tr><th>总成名称
（系统或装置）</th><th colspan="2">总成范围
（系统或装置）</th><th>基础件</th><th>主要零部件</th><th>其他零部件</th></tr>
<tr><td>牵引装置</td><td colspan="2">牵引转盘</td><td></td><td>牵引盘及座、牵引销</td><td>滚轮、滚轮轴及轴承、锁止装置等</td></tr>
<tr><td rowspan="5">吊车工作装置</td><td colspan="2">起重臂</td><td>起重臂座</td><td>伸缩臂、吊钩</td><td>安全装置、滑轮总成、轴承、钢丝绳等</td></tr>
<tr><td rowspan="3">机械卷扬机构</td><td>取力器</td><td>壳体</td><td>传动齿轮及轴</td><td>侧盖、轴承、油封、锁止装置等</td></tr>
<tr><td>减速器</td><td>壳体</td><td>减速传动齿轮及轴</td><td>侧盖、轴承、油封、锁止装置等</td></tr>
<tr><td>卷扬筒</td><td>支架</td><td>卷扬筒及轴</td><td>联轴节、轴承、钢丝绳等</td></tr>
<tr><td colspan="2">操纵室</td><td>操纵室骨架</td><td>内外蒙皮、室门、室窗</td><td>操纵机构、门窗玻璃、座椅及内部装饰等</td></tr>
<tr><td rowspan="2">民铲车工作装置</td><td colspan="2">装载工作装置</td><td>铲斗</td><td>铲臂及翻转轴</td><td>拉杆、轴、销、斗牙、支撑杆等</td></tr>
<tr><td colspan="2">叉运工作装置</td><td></td><td>货叉及滑架、举升油缸及链条</td><td>货叉销、链轮、轴承、滚轮、滚轮轴等</td></tr>
<tr><td rowspan="4">液压系统</td><td colspan="2">液压油泵</td><td>泵体</td><td>油泵、油起动机、液压油箱</td><td>泵内零件、单向阀、限压阀、连接管路等</td></tr>
<tr><td colspan="2">液压油缸</td><td>缸筒</td><td>活塞、活塞杆</td><td>活塞皮圈、导向圈、油封、液压管路等</td></tr>
<tr><td colspan="2">变矩器</td><td>变矩器壳体</td><td>泵轮、涡轮、导轮</td><td>单向离合器、输出轴、轴承、油封等</td></tr>
<tr><td colspan="2">操纵装置</td><td></td><td>分配阀、操纵阀</td><td>操纵手柄、溢流阀、安全阀、液压管路等</td></tr>
</table>

三 汽车工作原理

汽车工作时，首先由发动机产生动力，然后再由底盘部分将发动机所输出的动力转变为驱动汽车前进的力矩。

1 发动机的工作原理

发动机是将热能或电能转化为机械能的一种机器。现代汽车发动机多采用往复活塞式内燃机。它可以将燃料在汽缸内燃烧，使其热能直接转化成机械能。

发动机所使用的燃料有汽油、柴油、酒精、液化石油气等，目前大多采用汽油发动机和柴油发动机。表 3-4 为四冲程汽油发动机的工作原理。

四冲程柴油机和四冲程汽油机工作原理基本一样，每个工作循环也是由吸气、压缩、作功和排气四个冲程所组成。区别是：在进气冲程它进入汽缸的是纯空气，压缩冲程末，喷油泵将高压柴油经喷油器呈雾状喷入汽缸内的高温空气中，迅速汽化并与空气形成可燃混合气。柴油自行着火燃烧（无需点火），汽缸内的温度、压力急剧升高，推动活塞下行作功。

四冲程汽油发动机工作原理 表 3-4

工作冲程状态	工作示图	工作冲程状态	工作示图
①吸气冲程。活塞由曲轴带动从上止点向下止点运动。此时进气门开启,排气门关闭。由于活塞下移,其上腔容积增大,形成一定真空度,在真空吸力作用下,空气与汽油的混合气被吸入汽缸,至活塞运动到下止点时,进气门关闭,停止进气,吸气冲程结束	排气口关 进气口开 活塞 驱动轴	②压缩冲程。吸气冲程结束时,活塞在曲轴带动下,从下止点向上止点运动。此时,进、排气门均关闭,随着活塞上移、活塞上腔容积不断减小,混合气被压缩,至活塞到达上止点时,压缩冲程结束	关
③作功冲程。压缩冲程末,火花塞产生电火花,点燃汽缸内可燃混合气,并迅速燃烧,气体产生高温、高压,在气体压力作用下,活塞由上止点向下止点运动,再通过连杆驱动曲轴旋转向外输出作功,至活塞运动到下止点时,作功冲程结束	关 点火	④排气冲程。作功冲程终了,排气门打开,活塞在曲轴带动下由下止点向上止点运动。废气在自身剩余压力和活塞驱赶作用下,自排气门排出汽缸,至活塞运动到上止点时,排气门关闭,排气冲程结束	开 关

2 汽车的整体的工作原理

驾驶员通过钥匙启动点火开关后,接通蓄电池与起动机,起动机将蓄电池的电能转化为机械能,起动机的前端齿轮啮合发动机曲轴后方的大飞轮旋转实现发动机的运转。

在发动机正常运转以后,起动机停止工作。发动机通过燃烧汽油产生输出动力,作为汽车运行的基本动力。

发动机通过曲轴输出的原始动力通过离合器传递到变速器。假如此时变速器处于空挡状态,发动机传递过来的原始动力不会通过变速器传递到车轮,而是在变速器内部转化为热能。这样就形成了汽车的停车怠速;假如驾驶员踩下离合器,将挡位操纵杆推入到相应挡位,再松开离合器,使变速器接受发动机输出的原始动力,由发动机所传递的动力在变速器内通过不同挡位的齿轮比转换后,通过传动轴传递到车轮上,就形成了汽车的前进或后退运动。

在正常行驶中,假如遇到情况需要停车,驾驶员踩下制动踏板,制动器内产生制动力,迫使汽车停下。

四 汽车主要技术参数

1 主要尺寸参数

汽车的主要尺寸包括轴距、轮距、总长、总宽、总高、前悬、后悬等(图 3-8)。汽车的尺寸参数见表 3-5。

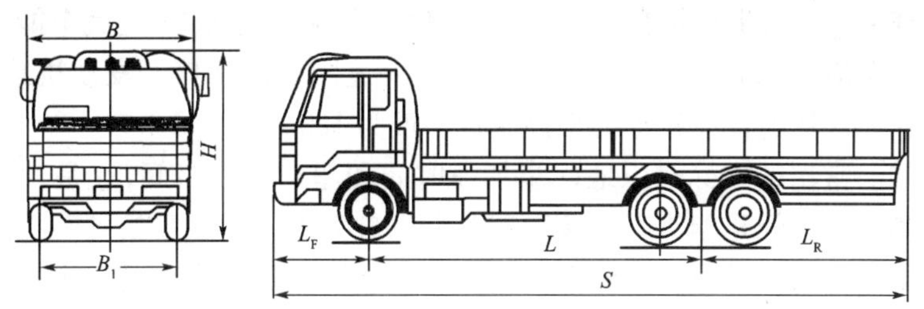

图 3-8 汽车主要尺寸参数

S-总长；B-总宽；H-总高；L-轴距；B_1-前轮距；L_F-前悬；L_R-后悬

汽车的尺寸参数 表 3-5

尺寸参数	参数含义
外廓尺寸	指总长 S、总宽 B 和总高 H。我国对公路车辆的限制尺寸是：总高≯4m；总宽（不包括后视镜）≯2.5m；而总长，对于载货及越野汽车来说≯12m，牵引汽车带半挂车≯16m，汽车拖带挂车≯20m，挂车≯8m，大客车≯12m，铰接式大客车≯18m
轴距 L	指车轴之间的距离。对双轴汽车而言，是前、后轴之间的距离；对三轴汽车而言，指前轴与中轴之间的距离和前轴与两后轴之间距离的平均值
前、后轮轮距 B_1、B_2	对单轮胎汽车而言，轮距是指轮心之间的距离；对双轮胎汽车而言，轮距是每侧两个轮胎中间位置之间的距离
前悬 L_F 和后悬 L_R	前悬指前端至前轮中心悬置部分；后悬指后端至后轮中心悬置部分

2 质量参数

质量参数主要包括汽车的装载质量、总质量、整备质量利用系数和轴荷分配等。

汽车的质量参数

▲总质量：整备完好、装备齐全，按规定载满客、货时的汽车质量。

▲整备质量：加满燃料、润滑油、工作液并装备（随车工具及备胎等）齐全，但未载人、载货时的总质量。

▲装载质量：乘用车以座位数计，包括驾驶员座在内不超过9座；客车以载客量计；货车以其在良好硬路面行驶时所装载货物质量的最大限额(t)计。

▲整备质量利用系数：载货汽车的装载量与其整备质量之比。

▲轴荷分配：汽车空载和满载时的整车质量分配到各车轴的百分比。

3 汽车主要性能指标

汽车的主要性能指标，概括起来有七个方面：动力性、经济性、制动性、操纵稳定性、行驶平顺性、通过性、安全性。这些性能在汽车使用期内的保持和恢复构成了汽车的可靠性和可维修性。

(1)动力性。汽车的动力性主要有以下三个指标：

①最高车速 v_{amax}(km/h),指在水平的良好路面(混凝土或沥青)上汽车能达到的最高行驶速度。此时汽车应为满载,加速踏板开度最大,变速器为最高挡。发动机最大功率越高,汽车的 v_{amax} 就越大。目前普通轿车的最高车速一般为 160~200km/h。

②加速时间。常用的指标有原地起步加速时间和超车加速时间,它是动力性能的重要指标。原地起步加速时间是指汽车由头挡起步并以最大加速度逐步换到高挡后达到某一预定的距离或一定车速所需的时间。超车加速时间是指用最高挡或次高挡由某一中等车速开始全力加速至某一高速所需的时间。采用较多的办法是用最高挡或次高挡,由 30km/h 或 40km/h 全力加速至某一高速,或用 30km/h→50km/h、60km/h→80km/h 的加速时间来表示。超车加速能力强,与被超车辆的并行时间短,行驶就会比较安全。以奔驰 380SEC 型轿车为例,该车 0~48km/h 起步加速时间为 3.8s,0~96km/h 为 9.1s,0~144km/h 为 20.1s,0~192km/h 为 58.3s;超车加速 128~160km/h 为 17.1s,144~176km/h 为 24.2s,160~192km/h 为 36.5s。

轿车常用 0~100km/h 的换挡加速时间评价,如普通轿车为 10~15s。

③最大爬坡度 i_{max}(%)。指汽车满载,最低挡时在良好路面上以一挡行驶时能爬上的最大坡度 i_{max},用以表示一辆车的爬坡能力。坡度值 i 一般用坡道斜角的正切表示(为小数或百分数),而不是倾斜角的度数。货车一般 i_{max} 在 30%,即 16.5°左右;越野汽车 i_{max} 可达 60%,即 30°左右。

表征汽车动力性的三个指标

▲最高车速;

▲加速时间;

▲最大爬坡度。

(2)经济性。汽车燃料经济性的评价指标是以单位行驶里程的汽车燃油消耗量,轿车一般以每行驶百公里所消耗燃油的升数 Q_s(L/100km)作为汽车经济性指标,载货汽车也有用单位运输量,即每吨总重行驶 1km(或 100km)的耗油量来评价的,称为吨公里油耗 L/(t·km)或吨百公里油耗 L/(t·100km),这样便于比较不同载质量汽车的燃料经济性。

汽车燃料经济性与汽车总重、各种阻力、传动系的效率与减速比的匹配,尤其是发动机的燃油消耗率有关。目前降低汽车油耗的途径侧重于提高发动机的燃料经济性,降低汽车自重和改进外形以减小空气阻力等方面。

(3)制动性。汽车制动性是指汽车在行驶中强制减速直到停车的能力,主要由下列三方面来评价:

①制动效能,指汽车在良好路面以规定车速开始制动直到停车时的制动距离或减速度。我国通常以 30km/h 和 50km/h 车速下的最小制动距离来评价汽车的制动效能。如车速为 30km/h 时,各种汽车的制动距离为:轻型货车 7m 以下,中型货车不大于 8m,重型货车不大于 12m,轿车在 6m 以下。

②制动效能的恒定性,指汽车在高速或下长坡连续制动时,制动器温度升高后,与冷态时相比,其制动效能所能保持的程度。

③制动时汽车的方向稳定性,即制动时汽车按给定轨迹(直线或预定弯道)行驶,不发生跑偏、侧滑以及失去转向能力的性能。汽车左右轮制动力相差通常要求不大于 8%。

(4)操纵稳定性。汽车的操纵稳定性包括操纵性和稳定性。

操纵性是指汽车能够确切地响应驾驶员的转向指令的能力;稳定性是指汽车在行驶过程中,具有抵抗改变其行驶方向的各种干扰,并保持稳定行驶而不致失去控制甚至翻车或侧滑的能力。实际上两者是相互联系的,稳定性的好坏,直接影响操纵性。

(5)行驶平顺性。汽车的行驶平顺性是指保持汽车在行驶过程中乘员所处的振动环境具有一定舒适度的性能(又称为乘坐舒适性),对于载货汽车还包括保持货物完好的性能。

(6)通过性。汽车的通过性(也称越野性)是指汽车在一定的装载质量下,能以足够高的平均速度通过各种坏路和无路地带,如松的土壤、沙漠、雪地、沼泽等松软地面及坎坷不平地段和各种障碍,如陡坡、侧坡、壕沟、台阶、水障等的能力。军用、工矿、农林等用途的越野汽车对通过性均有较高的要求。

通过性几何参数主要有:最小离地间隙、接近角、离去角、纵向通过角、最小转弯半径、爬坡性能,如图 3-9 所示。

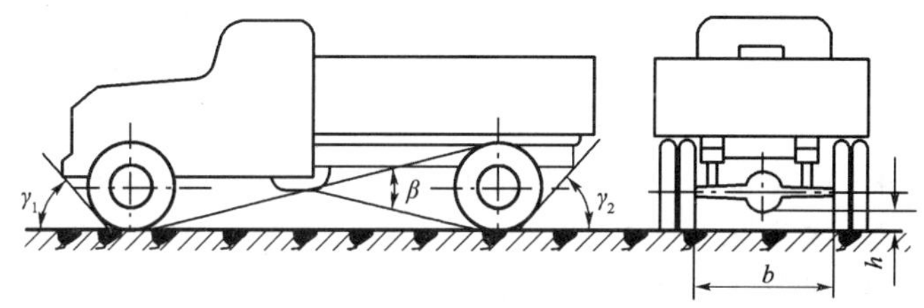

图 3-9　汽车通过性指标

h-最小离地间隙;b-两侧轮胎内缘间距;γ_1-接近角;γ_2-离去角;β-纵向通过角

①最小离地间隙,指汽车满载、静止时,平直地面与汽车上的中间区域最低点之间的距离。它反映了汽车无碰撞地通过地面凸起的能力。

②接近角 γ_1,指汽车满载、静止时,前端突出点向前轮所引切线与地面间夹角。γ_1 越大,越不易发生汽车前端触及地面,通过性越好。

③离去角 γ_2,指汽车满载、静止时,后端突出点向后轮所引切线与地面间的夹角。γ_2 越大,越不易发生汽车后端触及地面,通过性越好。

④纵向通过角 β,汽车满载、静止时,垂直于汽车纵向中心平面,分别与前、后车轮轮胎相切和相交,并与车辆底盘刚性部件(除车轮)接触的两个平面形成的最小锐角。它决定了车辆所能通过的最陡坡道。β 越大,汽车通过性越好。

⑤最小转弯半径。当转向盘转到极限位置、以最低稳定车速转向行驶时,外侧转向轮的中心平面在支承平面上滚过的轨迹圆半径。最小转弯半径越小,汽车的机动性就越好。

⑥爬坡性能。指汽车满载,在良好路面上等速行驶时的最大爬坡度,一般要求在 30%(即 16.7°)左右。越野车要求更高,一般在 60%(即 31°)左右。

(7)安全性。汽车安全性包括主动安全性和被动安全性。

主动安全性是指通过事先防范,避免事故的发生和驾乘人员受到伤害的能力,包括制动性能、操纵稳定性、平顺性等。主动安全性主要取决于汽车的总体尺寸、制动性、行驶稳定性、操纵性、信息性以及驾驶员工作条件。

被动安全性是指一旦事故发生时,为避免或减轻驾乘人员在事故中受到伤害的能力,主要有防撞式车身、安全带、安全气囊等。

五 车辆识别代码

车辆识别代号英文为 Vehicle Identification Number,简称为 VIN。目前,世界各国生产的汽车大多使用了 VIN(Vehicle Identification Number)编码。

“VIN 编码”由一组字母和阿拉伯数字组成,共 17 位。它是识别一辆汽车不可缺少的工具,被誉为“汽车身份证”。

VIN 的每位代码都代表汽车某一方面信息。按识别代码编码顺序,从 VIN 中可以识别出该车的生产国家、制造公司或生产厂家、车辆类型、品牌名称、车型系列、车身形式、发动机型号、车型年款(属哪年生产的年款型车)、安全防护装置型号、检验数字、装配工厂名称和出厂顺序号码等。

各国法规一般只规定车辆识别代码基本要求。如应由 17 位代码编码组成,字母和数字的尺寸、书写形式、排列位置和安装位置等,都有相应规定,并且应保证 30 年内不会重号。除对个别符号的含义有硬性规定外,其他不作硬性规定,由生产厂家自行规定其含义。

我国的国家标准《道路车辆—车辆识别代号(VIN)》(GB 16735—2004)于 2004 年 7 月 12 日由国家质检总局、国家标准化管理委员会正式批准,于 2004 年 10 月 1 日实施。国家标准《道路车辆—车辆识别代号(VIN)》(GB 16735—2004)与《道路车辆—世界制造厂识别代号(WMI)》(GB 16737—2004)标准配套使用,在全国范围内规范了车辆的生产,为车辆的管理提供了依据。

1 基本要求

车辆识别代号 VIN 编码的基本要求

▲每辆机动车都必须有 VIN 编码。

▲VIN 编码在连续 30 年内不得相同。

▲VIN 编码应标示在车右侧前半部,易于看到、能防磨损、不易更换。

▲9 座或 9 座以下车辆和最大总质量≤3.5t 的载货汽车的 VIN 应永久标示在仪表盘靠近风窗立柱的位置。

▲VIN 字码在任何情况下都应是字迹清楚、坚固耐久和不易替换的,若直接打印在结构件上,则字高≮7mm,深度≮0.3mm,其他情况字高≮4mm。

▲VIN 采用阿拉伯数字和罗马字母(大写)表示,不能采用的有:阿拉伯数字 -0;罗马字母 -I、O、Q、U、Z。

▲VIN 标示在车辆或标牌上时,应尽量标在一行,不使用分隔符和空格。

▲VIN 若采用条码,应符合国家标准《车辆识别代号条码标签》(GB/T 18410—2001)的要求。

2 基本内容

车辆识别代号由三部分组成:第一部分,世界制造厂识别代号(WMI);第二部分,车辆说明部分(VDS);第三部分,车辆指示部分(VIS),如图3-10所示。

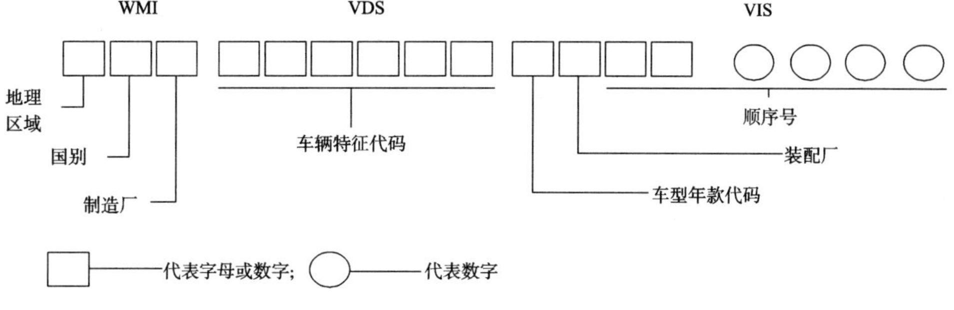

图3-10 VIN编码

(1)世界制造厂识别代号(WMI)。

该代号必须经过申请、批准和备案后方能使用。由国际组织按地理区域分配给各国,各国再分配给本国的制造厂。中国由天津汽研中心标准所代理,国家经贸委备案。

第一个字码:地理区域代码,如非洲、亚洲、欧洲、大洋洲、北美洲和南美洲(表3-6)。

世界制造厂地理区域代码　表3-6

代号	1、4、5	2	3	6	9	J	K	L
国别	美国	加拿大	墨西哥	澳大利亚	巴西	日本	韩国	中国
代号	R	S	T	V	W	Y	Z	
国别	中国台湾	英国	瑞士	法国	德国	瑞典/分兰	意大利	

第二个字码:国家代码。由美国汽车工程师协会(SAE)分配国家代码。

第三个字码:制造厂代码,由各国自行分配。若制造厂的年产量少于500辆,其WMI代码的第三个字码为9。生产规模大的汽车厂则用于分配车系。

部分汽车制造厂识别代号见表3-7。

部分世界制造厂代码　表3-7

国别	汽车制造厂	代　码
美国	通用	1G1～1G8、1GA～1GE、1GG、1GGH、1GJ、1GK、1GM、1GN、1GT、1GY、4G1～4G5、4GD、4GL、4GT、4KB、4KD、4KL
	福特	1FA、1FB、1FC、1FD、1FF、1FJ、1FM、1FT、1LN、1ME、1MH、1MR、1NJ、4F2、4F3、4F4、4M2、4M3、4M4、4N2、4N3、4N4
	克莱斯勒	1E5、1E6、1E7、1A3、1B3、1B4、1B5、1B6、1B7、1C3、1C4、1C7、1P3、1P4、1P5、1P6、1P7
日本	丰田	JT2、JT3、JT4、JT5、JVW
	本田	JH1、JH2、JH3、JHM
	大发	JDA
	富士	JF1、JF2、JF3
	日野	JH7、JHA、JHB、JHC、JHE
	五十铃	J81、J82、J85、J87、J8Y、J8Z、JAA、JAB、JAC、JAD、JAE、JAH、JAJ、JAK、JAL、JAM

续上表

国别	汽车制造厂	代码		
日本	铃木	JG1、JG2、JG7、JGC、JGK、JGN、JGT、JS1、JS2、JS3、JS4、JSA		
	马自达	JC1、JC2、JC4、JM1、JM2		
	日产	JN1、JN3、JN6、JN8、JNA、JNB、JNE、JNX、JPA、JPE		
	三菱	JA3 ~ JA7、JB3 ~ JB7、JJ3 ~ JJ7、JMA、JMB、JP3 ~ JP7		
德国	宝马	WBA、WBS		
	奔驰	WD1 ~ WD8		
	大众	WV1、WV2、WV3、WVW		
法国	雷诺	VF2、VF6		
	标致	VF3、VGA		
	雪铁龙	VF7		
韩国	大宇	KL1、KL2、KLG		
	现代	KMH、KPH		
意大利	菲亚特	ZFA、ZFB、ZFC、ZFD、ZLA、ZLB、ZLC、ZLD		
中国	上海通用	LSG	上海大众	LSV
	一汽大众	LFV	北京现代	LNB
	奇瑞	LSJ	东风日产	LGB
	比亚迪	LGX	一汽丰田	LTV、LFM
	吉利	L6T	长安福特马自达	LVS
	广州本田	LHG	沈阳金杯	LSY
	哈飞汽车	LKD	长安汽车	LS5
	神龙富康	LDC	华晨宝马	LBV

(2)车型描述部分(VDS)。

VIN编码的第4 ~9位,表示车辆的类型和配置。若其中的一位或几位字符不用,必须用选定的字母或数字占位。

一般包含以下信息:车系;动力系统:发动机型号、变速器形式;车身形式;约束系统配置:气囊、安全带等;校验位:第9位,0 ~9或X。

此部分应能识别车辆的一般特性,其代号顺序由制造厂决定。

(3)车型指示部分(VIS)。

第10 ~17位,制造厂为了区别每辆车而指定的一组字符,最后四位字符应是数字。

①第10位表示年份,年份代码按表3-8规定使用(30年循环一次),不能使用数字0或字母I、O、Q、U、Z。

②第11位使用字母或数字来指示装配厂,若无装配厂,制造厂可规定其他的内容。

③第12 ~17位代表机动车的生产顺序号。

代表车辆生产年份的字码 表 3-8

年份	代码	年份	代码	年份	代码	年份	代码	年份	代码
1971	1	1981	B	1991	M	2001	1	2011	B
1972	2	1982	C	1992	N	2002	2	2012	C
1973	3	1983	D	1993	P	2003	3	2013	D
1974	4	1984	E	1994	R	2004	4	2014	E
1975	5	1985	F	1995	S	2005	5	2015	F
1976	6	1986	G	1996	T	2006	6	2016	G
1977	7	1987	H	1997	V	2007	7	2017	H
1978	8	1988	J	1998	W	2008	8	2018	J
1979	9	1989	K	1999	X	2009	9	2019	K
1980	A	1990	L	2000	Y	2010	A	2020	L

3 VIN 标牌的位置

VIN 标牌所在的位置,各大汽车制造厂不完全一样,一般位置有:左风挡仪表盘上;门柱上;防火墙上;发动机、车架等大部件上;左侧轮罩内;转向柱上;散热器支架上;发动机前部的加工垫上;质保和维护手册、车主手册上。图 3-11 所示为 VIN 码在各种车型中有可能贴的位置。

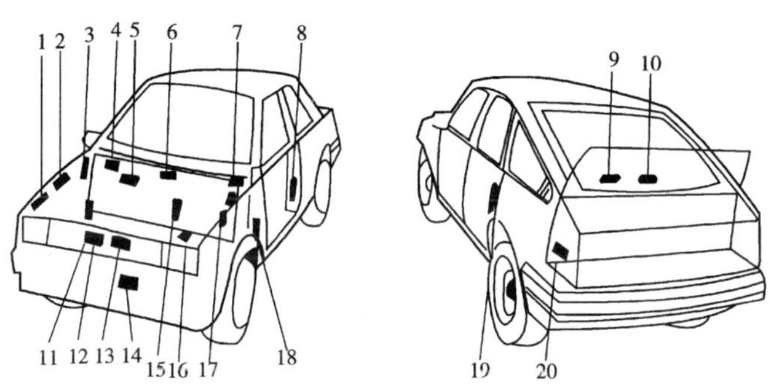

图 3-11 VIN 码装贴在各种车型中的位置

注:1 ~20 码为 VIN 可能装贴的位置。

4 VIN 示例

【案例】上海大众汽车有限公司生产的一款汽车,其 VIN 编码 LSVHJ133022221761 的具体含义就是:2002 年由上海大众汽车有限公司生产的桑塔纳 2000 型轿车,该车配备 AYJ 发动机,FNV(01N. A)自动变速器,出厂编号 221761(图 3-12)。

图 3-12 桑塔纳轿车的 VIN 码

六 汽车常见英文缩写

汽车上常用到英文缩写含义见表3-9。

部分汽车英文缩写含义 表3-9

类别	英文缩写	含义	英文缩写	含义
整车布局	4WD	四轮驱动系统	FF	前置发动机,前轮驱动
	4WS	四轮转向系统	FF	发动机前置,前轮驱动
	Ap	恒时全轮驱动	FR	发动机前置,后轮驱动
	Az	接通式全轮驱动	MR	发动机中置,后轮驱动
	Quattro	全时四轮驱动系统	RR	发动机后置,后轮驱动
车型	CRV	城市休闲车(City Recreation Vehicle)	RAV	休闲运动车(Recreational-休闲、Activity-运动、Vehicle-车)
	CUV	多用途车(Car-Based Utility Vehicle)	RV	休闲车(Recreation Vehicle)
	IV	智能汽车(Intelligent Vehicle)	S-MPV	紧凑型多用途车(Small Multi-Purpose Vehicle)
	MPV	多用途汽车(Multi-Purpose Vehicle 或 Mini Passenger Van)	SRV	小型休闲车(Small Recreation Vehicle)
	NCV	新概念轿车(New Concept Vehicle)	SUV	运动型多用途车(Sport Utility Vehicle)
汽车装置	ABS	防抱死制动系统(Antilock Braking System)	EES	座椅自动调节系统
	ASR	驱动防滑控制系统(Acceleration Slip Regulation)	ELR	安全带紧急锁紧式伸缩装置
	AT	自动变速器(Automatic Transmission)	PDC	倒车雷达
	BBW	汽车电制动系统(Brake By Wire),可实现制动防抱死(ABS),驱动防滑(ASR),稳定性控制(ESP)	PPS	电子控制液压动力转向系统(Progressive Power Steering)
	CCS	汽车巡航控制系统(Cruise Control System)	SENS-ONIC	手自一体变速器
	EBD	电子控制的制动力分配系统(Electronic Brake Distribution)	SRS	汽车安全气囊(Supplemental Restraint System)
	ECS	电子控制悬挂(Electronic Controlled Suspension)	VSC	汽车稳定控制系统(Vehicle Stability Control)
其他	4S	整车销售(Sale);配件供应(Spare);售后服务(Service);信息反馈(Survey)	OBD	车载尾气排放诊断系统(On Board Diagnostics)
	5S	整理(Seir);整顿(Seiton);清洁(Seiso);清扫(Seiketsu);素养(Shitsuke)	PDCA	计划(Plan);实施(Do);检查(Check);改善(Action)
	Cd	空气阻力系数	SA	销售顾问(Sales Advisor)
	CKD	散装零件装配(Completely Knocked Down)	SKD	半散件进口组装(Semi-Knocked Down)

第二节　汽车零配件知识

在汽车维修企业和汽车配件经营企业，通常将汽车零部件、消耗性材料（如润滑液、冷却液、制动液、制冷剂、轮胎等）统称为汽车配件，亦称为零配件、零部件、零件或备件。有的把发动机、变速器等总成，甚至铸件、锻造毛坯件都列为汽车配件。

一　汽车零配件分类

汽车配件的分类见表 3-10。

汽车配件的分类　　表 3-10

分类方法	汽车零配件分类
按市场结构分类	A 类：维修市场件，为汽车维修服务的配件
	B 类：通用配套件，为两种或两种以上车系服务的配件
	C 类：专用配套件，为单一车系服务的配件
	D 类：外向型配件，主要是出口，面向国际市场
按最终用途分类	发动机零件、车身零件、传动零件和底盘零件，这种分类主要用于商业或统计上
按集成度分类	零件：汽车部件中最小单元，如弹簧、垫片等
	配件：由几个零件组成，如门锁等
	组合件：由几个零配件组合而成的模块，能整体装配到汽车上，如车门等
	系统：由几个功能上相互作用的组合件综合而成
	系统组件：由一个或几个分系统、组合件或配件组成的封闭系统。如座舱系统包括仪表台、托架、门饰系统等；座椅系统包括座椅、安全带和座椅调整机构，还可能包括气囊等；内部装饰系统包括车门组件、托架组件、储藏箱以及杯子座配件等。组合成的汽车内部系统可直接运送到汽车制造厂或修理厂进行组装，既可节约时间，又能提高质量
	易损件：指在使用中容易损坏或需定期更换的零件，如离合器片、制动器片、滤芯、轴承、柱塞、各种阀门、密封条、灯具、火花塞、电磁阀等
按零件损坏规律分类	不易损坏件：指在汽车生命周期内不用更换或没有特殊原因不会损坏的零件，如汽缸体、缸盖、变速器壳体等基础件
	碰撞易损件：指在汽车碰撞时最容易损坏的零件，主要包括汽车钣金件、保险杠、水箱、悬挂以及转向系统的各种拉杆和各种灯具

注：原厂件是由汽车生产厂家授权委托厂商生产的配件，这些配件可以打上整车标志，并在整车厂的服务渠道供应（按市场结构分类的 B、C 两类件就属于原厂件）。副厂件又称非配套件，是指没有得到厂家授权许可的企业所生产的配件，它不仅在商标、标识、包装上有别于原厂件，在价格上更有很大的优势，主要面向配件市场。

二　汽车零件互换性

1 互换、代用的概念

在汽车维修过程中，经常需要更换零配件。对某一零件而言，它们当中的任何一个在装配中可以互相调换，不需要任何加工；或通过简单加工修配既可使用。

2 互换注意事项

（1）互换零件的材料、尺寸、精度、表面粗糙度、形位公差、力学性能及其他技术条件都必须相同，否则可能无法满足使用性能、寿命的要求，甚至造成很大的经济损失。

（2）同一系列车型的主要零件，特别是易损件，经常具有互换性。如捷达和桑塔纳的活塞组件、汽缸垫、前制动盘等配件都可通用。

（3）有些汽车配件的外形很近似，但却不能互换。如为同一车型的配件，它们的配件编号可能不同，选购时需仔细辨认，以防止出错造成损失。

（4）车身和发动机附件为典型的可通用互换配件。同一厂家生产的同一系列车型基本可以通用；不同厂家生产的同类型汽车，车身和发动机附件也可能具有互换性。

三 汽车配件的编号和规格

汽车配件的制造厂编号代表汽车配件的型号、品种和规格，对配件采购和管理十分重要。零件编号一般打印在配件的包装上，也有的打印或铸造在零件的非工作面上。国产汽车零件有统一标准，国外汽车零件大都没有统一标准，由厂家自定。

完整的汽车零件编号表达式由企业名称代号、组号、分组号、源码、零部件顺序号和变更代码构成。《汽车零部件编号规则》（QC/T 265—2004）对汽车零部件的编号进行了统一规定。该标准将零部件编号表达式根据其隶属关系分为以下三种方式（图 3-13）。

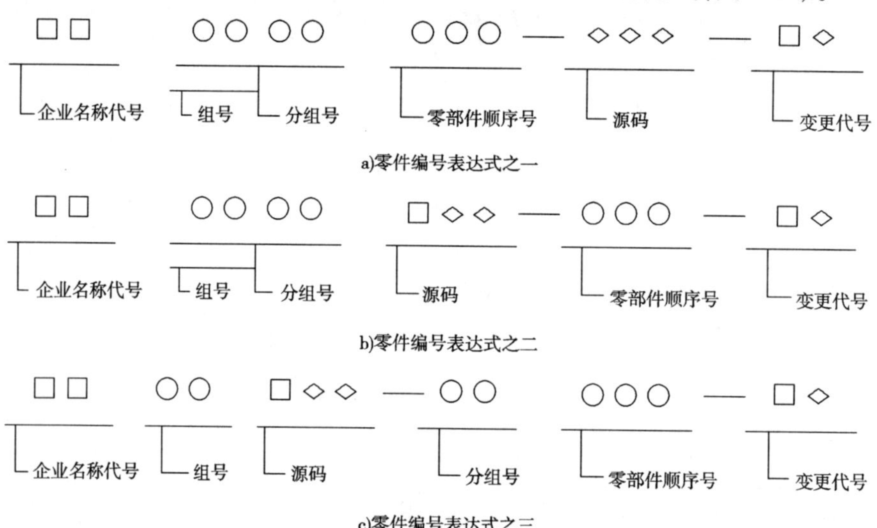

图 3-13 零件编号表达式

（1）企业名称代码。当零部件图样使用涉及知识产权或产品研发过程中需要标注企业名称代码时，可在最前面标注经过有关部门批准的企业名称代码。企业内部使用时，允许省略，企业名称代码由两位或三位汉语拼音字母表示。

（2）源码。源码由三位字母、数字或者字母与数字混合表示，由企业自定。

（3）组号。用两位数字表示汽车各功能系统分类代号，按顺序排列。如发动机机械部分的组号为 10，发动机冷却系统的组号为 13，液力变速器的组号为 15 等。

(4)分组号。用四位数字表示各功能系列内分系统的分类系统代号。如1002,组号10代表发动机,组号02代表汽缸体,1002就代表发动机汽缸体;1301代表冷却系散热器;1501代表自动变速器液力变扭器。

(5)零部件顺序号。用三位数字表示功能系统内总成、子总成、单元体、零件等顺序代号。

(6)变更代号。变更号为两位,可由字母、数字或字母与数字混合而成,由企业自定。

(7)零部件顺序号。当零件变化不大,或通过增减某些零部件构成新零件或总成后,在不影响其分类和功能的情况下,其编号一般在原编号基础上仅改变其源码。

(8)汽车组合模块表达方式。汽车组合模块的表达方式见图3-14。

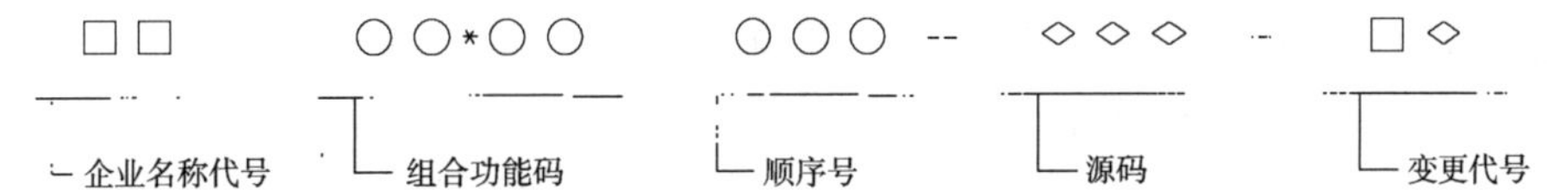

图3-14 汽车组合模块的表达方式

组合功能码由组号合成,前两位组号描述模块的主要功能特征,后两位组号描述模块的辅助功能。如:10 * 16表示发动机带离合器组合模块;10 * 17表示发动机带变速器模块;17 * 35表示变速器带手制动器组合模块。

四 汽车配件管理

配件的管理包括制订采购计划、组织采购工作、入库管理等一系列的工作(表3-11)。

汽车配件管理一览表　　表3-11

项　目	内　容
配件选购原则	计划采购,择优定货,合理储存,及时供应
制订采购计划	根据以往经验,结合下一步维修需求,论证所需配件的品种及数量,制订采购计划供领导审批
采购订货渠道	进货渠道:从配件公司订货;从生产厂家订货;从各汽车制造厂所设的维修点订货;配件市场采购。 特约维修站一般都从制造厂家直接订货,零星急需也可能从配件市场临时采购;普通修理厂维修车型多,仅储备本厂承修较多的车型的易损件,如滤清器、制动蹄片、油封等,在修理过程中根据需要临时进货
签定订货合同	合同中一般对配件的品种、规格、数量、质量、价格、交货日期、结算方式、产品包装、运输方式以及违约责任等进行约定
仓库管理	入库验收:一是配件数量、品种、规格是否与运单、发货票及合同一致;二是质量检查,首先检查包装单和合格证是否齐全,然后按照技术标准检查配件质量,并由检验单位或检验人员出具检验合格证。入库后妥善保管原厂合格证,以便出现问题时索赔
	配件管理:合理摆放,并做好防锈、防尘、防潮、防振、防水、防盗等
	清仓盘点:在入库、出库、盘点、收集订单、交货、验货、填写发货单等都要填写有关配件信息,采用条形码管理配件,利用条形码阅读器扫描进计算机,打印相应单据,非常方便

第三节　汽车运行材料

汽车运行材料，通常指燃料、润滑油、车用特种液和汽车轮胎等。

一　汽油

(1)汽油的牌号和规格。国家标准《车用无铅汽车》(GB 17930—1999)将车用无铅汽油按研究法辛烷值分为90号,93号和95号三个牌号。当时的牌号中没有97号汽油，但我们由定义可推出97号汽油的辛烷值应不低于97。

(2)汽油的选用。选用汽油主要依据压缩比。高压缩比的发动机应选用牌号较高的汽油，低压缩比的发动机可选用牌号较低的汽油。若选用不当，压缩比高的发动机选用低牌号汽油，则易引起发动机爆震，导致功率下降；反之，压缩比低的发动机选用高牌号汽油，会造成浪费，使运输成本增加。表3-12提供了汽油牌号选用的参考资料。

按发动机压缩比选用辛烷值表　　表3-12

发动机压缩比	6	7	8	9	10
辛烷值(起动机法)	66	76	88	92	98

(3)汽油的储存、运输。储存汽油时，尽可能使用油罐而不要使用油桶。罐装汽油比桶装蒸发少，变质慢。

汽油易蒸发、易燃烧、易爆炸、易产生静电，对人畜有毒害作用。加油时，操作者应避免直接接触汽油，避免金属相碰产生火花，减少汽油冲击、摩擦和搅动。容器不能装满，留7%左右的空间，以防受热胀破油桶。储存的汽油应置于阴凉处，避免日光暴晒。

二　车用柴油

(1)柴油的牌号、规格。柴油的牌号是按其凝点高低来划分的。国家标准《轻柴油》(GB 252—2000)按凝点将轻柴油分为10号、5号、0号、-10号、-20号、-35号、-50号共七个牌号。牌号的含义为凝点温度值。例如：10号表示该种柴油的凝点不低于10℃。

(2)柴油的选用。柴油应根据不同地区和季节选用。气温较高的地区，选用凝点较高的柴油；反之，选用凝点较低的柴油(表3-13)。

轻柴油的选用　　表3-13

柴油牌号	适用区域
0	4~9月份适用于全国，长江以南地区冬季也可以使用
-10	适用于长城以南地区冬季、长江以南地区严冬季节
-20	适用于长城以北地区和西北地区冬季、长城以南黄河以北地区严冬季节
-35	适用于东北、西北地区严冬季节
-50	适用于东北、西北、华北地区严寒季节

低凝点柴油生产工艺复杂，产量少，价格高。所以，在气温允许的情况下，尽量延长高凝点柴油使用期。一般选用凝点较最低气温低 2 ~ 3℃ 的柴油，以保证在最低气温时不凝固。

三 发动机润滑油

1 发动机润滑油的作用

发动机润滑油的作用

▲润滑作用；

▲冷却作用；

▲清洁作用；

▲密封作用。

2 润滑油的分类

目前多数国家采用美国分类法：第一种是黏度分类法，由美国汽车工程师学会（SAE）制定；第二种是质量分级法，由美国石油学会（API）制定。

（1）黏度分类。SAE 按润滑油黏度，将发动机润滑油分为 5W、10W、15W、20W、25W、20、30、40、50 等。W 表示冬天用润滑油。

按 SAE 黏度分类的润滑油，有单黏度级和多黏度级之分。如只能满足一组黏度特性要求的为单黏度级油，如 5W、30 等；如能满足两组黏度特性要求的则为多黏度级油，如 5W/40、10W/20 等。5W/40 的含义是：低温使用时黏度符合 SAE5W；100℃ 时黏度符合 SAE 40。

（2）质量级别分类法。API 根据发动机润滑油在台架实验中所得到的润滑性、抗氧化性和抗腐蚀性等确定其等级。

API 将发动机润滑油分为两个系列：S 系列为汽油机润滑油；C 系列为柴油机润滑油。API 实用性能分类法是一种开端分类法，随着发动机和发动机润滑油生产技术的发展，将不断增加发动机润滑油的新的级别。

3 润滑油的选择

（1）使用性能级别的选择：主要根据发动机的性能、结构、工作条件和燃料品质选择。具体选择时一般需考虑以下因素：

①发动机的压缩比、排量、最大功率和最大扭矩。

②发动机润滑油负荷，即发动机的功率（kW）与曲轴箱油容量（L）之比。

③曲轴箱强制通风、废气再循环等排气净化装置的采用对发动机润滑油的影响。

④城市公交车时开时停等运行工况对生成沉积物和润滑油氧化的影响等。

柴油机润滑油使用性能级别的选择主要根据发动机的平均有效压力、活塞平均速度、发动机负荷、使用条件和轻柴油的含硫量。

（2）黏度级别的选择。润滑油黏度主要根据气温、工况、发动机技术状况选择。

润滑油黏度要保证发动机低温易启动，运转时又能维持足够黏度，保证正常润滑。重载低速和高速下应选黏度较大的,轻载高速应选黏度较小的润滑油;新发动机选黏度较小的润滑油;磨损较重的发动机则选黏度较大的润滑油。润滑油黏度等级选择见表 3-14。

SAE 润滑油黏度及适用气温 表 3-14

SAE 黏度级别	适用气温(℃)	SAE 黏度级别	适用气温(℃)
5W/30	-30 ~ 30	20/20W	-15 ~ 20
10W/30	-25 ~ 30	30	-10 ~ 30
15W/30	-20 ~ 30	40	-5 ~ 40 以上
15W/40	-20 ~ 40 以上		

四 齿轮油

1 齿轮油的品种

根据传动齿轮承受的负荷大小,齿轮油可分为普通车辆齿轮油和双曲线齿轮油两种。

按照生产工艺不同,齿轮油可分为馏分型齿轮油和渣油型齿轮油、馏分型双曲线齿轮油和渣油型双曲线齿轮油等。

2 齿轮油的牌号、规格

为满足日益增多的汽车品种对润滑的需要,齿轮油的牌号和质量指标也在不断地改进和提高。国外汽车齿轮油大都按 SAE 黏度分类和 API 使用性能分类。

SAE 黏度分类:有 70W、75W、80W、85W、90、140、250 七种牌号。

API 性能分类:有 GL—1 ~ 6 六种质量等级。GL—3 相当于普通车辆齿轮油,GL—4 相当于中负荷车辆齿轮油,GL—5 相当于重负荷车辆齿轮油。

3 齿轮油的选用

首先根据传动齿轮的类型和使用时的负荷、速度选出齿轮油种类,即普通齿轮油还是双曲线齿轮油。然后再按照使用地区季节的最低气温选出黏度,即可得知选用齿轮油的牌号。普通齿轮传动可选用普通齿轮油,双曲线齿轮传动必须选用双曲线齿轮油,有些汽车虽然不是双曲线齿轮传动,但对于在山区或满载拖挂行驶的汽车,因齿面经常处于高温和高负荷工作状态,也要求选用双曲线齿轮油。齿轮油的选用可参考表 3-15。

齿轮油牌号和使用范围 表 3-15

用 途	种 类	牌 号	使用范围
解放、跃进、黄河等型汽车以及其他渐开线齿轮传动的汽车	普通齿轮油	90	-5℃以上地区全年使用
		85W-90	-12℃以上地区全年使用
		80W-90	-26℃以上地区全年使用
越野、自卸、重型等汽车	双曲线齿轮油	140	-12℃以上地区全年使用
		90	-30℃以上地区全年使用

五 润滑脂

润滑脂具有良好的黏附性，不易从摩擦表面流失，可在不密封和受压较大的摩擦零部件上使用，并有防水、防尘、密封作用。

润滑脂由基础油、稠化剂、添加剂三部分组成。一般基础油含量占 70% ~90%，稠化剂含量占 10% ~20%，添加剂含量在 5% 以下。

1 润滑脂的品种、牌号

润滑脂的品种、牌号、特点见表 3-16。

润滑脂的品种、牌号、特点一览表 表 3-16

品种与牌号	材　料	特　点
钙基润滑脂（按针入度分为 ZG-1、ZG-2、ZG-3、ZG-4、ZG-5 五个牌号）	是用动、植物油和石灰钙皂稠化润滑油，并以水作胶体稳定剂制成的	具有良好的抗水性、润滑性和防护性，但其耐热性较差（使用温度不得超过 70℃），使用寿命短
复合钙基润滑脂（按针入度分为 ZPG-1、ZPG-2、ZPG-3、ZPG-4 四个牌号）	用醋酸钙作复合剂制成的钙皂稠化润滑脂	耐热性好，且具有良好的抗水性和低温性能（可在 -40℃的低温下使用），适于润滑高温、高湿条件下工作的摩擦副，如轮毂轴承、水泵轴承等
石墨钙基润滑脂	石墨既是一种固体润滑剂，又是一种填充剂，具有良好的耐压抗磨性和抗水性	主要用于高负荷、低转速简单机械和易与水接触的部位，如钢板弹簧等。由于其主要成分是钙基润滑脂，因而耐热性差，其最高使用温度不应超 60℃
钠基润滑脂（按针入度分为 ZN-2、ZN-3、ZN-4 三个牌号）	由脂肪酸钠皂稠化中等黏度润滑油制成	耐热性强，可在 120℃以下温度长时间工作，完全熔化也不会降低润滑性，已熔化的在冷却后能重新凝成胶状，搅拌均匀后仍可使用。弱点是耐水性差，遇水即会被溶解而失去稠化能力，使润滑脂乳化而流失，不能用于潮湿环境
钙钠基润滑脂（按针入度分为 ZGN-1、ZGN-2 两个牌号）	由脂肪酸钙、钠皂稠化等黏度的润滑油制成	适用于 100℃以下，而又易与水接触的环境，如水泵轴承、轮毂轴承、传动轴中间轴承和离合器轴承等
锂基润滑脂（按针入度分为 ZL-1、ZL-2、ZL-3、ZL-4 四个牌号）	由脂肪酸锂皂固化润滑油制成	滴点较高，适用温度范围较广，并有良好的低温性能、抗水性能和使用周期长的特点，特别适用于高速轴承，可代替其他润滑脂，广泛使用于汽车轴承及摩擦副中

2 润滑脂的选用

选用润滑脂时主要考虑以下因素：

（1）工作温度。温度越高，选用滴点也越高；反之，就选用滴点较低的润滑脂。

(2)运动速度。速度越大,选用的黏度就应越低:反之,应选高黏度的。

(3)承载负荷。承载负荷大的,应选针入度小的,以免润滑脂被挤出来;反之,应选针入度较大的润滑脂。

六 车制动液

1 品种与规格

(1)制动液品种。

①醇型制动液。以精制蓖麻油和醇配制而成。特点是凝点较低,润滑性好,橡胶皮碗膨胀率小;易产生气阻,导致制动失效。

②矿油型制动液。以精制的轻柴油馏分,经深度脱蜡后,加添稠化剂、抗氧化剂制成。特点是有良好的润滑性,对天然橡胶有溶胀。

③合成型制动液。在醚、醇、酯等物质中加入添加剂(抗氧剂、防锈剂、润滑剂、抗橡胶溶胀剂)调和而成。特点是性能优良,高温下使用不会产生气阻,低温下使用能顺利供油,保证制动系统工作可靠,对橡胶也不产生侵蚀溶胀。

(2)汽车制动液规格。为保证汽车行驶安全,各国不断制定、修订制动液标准。

①国外汽车制动液标准。美国联邦政府运输安全部(DOT)制定的联邦机动车辆安全标准,具体是DOT3、DOT4、DOT5,这是公认的汽车制动液通用标准。

②我国制动液标准《机动车辆制动液》(GB 12981—2003)规定机动车辆安全使用HZY3、HZY4、HZY5三种产品,分别对应国际通用产品DOT3、DOT4、DOT5。其中H、Z、Y分别为合成、制动和液体第一个汉字的汉语拼音首字母,阿拉伯数字作为区别本系列的标记。

(3)汽车制动液的技术性能要求。对汽车制动液的技术性能要求,主要有三条:

①橡胶密封件膨胀率。制动系统中装置着许多橡胶密封零件,由于这些橡胶密封件经常与制动液接触,其强度逐渐降低,体积和质量发生变化,可能失去应有的密封作用,会导致制动失灵。为此,要求制动液对橡胶密封件的膨胀率要小。

②腐蚀性。在液压制动系统中,传动装置一般由铸铁、铜、铝及其他合金制成,长期与制动液接触,若产生腐蚀,会使制动失灵。为使制动液对金属不产生腐蚀作用,在规格中用酸值和腐蚀试验进行控制。

③沸点。高速行驶时若频繁使用制动,将产生大量摩擦热。若使用沸点较低的制动液,将使制动液沸腾产生气阻,导致制动性能降低甚至失效。矿油型和合成型制动液沸点较高。

2 选用及使用注意事项

(1)选用制动液。一般说来,按照使用说明书选择制动液是最合理可靠的。汽车生产厂家在推荐制动液时,都是经过充分论证的,说明书除给出标准品牌及规格型号外,一般还提供了可供代用的品牌及规格型号。用户应尽可能选用标准品牌及规格型号的制动液;标准品牌缺乏时才考虑选用代用品;实在无奈时再按照对应关系选择相应等级的其他代用品。如北京切诺基要求用AMC/吉普/雷诺制动液,缺货时可选DOT3制动液或国产HZY3代用。

(2)汽车制动液使用注意事项：

汽车制动液使用注意事项

▲若出现白色沉淀物，应过滤后再用。

▲不得混用不同型号的制动液。

▲每隔 2 万～4 万 km 或 1 年时间更换一次制动液。

▲安全存放及添加制动液，防止雨淋日晒、吸水变质。

七 轮胎

轮胎使用合理与否，直接影响汽车的行驶安全性和经济性。据统计，轮胎费用一般占运输成本的5%～10%，轮胎技术状况变差，可使油耗额外增加1%～15%。

1 概述

(1)轮胎作用。轮胎与路面接触，具有承重、缓冲和提供附着力等作用。

(2)轮胎分类。轮胎结构、用途不同，其分类也有差别。如：

按用途，汽车轮胎可分为载货汽车轮胎和轿车轮胎，而载货汽车轮胎又根据适用车型不同可分为重型载货汽车轮胎、中型载货汽车轮胎、轻型载货汽车轮胎等。

按胎体结构，汽车轮胎可分为实心轮胎和充气轮胎，而充气轮胎又可依据充气气压的高低，分为高压轮胎(0.5～0.7MPa)、低压轮胎(0.15～0.45MPa)、超低压轮胎(充气压力低于0.15MPa)、调压轮胎等四种。

按胎面花纹，可分为普通花纹轮胎、越野花纹轮胎和混合花纹轮胎三种。

按轮胎组成结构，可分为有内胎轮胎和无内胎轮胎两种。

按轮胎胎体帘线排列方向，可分为普通斜交轮胎和子午线轮胎两种。

按轮胎胎体帘线材料，可分为棉帘线轮胎、人造丝轮胎、尼龙轮胎和钢丝轮胎等。

2 轮胎规格表示方法

我国现执行的轮胎标准为《轿车轮胎》(GB 9743—1997)、《轿车轮胎系列》(GB/T 2978—1997)、《载货汽车轮胎》(GB 9744—1997)及《载货汽车轮胎系列》(GB/T 2977—1997)等。标准规定了我国汽车轮胎的规格表示方法，具体如下：

(1)我国轿车轮胎规格表示方法：

示例：205 / 60 R 15 89 H

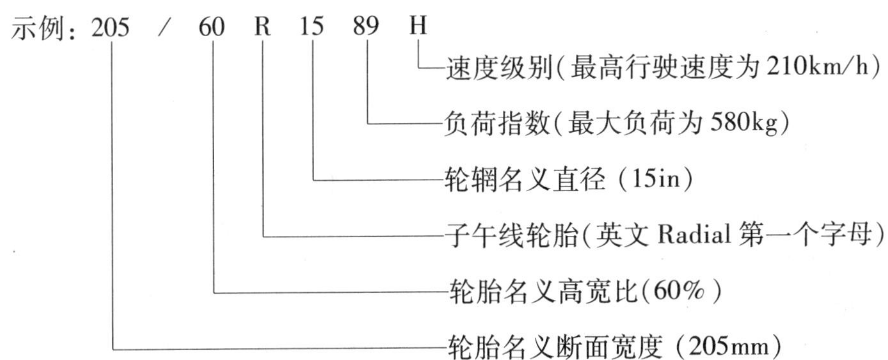

(2)国外轮胎规格表示方法(以影响最大的美国、欧洲、ISO 的规则为例)。

①美国轿车轮胎规格表示:

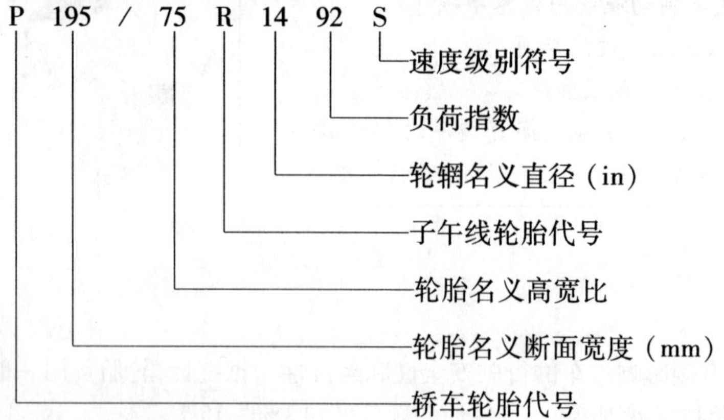

②欧洲轿车轮胎规格表示:

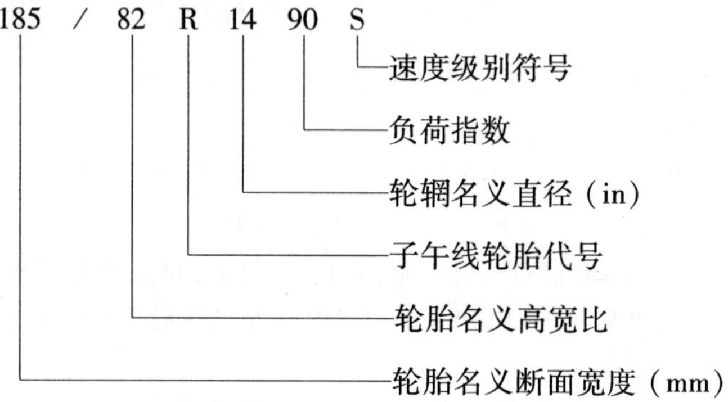

③ISO 轿车轮胎规格表示:

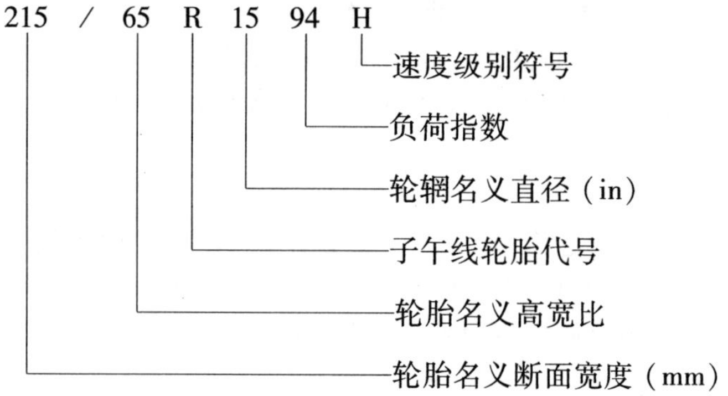

3 轮胎的选择

汽车对轮胎的要求是多方面的,选择时不能取决于单一因素,应针对具体汽车的性能要求和使用特点综合考虑,可重点参考以下几方面。

(1)轮胎类别。轮胎类别主要有乘用轮胎、商用轮胎、非公路用轮胎、特种轮胎等。乘用轮胎主要适于轿车及各类轻型客、货车;商用轮胎主要适于货车、大客车等;非公路用轮胎主要适于松软路面上行驶的越野车等;特种轮胎仅用于特种车辆或特殊环境。

(2)胎面花纹。轮胎胎面花纹对轮胎的滚动阻力、附着能力、耐磨能力及行驶噪声等有显著影响,可根据轮胎类型和车辆长期使用路况决定,并根据季节、天气适时调整或换用。

(3)胎体结构。子午线结构比普通斜交结构具有较多的优良特性,受到普遍推荐。但斜交结构由于技术成熟、造价低廉,在商用车轮胎中仍为主要形式。

(4)轮胎材质。轮胎材质包括橡胶材质和帘线材料。橡胶材质的构成因生产厂家的设备、技术、原材料不同而有所差异,这也使得轮胎品质有所差别。帘线材料中钢丝帘线强度大,但生产技术难度大,成本高,尼龙、人造丝等材料来源充足、使用广泛,选用较多。

(5)规格气压。在满足轴荷要求的前提下,轮胎规格应小型化、轻量化;在满足承载要求的情况下,轮胎气压宜低不宜高,以免增加使用成本。

(6)速度特性。子午线轮胎、无内胎轮胎、扁平化轮胎由于发热少、散热快,在速度特性方面有优势,是理想的选择对象,但高速度级别的轮胎价格昂贵。

(7)均匀特性。均匀性不好的轮胎,装车后操纵稳定性差,影响高速稳定性。

4 轮胎合理使用

轮胎合理使用(表3-17)的目的是降低磨损速度,防止出现早期不正常损坏,以延长使用寿命,从而保证行车安全和费用节约。

轮胎的合理使用　表3-17

措　施	注意事项
气压正常	气压直接影响轮胎寿命和行车安全。保持气压正常,要按规定充气。如发现气压不足,要及时充气。充气时应注意:热胎不能马上充气;充气要注意清洁,不能含有水分和油液;子午线胎充气时,最好使用标准气压表,以防过度充气;不应过度充气,然后再放气
防止超载	轮胎一旦超载,变形就会加大,帘线应力加大,容易造成帘线折断、松散和帘布脱层。要避免汽车超载或装载不均衡
控制车速	车速提高,胎体受力增加,易使帘布层断裂和胎面剥落,严重时爆胎
控制胎温	胎温升高,橡胶老化加速,产生龟裂。夏季、行车速度快、载荷大、运距长、道路不佳等,都会引发胎温上升。轮胎升温后,应将车停在阴凉处降温
合理搭配	不同车型要求选用不同轮胎,同一辆车(至少同一轴)应选用规格、结构、层级和花纹等相同的轮胎。更换新胎时,最好整车更换或同轴更换(亦可将新胎装在转向轮),以保证行车安全。后轮双胎并装的,应将新旧程度接近的轮胎装在一起,两胎之间最小距离,满载时≮2mm。禁止将子午线胎与普通斜交胎混装在同一辆车上(至少不在同轴)。气门嘴应对准外胎上的平衡标记。并装双胎的气门嘴要互成180°,并使其朝外
精心驾驶	起步平稳、加速均匀、中速行驶、直线前进、减速转向、少用制动;驾驶时用心观察,尽量躲避路面上可能扎破和划伤轮胎的锋利石头、玻璃、金属和可能腐蚀轮胎的化学泼洒物、油渍等,尽量不靠近路边石行驶,以免刮伤胎侧;行驶在拱度较大的路面时,尽量居中行驶
保持车况	保持车况(尤其是底盘)完好,是防止轮胎早期损坏的有效措施。如:前束和外倾角大小合适,轮毂轴承间隙调整适当,车轮平衡,钢板弹簧挠度一致,车轮总成的横向摆动量和径向跳动量符合要求,轮毂油封和液压制动轮缸不漏油,行车制动器调整良好等
加强维护	日常维护:出车前主要检视气压是否正常,气门嘴是否漏气,气门帽是否齐全,轮胎螺母是否紧固,千斤顶等随车工具是否齐全等;行车中结合途中停车、装卸等检查轮胎气压和温度是否正常,轮胎螺母有无松动,挡泥板等是否碰擦轮胎,轮胎花纹中是否夹石,胎面和胎侧有无不正常磨损和损伤等;收车后检查轮胎有无漏气,轮胎是否夹石,螺母有无松动,是否造成轮胎不正常磨损,停车场是否干净等

续上表

措　施	注意事项
加强维护	一级维护：包括紧固轮胎螺母、检查是否漏气，气门帽是否齐全；挖出夹石和花纹中的石子、杂物；检查轮胎有无不正常磨损、气压是否正常等
	二级维护：执行一级维护作业项目；拆卸轮胎，测量胎面花纹磨耗、周长及断面宽的变化；对轮胎进行解体检查；对解体轮胎进行装合、充气；对轮胎进行动平衡；对轮胎进行换位（图3-15）
正确存运	轮胎要防晒、防淋、防腐蚀。长途运输时须竖立放置，内胎如无包装，需适量充气后放在外胎内。保管轮胎时，库房应清洁干燥，温度和湿度适宜，避免阳光直射。外胎或成套轮胎应立放，严禁平置或堆叠。内胎如需单独存放，应适当充气，悬挂在托架上，不得折叠堆置

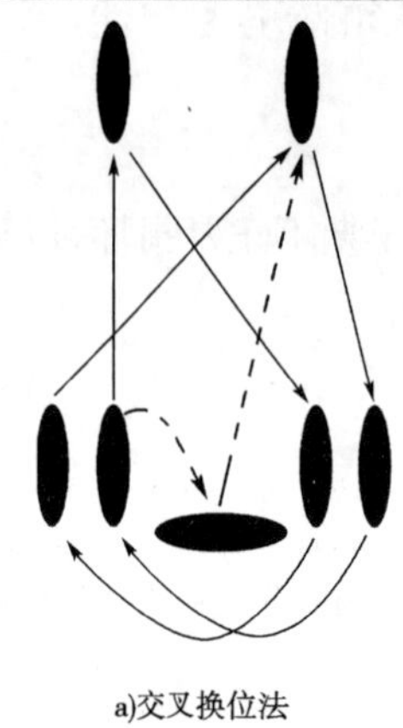
a)交叉换位法

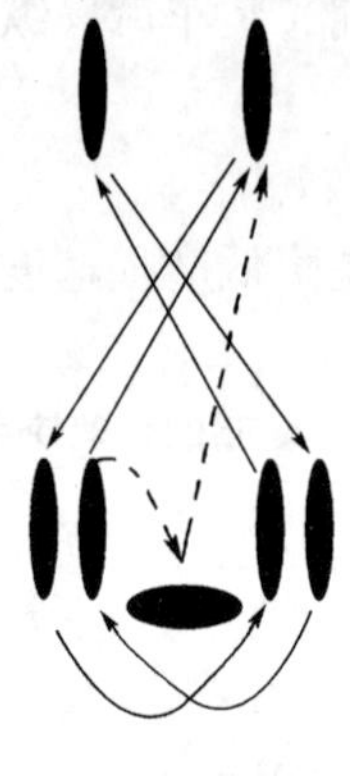
b)循环换位法

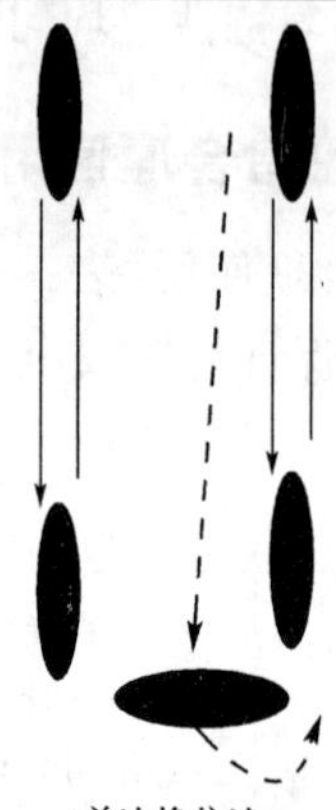
c)单边换位法

图3-15　轮胎换位方法

【复习思考题】

1. 按照用途可以把汽车具体划分为哪几类？
2. 按照公安机关的管理，可以把汽车划分为哪几类？
3. 汽车的组成，包括哪四大部分？
4. 汽车发动机由哪几部分组成？
5. 汽车底盘由哪几部分组成？
6. 汽车电气系统由哪几部分组成？
7. 按照承载方式，汽车车身可以分为哪三种形式？
8. 汽车的主要尺寸参数有哪几个？
9. 汽车的主要质量参数有哪几个？
10. 汽车的主要性能指标有哪几个？
11. 零件、配件、组合件、系统、系统组件，分别是怎么定义的？
12. 配件选购应该遵循什么样的原则？
13. 应该如何指导客户选用汽油？
14. 汽车VIN编码是怎么组成的？如何通过VIN编码判断汽车生产年份及其他有关信息？
15. 应该如何指导客户选用润滑油？
16. 轮胎应该如何存放？

17. 如何指导客户正确使用轮胎?

18. 轮胎为什么要进行换位? 如何换位?

【工作页】

汽车构造工作页(汽车结构)

布置日期:____年____月____日	完成时间:____(分钟)
问题: 作为一名汽车维修接待人员,当然应该熟悉汽车的基本结构。你认识到这个问题的重要性了吗?	任务: 熟悉汽车的基本结构。
汽车结构学习要点:	
我所面临的汽车结构问题	自查自学计划
1. 汽车的基本结构,我懂了吗?	
2. 我所不太明白的汽车专业术语有哪些?	
3. 我所不懂其作用原理的汽车配置有哪些?	
4. 我熟悉汽车的 VIN 识别代码了吗?	
5. 在我公司所销售的主流车型中,常见的英文缩写有哪些? 分别是什么意思?	
6. 在我公司所销售的主流车型中,客户比较关心的汽车主要技术参数有哪些? 分别是多少? 该参数说明了什么问题?	
学习纪要:	

汽车构造工作页(汽车零配件)

布置日期:____年____月____日	完成时间:____(分钟)
问题: 作为一名汽车维修接待人员,当然应该熟悉汽车零配件的基本知识。你认识到这个问题的重要性了吗?	任务: 熟悉汽车的基本零配件知识。
汽车零配件学习要点:	轮胎 轮辋 辐板 装饰罩
我所面临的汽车零配件问题	自查自学计划
1. 原厂件与副厂件,有什么不同?	
2. 面对顾客"你们配件价格比汽配商城明显要高好多"的指责,我应该如何准备应对策略?	
3. 零件、配件、组件、系统、系统组件,这些名称分别代表什么意思?我怎样才能将它们区分清楚?	
4. 面对顾客"明明只是爆开了一个气囊袋子,为什么要将整个气囊系统全部更换"的置疑,我应该如何准备应对策略?	
5. 易损件、不易损坏件、碰撞易损件,这些名称分别代表什么意思?我怎样才能将它们区分清楚?	
6. 面对顾客"我的汽车,原来火花塞是好好的,为什么经过你们的发动机维修,现在却坏了"的置疑,我应该如何准备应对策略?	
学习纪要:	

汽车构造工作页(汽车运行材料)

<table>
<tr><td>布置日期:____年____月____日</td><td>完成时间:____(分钟)</td></tr>
<tr><td>问题:
作为一名汽车维修接待人员,当然应该熟悉汽车运行材料的基本知识。你认识到这个问题的重要性了吗?</td><td>任务:
熟悉汽车运行材料的基本知识。</td></tr>
<tr><td>汽车结构学习要点:</td><td></td></tr>
<tr><td>我所面临的汽车运行材料</td><td>自查自学计划</td></tr>
<tr><td>1. 在我公司所销售的主流车型中,应该采用什么标号的汽油(柴油)? 是否采用的汽油标号越高越好? 加满油箱是多少升?</td><td></td></tr>
<tr><td>2. 假如错将汽油(柴油)加入了柴油发动机(汽油发动机),会导致什么后果? 应该如何避免这种现象的发生?</td><td></td></tr>
<tr><td>3. 在我公司所销售的主流车型中,应该采用什么样的发动机润滑油(齿轮油、制动液)? 冬季、夏季是否应该有所区别?</td><td></td></tr>
<tr><td>4. 在我公司销售的主流车型中,发动机润滑油的加入量应该是多少? 多长时间更换一次?</td><td></td></tr>
<tr><td>5. 为什么需要定期进行轮胎换位? 应该怎么换位?</td><td></td></tr>
<tr><td>6. 顾客询问:我的小轿车,虽然过了 6 年,后备箱中的轮胎却一直没有使用,现在直接将它换在左前轮上,可以吗?</td><td></td></tr>
<tr><td colspan="2">学习纪要:</td></tr>
</table>

【模拟考试题】

一、单项选择题

1. 载货汽车(不含半挂车)允许拖挂________辆挂车。

A. 0　　B. 1　　C. 2　　D. 3

2. 以下________不是组成汽车底盘的基本系统。

A. 传动系　　B. 行驶系　　C. 空调系　　D. 转向系

3. 对单轮胎汽车而言,轮距是指________。

A. 两侧轮胎内侧的距离　　B. 两侧轮胎外侧的距离

C. 两侧轮胎轮心之间的距离

4. 我国对公路车辆的限制尺寸中,总高不大于________m。

A. 3.5　　B. 4　　C. 4.2　　D. 4.5

5. 以下________不是评价汽车制动性的指标。

A. 制动效能　　B. 制动时的方向稳定性

C. 制动距离　　D. 制动效能的恒定性

6. 在 VIN 编码中,开头分别为 1、W、L、J 说明这些汽车分别是由________生产的。

A. 美国、日本、中国、德国　　B. 美国、法国、中国、日本

C. 美国、德国、中国、日本　　D. 美国、韩国、中国、日本

7. 客户驾驶其车前来维修,你所看到其 VIN 编码是 LSVHJ1330Y2221761,请问该车是________年生产的。

A. 1997　　B. 1998　　C. 2000　　D. 2002

8. 运动型多用途车的英文缩写是________。

A. MPV　　B. SUV　　C. CRV　　D. RV

9. 电子控制的制动力分配系统的英文缩写是________。

A. ABS　　B. EBD　　C. CCS　　D. SRS

10. 选用发动机所用的汽油时,主要应该依据________。

A. 发动机的压缩比　　B. 发动机的功率　　C. 发动机的汽缸数目

二、多项选择题

1. 根据《汽车和挂车类型的术语和定义》(GB/T 3730.1—2001)的规定,商用车辆包括________。

A. 客车　　B. 救护车　　C. 半挂牵引车　　D. 货车

2. 根据《汽车和挂车类型的术语和定义》(GB/T 3730.1—2001)的规定,以下________属于乘用车。

A. 轿车　　B. 轻型货车　　C. 越野车　　D. 殡仪车

3. 以下________是组成汽车的四大部分之一。

A. 发动机　　B. 底盘　　C. 车身　　D. 驾驶室

4. 以下________是组成往复活塞式汽油机(或柴油机)的基本结构之一。

A. 配气机构　　B. 润滑系统　　C. 起动系统　　D. 燃料供给系统

5. 按照承载方式,汽车车身可以分为________。

A. 承载式车身　　B. 半承载式车身　　C. 非承载式车身　　D. 外承载式车身

6. 非承载式车身(即有车架的车身)主要用在________上。

A. 货车　　B. 客车　　C. 轿车　　D. 轻型货车

7. 汽车电气系统一般采用________电压。

A. 6V　　B. 12V　　C. 24V　　D. 36V

8. 在四冲程往复活塞式发动机上,每个工作循环由________构成。

A. 吸气　　B. 压缩　　C. 作功　　D. 排气

9. 汽车的动力性主要用以下________指标衡量。

A. 最高车速　　B. 最大功率　　C. 加速时间　　D. 最大爬坡度

10. 汽车的燃料经济性与以下________因素有关。

A. 汽车总重　　B. 传动系的效率　　C. 减速比的匹配　　D. 驾驶操作习惯

11. 欣赏概念车时,重点应该看________。

A. 是否具有独创性　　B. 是否符合汽车公司自身的传承性

C. 是否符合汽车的基本原理　　D. 是否符合汽车的美学原理

12. 汽车运行材料,通常包括________。

A. 燃料　　B. 润滑油　　C. 车用特种液　　D. 汽车轮胎

三、判断题

1. 汽车分为乘用车和商用车辆两大类。　( )

2. 轿车不允许牵引挂车。　( )

3. 制动系至少需要有两套各自独立的制动装置,即行车制动装置和驻车制动装置。　( )

4. 承载式主要用在普通型轿车上。　( )

5. 汽车电气系统一律正极搭铁。　( )

6. 对双轮胎汽车而言,轮距是两侧外侧轮胎之间的距离。　( )

7. 最小离地间隙是指汽车满载、静止时,平直地面与车上最低点之间的距离。　( )

8. 最小转弯半径是指当转向盘转到极限位置、以最低稳定车速转向行驶时,外侧转向轮的中心平面在支承平面上滚过的轨迹圆半径。　( )

9. 汽车的被动安全性是指一旦发生事故时,为避免或减轻驾乘人员在事故中受到伤害的能力,主要有防撞式车身、安全带、安全气囊等。　( )

10. 概念车是汽车中内容最丰富、最深刻、最前卫、最能代表世界汽车科技发展和设计水平的汽车,但却都不能开动。　( )

四、分析题

1. 某日,我接待了一名前来维修发动机的客户,该客户自己携带了一条凸轮轴,要求为其更换。在解释自己之所以费心劳神先去汽配商城购买凸轮轴的行为时,主要就是基于4S店的零配件价格太高,自己无法接受。我应该如何向客户解释?

2. 某客户要求将其已经在后备箱中存放了6年的轮胎装于自己小轿车的左前轮上,我知道这样很不安全,但应该如何说服客户?

第四章 汽车维修企业认识

学习目标

通过对本章内容的学习，您需要：

1. 了解汽车维修企业组织机构和人员配备、《中华人民共和国道路运输条例》相关规定；
2. 熟悉汽车维修企业运作流程、汽车维修接待员基本素质和任职条件；
3. 掌握汽车维修企业服务人员的职业道德、《机动车维修管理规定》的主要内容；
4. 重点掌握汽车汽车维修接待员的岗位职责。

第一节 汽车维修企业组织机构和人员配备

组织职能是为实现企业计划规定的基本目标、设计任务结构和权力结构，进行各种生产要素合理组合的管理活动。无组织的人员是一盘散沙，因而不可能有共同的劳动。

一 汽车维修企业组织机构

开办一家汽车维修厂，需要有恰当的组织结构和人员配备。不同规模、不同资本结构的汽车维修厂，其组织结构、人员配备会有所差异，但其基本功能不可能相差悬殊。

任何企业，其职能单位的基本结构都是围绕“产供销、人财发”六大部门展开，其他部门则是从这六个部门衍生出来的。在汽车维修企业，所谓“产”，指维修车间；所谓“供”，指配件、材料、工具、设备等的供应部门；所谓“销”，指维修企业的业务接待人员，其职责是推销企业的维修服务这一无形产品；所谓“人”，指人力资源部门；所谓“财”，指财务部门；所谓“发”，指研发部门，在汽车维修企业特指开拓新的市场以及新的服务项目。

二 汽车维修企业人员配备

在汽车维修企业，对于管理、后勤、保卫等部门的人员配备，可根据工作需要、当地实际情况、现有人员素质等综合考虑，由企业自行决定，但技术人员的配备，国家有明确规定。

在《机动车维修管理规定》第11、12条中，对申请从事汽车维修经营业务或者其他机动车维修经营业务的，在必备的技术人员方面做了如下规定：

（1）从事一类和二类维修业务的应当各配备至少1名技术负责人员和质量检验人员。技术负责人员应当熟悉汽车或者其他机动车维修业务，并掌握汽车或者其他机动车维修及相关政策法规和技术规范；质量检验人员应当熟悉各类汽车或者其他机动车维修检测作业规范，掌握汽车或者其他机动车维修故障诊断和质量检验的相关技术，熟悉汽车或者其他机动车维修服务收费标准及相关政策法规和技术规范。技术负责人员和质量检验人员总数的60%应当经全国统一考试合格。

（2）从事一类和二类维修业务的应当各配备至少1名从事机修、电器、钣金、涂漆的维修技术人员；从事机修、电器、钣金、涂漆的维修技术人员应当熟悉所从事工种的维修技术和操作规范，并了解汽车或者其他机动车维修及相关政策法规。机修、电器、钣金、涂漆维修技术人员总数的40%应当经全国统一考试合格。

（3）从事三类维修业务的，按照其经营项目分别配备相应的机修、电器、钣金、涂漆的维修技术人员；从事发动机维修、车身维修、电气系统维修、自动变速器维修的，还应当配备技术负责人员和质量检验人员。技术负责人员、质量检验人员及机修、电器、钣金、涂漆维修技术人员总数的40%应当经全国统一考试合格。

（4）从事危险货物运输车辆（指对运输易燃、易爆、腐蚀、放射性、剧毒等性质货物的机动车维修，不包含对危险货物运输车辆罐体的维修）维修的汽车维修经营者，还应该有相应的安全管理人员。

第二节　汽车维修企业运作流程

一　汽车维修流程的组织

汽车维修作业流程，首先要确立从进厂到出厂的生产流程；其次是要防止出现瓶颈现象；再次是要做好质量控制，严格执行“三检”制度（即进厂检验、过程检验、出厂检验或总检）。

组织汽车维修，首先要对汽车维修到底经历了哪些流程进行识别。这样，如果维修作业出现了问题（如返修或投诉），才好去找出是哪个环节出了问题，并有针对性地改善。图4-1是某汽车维修厂所使用的汽车维修过程流程图。

汽车维修过程流程图的具体含义为：

（1）维修接待员接待送修客户，根据顾客报修情况，对车辆进行初步检验，并建立客户的维修档案。送修时，具体遵循以下规定：

①车辆和总成送修时，承修单位与送修单位应签订合同，商定送修要求、修理日期和质量保证等。合同签订后必须严格执行。

②整车送修时，应具备行驶功能，装备齐全，不得拆换。

③总成送修时，应在装合状态，附件、零件均不得拆换和短缺。

④肇事、无法行驶、短缺零部件的车辆，在签订合同时，应作出相应规定和说明。

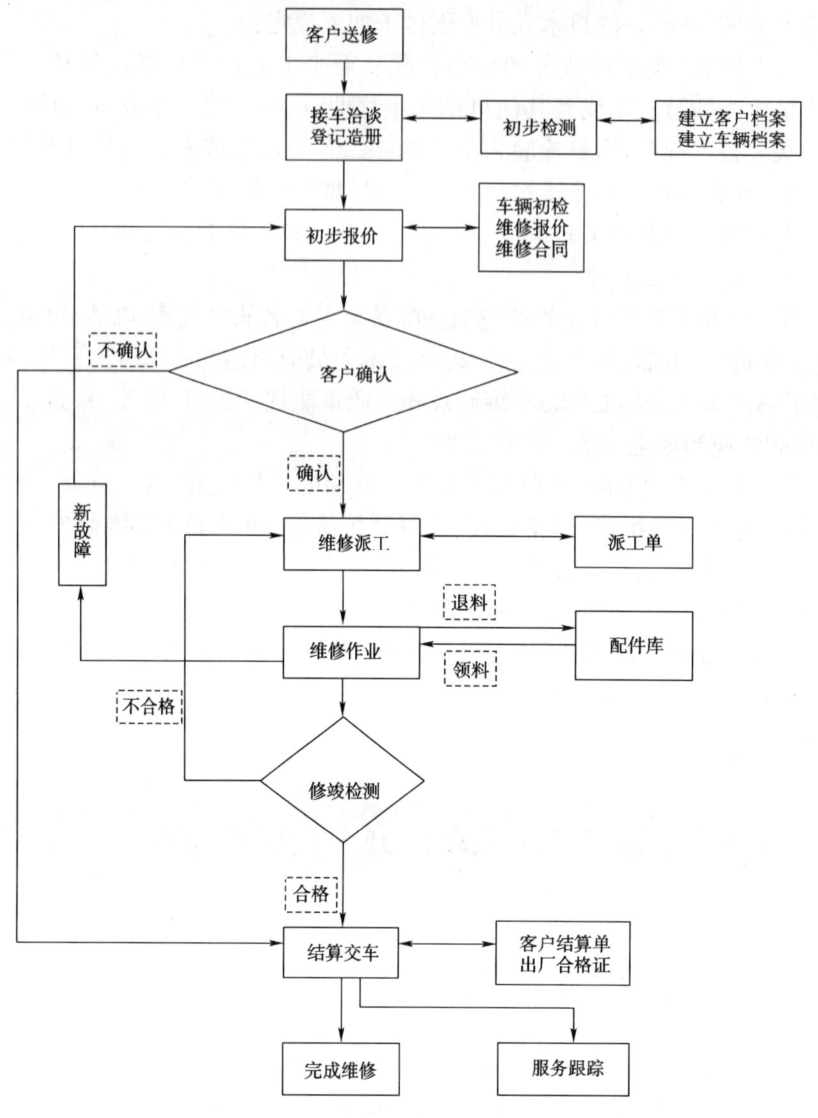

图4-1 汽车维修过程组织流程图

⑤整车或总成送修时，应将有关技术档案一并移送承修单位。

(2)维修接待员将检验情况与顾客商讨，并征得顾客同意，订出具体维修项目、时间及所用的材料、品牌及预计价格等，与顾客签订维修合同。

(3)维修接待员与顾客签订维修合同后，交车间主任派工并进行维修派工。

(4)对待修车辆进行有效保护。

①车辆进入维修车间，在交付维修技师进行维修前，需确认：转向盘、前排座椅、变速器操纵手柄、手制动器操纵手柄是否已套了保护罩？汽车前排是否在左右分别放置了脚垫？

②在维修过程中，如果需要打开发动机舱进行维修或检查，一定要在发动机罩的前、左、右三面放置保护罩，以免划伤车身油漆。

(5)主修工实施车辆维修。

①维修技师按要求进行维修作业，以保持汽车的正常状况、恢复汽车的原有性能。

②如果需要使用液压千斤顶，必须做好相关的安全防护工作。

③如果需要拆卸内饰，必须保持双手清洁，以免脏污了内饰。

④维修过程中，如需拆卸蓄电池，应在维修完之后，将时钟等需要恢复的电子设备恢复。

⑤维修作业过程中，如有泥土、水、油液等落在地面，应该及时清理干净。

(6)检查是否需要追加维修项目。如需要追加，告知维修接待，与客户联系、确认。

(7)维修工在完成每项工序后，要及时通知车间主任(或过程检验员)进行检验，经检验合格的车辆可转入下一工序。如出现不合格项目时，应按“不合格品的控制程序”处理。

(8)维修工确认所有维修项目完成后，通知车间主任进行完工检验，按维修合同或车辆维修过程检查报告的记录进行，并核对是否所有报修项目均已完成。完工检验有不合格项目时，要按“不合格品的控制程序”处理。

(9)完工检验合格的车辆，由车间主任在维修合同上实际维修项目位置旁签名，然后将车辆交给出厂检验员检验。

(10)出厂检验员发现有不合格项目的，要按“不合格品的控制程序”处理。检验合格后，将车开到检测线进行最终检测。

(11)最终检验如发现不合格，要按“不合格品的控制程序”处理。最终检验合格后，安排洗车，将车钥匙交给维修接待员，由维修接待员通知顾客办理结算与提车手续。

(12)结算员在顾客提车后，应将维修工作单、维修过程检查报告、结算单、配件材料采购单、质检表进行归档。

(13)客户将维修车辆提走之后，该车进入“服务跟踪”程序予以监控。

二 汽车维修追加项目

如果在汽车维修过程中发现还有其他损坏，需要追加维修项目时，应该注意适当的策略，按照合理的程序进行。

(1)如果发现有需要追加的项目，维修技师要立即停止维修工作，向维修主管汇报。同时加强诊断，确认全部需要追加的项目、准备好相关的证据、预估好追加的费用、测算出可以交车的时间、想清楚解释的理由。

(2)维修主管通知维修接待员，马上与客户联系，征求其意见，是否同意追加维修项目。

(3)将检查、诊断结果向客户说明。将需要追加维修的项目内容、所换零件、维修费用、交车时间进行详细说明。说服顾客时需采用一定的技巧：

①说明所存在问题的严重性。

②判断顾客听到要求追加维修项目后的反应。

③如果问题涉及的专业性很强，建议客户来店，由维修技师当面说明。

④如追加项目所涉及的价格很高，要做好客户会暂时搁置或给客户优惠工时费的打算。

⑤如果客户询问是否必须现在就进行处理，应该视情回答：假如所涉及的项目直接相关行车安全，建议客户一定追加维修，并说明重要程度；假如所涉及的项目与行车安全关系不大，可以同意客户下次再做，但说明假如这次一起做了，由于在维修程序上是多个项目合并进行，可以节省维修费用。

(4)得到客户同意后，填写《汽车维修追加项目单》。

(5)请客户确认《汽车维修追加项目单》之上的内容，并注明确认方式（现场签字、电话确认）。假如是电话确认的，最好能够有录音为证，起码也应该做好电话记录。

(6)假如客户不同意追加，一方面感谢客户与你的交谈，另外一方面将检查结果、维修建议、客户决定都记录在工单上，以备将来产生纠纷时作为证据。

(7)无论客户是否同意追加维修项目，都要感谢客户与你的交谈。

(8)在没有得到客户确认之前，绝对不允许擅自追加维修项目。

三 维修配件的供应组织

汽车维修自然需要经常性地使用到各种各样的汽车配件，这些配件的购置与使用管理，既会影响汽车的维修质量，也会影响到汽车维修企业的经营效益，必须认真对待。

汽车配件的采购与领用管理可以参见表4-1。

汽车配件采购与领用管理　　表4-1

定点供应	评审配件供应商，确定合格供应商，原则上采购员只能在合格供应商中采购，若所需零配件合格供应商无法提供，则需请示领导，到其他供应商处采购
货比三家	采购时尽可能在合格供应商中货比三家，确定出性价比最优方，决定采购
进货检验	采购回的配件由检验人员进行入库前的鉴定与检验，然后入库或使用
三权分立	配件的询价权、拿货权和付款权要分离，不要掌握在同一人手中
交旧领新	工人要以旧件换领新件，这样既便于客户检验，也可以堵塞漏洞
定期清理	对库存配件定期进行盘点整理，并进行必要的维护

注意：对配件供应商也要进行管理，如出现供货不合格（副厂充正厂、以次充好、交货不及时、无故抬高价格、规格型号不对等）现象，要进行记录，定期统计，对供应商进行警告，必要时取消其供货资格。

当然，同供应商搞好合作关系也是十分必要的，在可能的情况下，尽量减少供应商的数量，让供应商更加重视你这个顾客，达到“双赢”目的。

四 汽车维修安全生产的组织

1 设立安全管理组织机构

包括明确第一责任人、直接责任人、安全主任、安全员等。需要注意的几点是：

(1)安全生产第一责任人，必须是企业的法人代表。

(2)安全生产直接责任人，一般需要长期在生产现场进行指挥与控制的人，可以是常务副总经理，也可以是生产副厂长。

(3)安全主任，他的职责最多，比如召集安全会议、下发文件、写汇报总结、组织安全检查等。最好是由有一定文化水平的人，如技术部经理、工程师、质控部经理等担任。

(4)部门安全员，最好由部门负责人担任。

(5)班组安全员，由班组长担任最好。

2 划分并明确人员职责

安全职责不要有重叠,但也绝不能留下安全死角,导致某项任务无人负责的现象发生。

3 制定安全管理规章制度

切实制定各种安全操作规程、守则、奖罚规定等。

4 对全体员工进行安全培训

要对员工进行安全知识、安全意识和安全管理规章制度等方面的培训。

5 安全检查、考核

定期不定期地进行安全检查、考核。

6 对检查中发现的安全隐患进行整改

检查中发现的问题一般分两类:一类是规章制度没有得到认真执行,这需要对当事人进行批评教育乃至处罚;另一类是规章制度制定得有不合理或不现实之处,则需要修定规章制度。

隐患整改"三落实"原则——人员、措施、责任三落实。

事故处理"三不放过"原则——事故原因分析不清不放过、无有效防范措施不放过、当事人和周围群众不受到教育不放过。

第三节 汽车维修企业服务人员职业道德

一 道德

1 道德的定义

道德是一定社会、一定阶级向人们提出的处理个人与个人、个人与社会之间各种关系的一种特殊的行为规范,是人们的行为应遵循的原则和标准。

2 道德的发展

道德源于物质生产活动。在劳动中的人们,由于发生了一定的联系,就形成了相互之间的关系。随着生产的发展,道德与风尚融为一体,成为维护原始社会的唯一手段。在中国,甚至出现了《道德经》的专著(图4-2)。

当人类出现阶级之后,人际关系开始变得复杂,个人利益与他人利益、社会利益的矛盾扩大了,道德从风尚习俗中分离出来,逐步形成了作为行为规范的道德体系。例如:在封建社会,讲究"仁、义、礼、智、信",目的在于维护封建社会的宗法统治,倡导这一思想的典型人物是孔子(图4-3)。在资产阶级,讲究"自由、平等、博爱",虽然这一规范比较利己,但适应自由贸易、自由竞争的规则要求。在社会主义,则讲究“团结互助,为人民服务”。总之,道德是发展先进文化,构成人类文明,特别是精神文明不可或缺的重要内容。

a)老子塑像

b) 道德经

图 4-2 道德经

图 4-3 孔子图

道德的发展说明了以下问题:

第一,道德属于意识形态,它由一定的社会经济基础决定,生产关系决定着道德的性质,利益关系决定着道德的基本原则和主要规范,生产关系的变革决定了道德的发展变化,生产力的发展推动着道德的进步与发展。

第二,道德具有调整作用,它是一定社会调整人与人之间以及个人和社会之间关系行为规范的总和,它总是扬善抑恶的。它以善和恶、正义和非正义、公正和偏私、诚实和虚伪等道德观念来评价人们的各种行为和调整人与人之间的关系。

第三,道德不是法律规定,它用社会舆论、内心信念、传统习惯等来调整人们之间的关系。人们评价某人所做的某件事情“不道德”,就是基于这一观点所作出的评价。

3 道德的特征

虽然在不同的历史时期道德有其不同的内涵,但基本却有以下共同特征:

(1)特殊的规范性。道德比法律管得宽,它靠社会舆论和个人信念、习惯、传统和教育的力量来维护。

(2)更大的稳固性。在社会变革中,当旧的经济基础被打破以后,与之相适应的新的上层建筑未能及时建立起来,这时就需要依靠变化速度较慢的道德因素来约束。

(3)特殊的层次性。不同的社会领域,有着不同的道德体系,如职业道德、家庭道德、社会公共生活规范等。

(4)广泛的社会性。各行各业都有着带有自己行为特征的道德约束。

4 道德的作用

道德对社会的发展可以产生积极的促进作用或消极的阻滞作用,具体体现在:

(1)认识作用。道德可使人正确认识自身和他人、集体、国家之间的关系,以及自己应该承担的社会责任和义务,而且还能帮助人们提高觉悟,正确选择行为方式和人生道路。

(2)调节作用。道德要求个人作出必要的节制和牺牲,以维护社会生活的正常进行。

(3)教育作用。道德通过舆论、习惯、良心等教育人,培养其良好的道德意识、品质和行为。

二 职业道德

1 职业道德定义

人们在从事正当职业并履行其职责过程中所应该遵循的行为规范的准则，就叫做职业道德。它是一般社会道德在职业生活中的具体体现。

2 职业道德特征

(1)阶级性与全民性。人人都要从业，人人需要遵守职业道德，但不同的阶级有着不同的职业道德。

(2)历史继承性和相对稳定性。如尊老爱幼、尊重妇女、社会公德等。

(3)鲜明性和确定性。可以鲜明地表达本职业的义务和责任以及职业行为上的道德准则，它着重反映本职业特殊的利益和要求。

(4)灵活性和多样性。在行为准则的表达方式方面，比较具体、灵活、多样，是具体的约束性规范条文，一般采用可以体现各职业特点的"行话"，言简意赅地表达本行业职业道德的特殊要求。如教师的职业要求是"学高为师，身正为范"；商人的职业道德是"买卖公平、童叟无欺"(图4-4)。

图4-4 耍鬼称的不法商贩

3 职业内容

职业内容包括职业态度、职业义务、职业良心三个方面，如表4-2。

职业内容的相关组成 表4-2

职业内容	具体描述
职业态度	从业者对社会、对其他职业和社会成员履行义务的基础
职业义务	从业者在自己的职业活动中，对社会、他人所履行的职业责任义务，每个人都应该做自己应做之事，并尽最大可能做好本职工作
职业良心	对职业责任自我评价的能力，它是从业者思想和情操的主要精神支柱

4 树立良好职业道德的重要性

良好的职业道德的作用

▲有利于社会进步；

▲有利于促进企业发展；

▲有利于个人发展。

三 汽车维修职业道德

汽车维修职业道德是指从事汽车维修职业的人们在工作和劳动过程中所应遵循的与其职业活动相适应的道德规范。这种规范主要依靠社会舆论、传统习惯和内心信念来维持，这是调整汽车维修人员职业活动中各种关系的基本原则。

汽车维修职业道德的主要特点是：

汽车维修 职业道德特点	汽车维修 职业道德规范
▲服务性； ▲公平性； ▲协作性； ▲安全性； ▲时效性； ▲规范性。	▲爱岗敬业、钻研技术； ▲精工细修、优质高效； ▲规范操作、团结协作； ▲勤俭节约、爱护器材。

四 汽车维修接待职业道德

1 汽车维修接待职业道德定义

汽车维修接待职业道德是指汽车维修接待人员在接待工作中必须遵循的道德标准和行为准则。这种规范主要依靠社会舆论、传统习惯和内心信念来维持。

2 汽车维修接待职业道德的内容

这种道德规范是在汽车维修职业道德的总体要求下，结合维修接待的工作特点而形成的。具体包括以下内容：

(1)真诚沟通。是指主动热情对待客户，认真聆听客户述说，换位思考理解客户的期望与要求，仔细分析造成问题的原因，耐心回答客户的问题，最大限度地与客户达成共识。

(2)服务周到。指在修前、修中和修后向客户提供全方位的优质服务(表4-3)。

汽车维修服务阶段及内容　　表4-3

服务阶段	服务内容
修前服务	认真倾听客户对汽车故障的描述；迅速而准确地诊断汽车故障；对维修项目、换件内容、费用估算、竣工时间等进行详细说明，并努力得到客户的认可；向客户提供休息的场所及必要的生活服务；向客户提供有关汽车维护、避免同类事故发生的一些小建议和其他用车信息
修中服务	避免重复维修和无故增加修理项目；需要在合同之外增加维修项目时，要耐心、详细地向客户说明，并征得客户认可；随时了解维修进度，督促按时完工，如不能按时完工，要及早通知客户，说明因由，取得客户谅解；维修费用结算前要向客户详细说明维修内容、维修费用，并征得客户认可；竣工交车时要简要介绍修车过程中的一些特殊情况、汽车现状及使用过程中应该注意的问题等
修后服务	建立健全汽车维修技术档案；通过电话或见面，诚恳地回访客户，对客户所提出的问题认真调查，并给予合理的答复或解决；对客户的表扬和建议要表示感谢；以积极的态度处理好维修质量的投诉——处理客户投诉时，切勿当着客户的面责怪工人或当着工人的面责怪客户；做好后续的电话跟踪服务

(3)确保质量。维修过程中,各工序要严格按照技术要求和操作规程进行;所使用的原材料及零配件的规格、性能符合规定标准;按规定程序严格检验与测试零部件性能;发现故障隐患,并在征得客户同意后,排除之;维修结束的汽车,应该达到"故障完全得到排除,性能基本得以恢复,使用寿命有所延长"的客户预期。对于使用过程关乎自身生命安全的汽车来说,其实客户最关心的就是汽车的维修质量。

保证质量是赢得客户信赖的必由之路,也是保证企业在竞争中取得优势的有效手段。

(4)合理收费。是指汽车维修企业在承接汽车维修业务时,要做到明码标价、以质论价、按项收费、童叟无欺。严格按照实际发生的维护、修理内容核定维修工作量;严格按照实际使用的零配件核定零配件采购原始费用;严格按照汽车维修主管部门制定的汽车维修工时定额、核准的单位工时收费标准、允许的零配件加价幅度等核定全部维修费用。按照计算所得的收费总额实际收取维修费或下浮收取维修费。做到不乱报工时、不高估冒算、不小题大做(小修当大修),更不能采取不正当的经营手段招揽业务。

(5)善待投诉。根据有关部门的调查,消费者接受汽车维修服务产生纠纷后,有46%的人选择协议解决,而通过消费者协会和"12315"消费投诉,最终转为协议解决的,各占了16%和14%(图4-5)。这说明,通过汽车维修接待服务,可以化解绝大多数的汽车维修服务纠纷,极大的维护企业的形象。

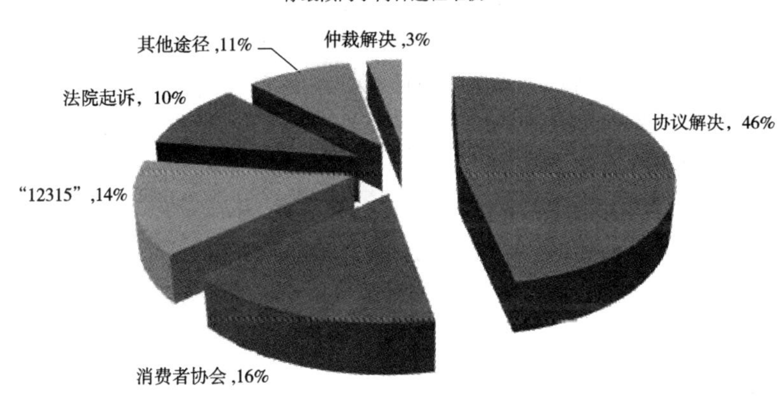

图4-5　消费者维权汽车维修消费权益的途径

第四节　汽车维修接待员岗位职责和任职条件

一　汽车维修接待员的岗位职责

假如汽车维修企业的维修接待员能够积极履行自己的职责,充分发挥"接待、沟通、引导、化解"的作用,就会避免许多维修纠纷的发生。

但是,维修接待人员不能夸大故障、欺瞒客户,获取非法利益(图4-6)。

图 4-6　夸大故障，增加维修项目

具体说来，汽车维修接待员的职责为：

汽车维修接待员的职责

▲不断学习汽车构造及维修知识、相关法律法规，努力提高业务水平。

▲保持接待区整齐、清洁，给维修以美好的第一印象。

▲热情接待、主动了解客户真实需求以及对车辆的维修期望。

▲接受待修车辆，通过询问或预检，解释故障发生原因及潜在影响，确定维修项目及价格，耐心说明收费项目及依据，达成维修意向、签订维修合同。

▲开出维修工单，安排车辆的维修作业。

▲安排客户休息，与客户约定交车时间。

▲如需增加维修项目或延迟交车，需与客户及时联系、沟通，达成一致。

▲确保完成维修项目，引导客户结算费用，按时交付修竣车辆，热情送别维修客户。

▲提醒客户注意常见故障的发生以及避免方法。

▲建立并妥善保管客户及其车辆的资料，建立客户档案。

▲做好维修回访工作，给维修客户以温馨感觉，宣传本企业、推销新产品、解答客户提出的问题。

▲听取客户意见与建议，接受客户投诉，并及时向维修业务部门或领导汇报，妥善解决投诉内容。

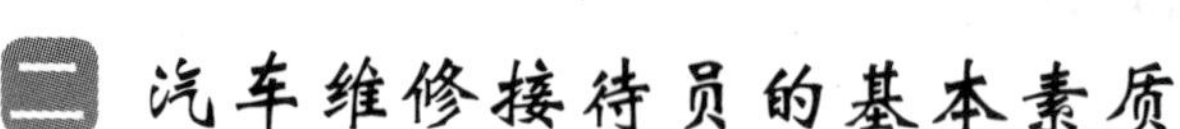

二　汽车维修接待员的基本素质

汽车维修接待员的基本素质包括良好的职业道德、出色的业务能力、优秀的个人心理素质与修养三个方面（表 4-4）。

优秀维修接待员的基本素质　　表4-4

<table>
<tr><th>素　质</th><th colspan="2">内　涵</th></tr>
<tr><td>良好的职业道德</td><td colspan="2">1. 真诚沟通；
2. 服务周到；
3. 收费合理；
4. 保证质量；
5. 善待投诉</td></tr>
<tr><td>出色的业务能力</td><td colspan="2">1. 熟练的专业技能；
2. 优雅的形体语言及其表达技巧；
3. 思维敏捷，具备对顾客心理的洞察力；
4. 沟通协调能力</td></tr>
<tr><td rowspan="2">优秀的个人心理素质与修养</td><td>心理素质</td><td>(1)积极的情绪；
(2)应变能力；
(3)挫折承受力</td></tr>
<tr><td>个人修养</td><td>(1)尊重与谦虚；
(2)忍耐与宽容；
(3)诚信与担当</td></tr>
</table>

三　汽车维修接待员任职条件

(1)具有高中以上文化，最好是职业院校汽车专业学历或进修过汽车专业相关课程。

(2)身体健康，品貌端正，会说普通话，能听懂当地方言，具有较强的口头表达能力和人际交往能力，善于沟通协调，社交能力较强，懂得关怀客户的技巧。

(3)有高度的责任心和良好的职业道德。爱岗敬业，廉洁奉公，为人坦诚，头脑灵活，秉公办事，不谋私利，诚信无欺，讲究信誉，团结协作，共谋发展。

(4)熟悉国家和汽车维修行业管理部门有关价格、保险、索赔等的法律、法规和政策。

(5)熟悉汽车的类型及特征、构造与原理、材料及零配件知识、维护规定、维修工艺流程、常见故障及检测设备主要用途、零配件知识及汽车保险知识，并有一定的实践经历。

(6)有驾驶证，能够对计算机进行常规操作，会绘制各种统计图表。

(7)接受过维修接待技巧的培训，并经汽车维修业务主管部门考核达到上岗要求，对本单位的生产流程、生产能力有比较深入的了解。

(8)具有初步财务知识，熟悉汽车维修价格结算的基本流程。

(9)懂得尊重人，善于团结人，有组织一班人一起行动，去实现一个共同目标的能力。

(10)有一定的商业意识与开拓精神，具有把握现状及筹划未来的基本能力。

第五节　汽车维修行业主要法律法规

为维护消费者的合法权益，确保汽车的维修质量，国家先后发布了若干相关的法律法规,共同构成了汽车维修质量的保障体系。涉及汽车维修的主要法律法规及标准规范见表4-5。

汽车维修主要法律法规及标准规范　表4-5

序号	法律法规	实施日期
1	《中华人民共和国道路运输条例》	2004年7月1日
2	《中华人民共和国机动车维修管理规定》	2005年8月1日
3	《中华人民共和国大气污染防治法》	2000年9月1日
4	《中华人民共和国合同法》	1999年10月1日
5	《中华人民共和国标准化法》	1989年4月1日
6	《中华人民共和国产品质量法》	2000年9月1日
7	《中华人民共和国消费者权益保护法》	1994年1月1日
8	《中华人民共和国劳动保护法》	1995年1月1日
9	《中华人民共和国固体废物污染环境防治法》	2005年4月1日
10	《中华人民共和国水污染防治法》	2008年6月1日
11	《中华人民共和国安全生产法》	2002年11月1日
12	《中华人民共和国计量法》	1986年7月1日
13	《汽车维修业开业条件》	2006年6月1日
14	《摩托车维修业开业条件》	2006年6月1日
15	《汽车维护、检测、诊断技术规范》	2001年12月1日
16	《营运车辆综合性能要求和检验方法》	2002年8月1日
17	《机动车运行安全技术条件》	2004年10月1日
18	《在用汽车排放污染物限值及测试方法》	2005年7月1日

一 《中华人民共和国道路运输条例》

《中华人民共和国道路运输条例》(简称《道路运输条例》),《道路运输条例》于2004年4月14日国务院第48次常务会议通过,自2004年7月1日起施行。本条例共有83条,包括总则、道路运输经营、道路运输相关业务、国际道路运输、执法监督、法律责任、附则等共七章内容。《道路运输条例》是规范道路运输关系的根本法律,也是保障道路运输相关业务法律体系的核心内容。

1 《道路运输条例》的适用范围

适用于客运经营和货运经营;道路运输相关业务包括站(场)经营、机动车维修经营、机动车驾驶员培训。

【法条指引】第2条、第46条。

【法条分析】《道路运输条例》不仅适用于从事客运经营和货运经营的企业,同样适用于从事机动车维修经营的企业,必须予以遵守。

2 车辆的维护与检测、改装

客运经营者、货运经营者应当加强对车辆的维护和检测,确保车辆符合国家规定的技术标准;不得使用报废的、擅自改装的和其他不符合国家规定的车辆从事道路运输经营。

【法条指引】第 31 条。

【法条分析】车辆若不及时维护和检测,可能存在故障隐患,容易发生事故;报废的、擅自改装的和其他不符合国家规定的车辆从事道路运输经营,则更容易发生交通事故,造成财产损失甚至人员伤亡。

3 汽车维修经营从业条件

申请从事机动车维修经营的,应当具备下列条件:有相应的机动车维修场地;有必要的设备、设施和技术人员;有健全的机动车维修管理制度;有必要的环境保护措施。

【法条指引】第 38 条、第 40 条。

【法条分析】从事机动车维修,属于技术性较强的一项工作,必须有场地、设备、人员以及管理制度作为基本保证,同时还要有必要的环境保护措施。

4 汽车维修的经营

汽车维修企业的经营行为,不仅影响到汽车维修服务的收费、汽车的使用,还有可能造成交通事故,所以,必须对配件使用、收费透明度、维修质量检验、维修质量保证、返修等作出具体规定。

【法条指引】第 44 条、第 45 条、第 46 条。

【法条分析】第 44 条规定:维修经营者应当按照国家有关技术规范对机动车进行维修,保证维修质量,不得使用假冒伪劣配件;应当公布机动车维修工时定额和收费标准,合理收取费用。

第 45 条规定:维修经营者进行二级维护、总成修理或整车修理的,应进行维修质量检验。检验合格的,维修质量检验人员应当签发机动车维修合格证;实行质量保证期制度,质量保证期内因维修质量原因造成机动车无法正常使用的,机动车维修经营者应当无偿返修。

第 46 条规定:维修经营者不得承修已报废的机动车,不得擅自改装机动车。

二 《机动车维修管理规定》

《机动车维修管理规定》于 2005 年 6 月 3 日公布,自 2005 年 8 月 1 日起施行。本规定共有 57 条,包括总则、经营许可、维修经营、质量管理、监督检查、法律责任、附则等共七章内容。《机动车维修管理规定》是从事汽车维修经营以及接受汽车维修服务客户的基本法规,也是保障汽车维修市场正常运行的核心内容。

1 《机动车维修管理规定》的适用范围

【法条指引】第 2 条。

【法条分析】从事机动车维修经营的,应当遵守《机动车维修管理规定》的相关规定,合法地开展机动车维修经营。

2 对机动车维修经营者的要求

【法条指引】第 2 条、第 3 条、第 5 条。

【法条分析】机动车维修经营者应当依法经营，诚实信用，公平竞争，优质服务。凡以维持或者恢复机动车技术状况和正常功能，延长机动车使用寿命为作业任务所进行的维护、修理以及维修救援等相关经营活动的，都应该遵守此规定。任何单位和个人不得封锁或者垄断机动车维修市场。机动车维修企业可以实行连锁经营。

3 机动车维修经营分类

【法条指引】第 7 条、第 10 条。

【法条分析】第 7 条规定：机动车维修经营业务根据维修对象分为汽车维修经营业务、危险货物运输车辆维修经营业务、摩托车维修经营业务和其他机动车维修经营业务四类。

汽车维修经营业务、其他机动车维修经营业务根据经营项目和服务能力分为一类维修经营业务、二类维修经营业务和三类维修经营业务。

第 8 条规定：获得一类汽车维修经营业务、一类其他机动车维修经营业务许可的，可以从事相应车型的整车修理、总成修理、整车维护、小修、维修救援、专项修理和维修竣工检验工作；获得二类汽车维修经营业务、二类其他机动车维修经营业务许可的，可以从事相应车型的整车修理、总成修理、整车维护、小修、维修救援和专项修理工作；获得三类汽车维修经营业务、三类其他机动车维修经营业务许可的，可以分别从事发动机、车身、电气系统、自动变速器维修及车身清洁维护、涂漆、轮胎动平衡和修补、四轮定位检测调整、供油系统维护和油品更换、喷油泵和喷油器维修、曲轴修磨、汽缸镗磨、散热器（水箱）、空调维修、车辆装潢（篷布、坐垫及内装饰）、车辆玻璃安装等专项工作。

第 10 条规定：获得危险货物运输车辆维修经营业务许可的，除可以从事危险货物运输车辆维修经营业务外，还可以从事一类汽车维修经营业务。

4 机动车维修经营申请条件

【法条指引】第 11 条、第 12 条。

【法条分析】第 11 条规定：申请从事汽车维修经营业务或者其他机动车维修经营业务的，应当符合下列条件。

（一）有与其经营业务相适应的维修车辆停车场和生产厂房。租用的场地应当有书面的租赁合同，且租赁期限不得少于 1 年。停车场和生产厂房面积按照国家标准《汽车维修业开业条件》（GB/T 16739—2004）相关条款的规定执行。

（二）有与其经营业务相适应的设备、设施。所配备的计量设备应当符合国家有关技术标准要求，并经法定检定机构检定合格。从事汽车维修经营业务的设备、设施的具体要求按照《汽车维修业开业条件》相关条款的规定执行；从事其他机动车维修经营业务的设备、设施的具体要求，参照《汽车维修业开业条件》执行，但所配备设施、设备应与其维修车型相适应。

（三）有必要的技术人员。

（四）有健全的维修管理制度。包括质量管理制度、安全生产管理制度、车辆维修档案管理制度、人员培训制度、设备管理制度及配件管理制度。具体要求按照《汽车维修业开业条件》相关条款的规定执行。

（五）有必要的环境保护措施。具体要求按照《汽车维修业开业条件》相关条款的规定执行。

第 12 条规定:从事危险货物运输车辆维修的汽车维修经营者,除具备汽车维修经营一类维修经营业务的开业条件外,还应当具备下列条件。

(一)有与其作业内容相适应的专用维修车间和设备、设施,并设置明显的指示性标志。

(二)有完善的突发事件应急预案,应急预案包括报告程序、应急指挥以及处置措施等内容。

(三)有相应的安全管理人员。

(四)有齐全的安全操作规程。

5 机动车维修经营申请时需提交的材料

【法条指引】第 14 条。

【法条分析】申请从事机动车维修经营的,应当向所在地的县级道路运输管理机构提出申请,并提交下列材料:

(一)《交通行政许可申请书》。

(二)经营场地、停车场面积材料、土地使用权及产权证明复印件。

(三)技术人员汇总表及相应职业资格证明。

(四)维修检测设备及计量设备检定合格证明复印件。

(五)按照汽车、其他机动车、危险货物运输车辆维修经营,分别提供本规定第 11 条、第 12 条规定条件的其他相关材料。

6 机动车维修经营许可证件

【法条指引】第 18 条、第 19 条、第 20 条。

【法条分析】第 18 条规定:从事一、二类汽车维修业务的证件有效期为 6 年;从事三类汽车维修业务及其他机动车维修业务的证件有效期为 3 年。

第 19 条规定:机动车维修经营者应当在许可证件有效期届满前 30 日到作出原许可决定的道路运输管理机构办理换证手续。

第 20 条规定:机动车维修经营者变更许可事项的,应当按照本章有关规定办理行政许可事宜。机动车维修经营者变更名称、法定代表人、地址等事项的,应当向作出原许可决定的道路运输管理机构备案。机动车维修经营者需要终止经营的,应当在终止经营前 30 日告知作出原许可决定的道路运输管理机构办理注销手续。

7 经营要求

【法条指引】第 26 条、第 27 条、第 28 条。

【法条分析】第 26 条规定:机动车维修经营者应当公布机动车维修工时定额和收费标准,合理收取费用。

第 27 条规定:机动车维修经营者应当使用规定的结算票据,并向托修方交付维修结算清单。维修结算清单中,工时费与材料费应分项计算。维修结算清单格式和内容由省级道路运输管理机构制定。

第 28 条规定:机动车维修连锁经营企业总部应当按照统一采购、统一配送、统一标识、统一经营方针、统一服务规范和价格的要求,建立连锁经营的作业标准和管理手册,加强对连锁经营服务网点经营行为的监管和约束,杜绝不规范的商业行为。

8 质量管理

【法条指引】第 31 条、第 32 条、第 33 条、第 34 条、第 37 条、第 38 条、第 39 条。

【法条分析】第 31 条规定:机动车维修经营者不得使用假冒伪劣配件维修机动车。机动车维修经营者应当建立采购配件登记制度,记录购买日期、供应商名称、地址、产品名称及规格型号等,并查验产品合格证等相关证明。机动车维修经营者对于换下的配件、总成,应当交托修方自行处理。机动车维修经营者应当将原厂配件、副厂配件和修复配件分别标识,明码标价,供用户选择。

第 32 条规定:机动车维修经营者对机动车进行二级维护、总成修理、整车修理的,应当实行维修前诊断检验、维修过程检验和竣工质量检验制度。

第 33 条规定:机动车维修竣工质量检验合格的,维修质量检验人员应当签发《机动车维修竣工出厂合格证》;未签发机动车维修竣工出厂合格证的机动车,不得交付使用,车主可以拒绝交费或接车。

第 34 条规定:机动车维修经营者对机动车进行二级维护、总成修理、整车修理的,应当建立机动车维修档案。机动车维修档案主要内容包括:维修合同、维修项目、具体维修人员及质量检验人员、检验单、竣工出厂合格证(副本)及结算清单等。档案保存期为两年。

第 37 条规定:机动车维修实行竣工出厂质量保证期制度。

汽车和危险货物运输车辆整车修理或总成修理质量保证期为车辆行驶 20000 公里或者 100 日;二级维护质量保证期为车辆行驶 5000 公里或者 30 日;一级维护、小修及专项修理质量保证期为车辆行驶 2000 公里或者 10 日。

其他机动车整车修理或者总成修理质量保证期为机动车行驶 6000 公里或者 60 日;维护、小修及专项修理质量保证期为机动车行驶 700 公里或者 7 日。

质量保证期中行驶里程和日期指标,以先达到者为准。

机动车维修质量保证期,从维修竣工出厂之日起计算。

第 38 条规定:在质量保证期和承诺的质量保证期内,因维修质量原因造成机动车无法正常使用,且承修方在 3 日内不能或者无法提供因非维修原因而造成机动车无法使用的相关证据的,机动车维修经营者应当及时无偿返修,不得故意拖延或者无理拒绝。在质量保证期内,机动车因同一故障或维修项目经两次修理仍不能正常使用的,机动车维修经营者应当负责联系其他机动车维修经营者,并承担相应修理费用。

第 39 条规定:机动车维修经营者应当公示承诺的机动车维修质量保证期。所承诺的质量保证期不得低于第 37 条的规定。

【复习思考题】

1. 汽车维修企业主要由哪六大部门构成?
2. 为什么在汽车维修企业应该对配件的使用做到“以旧换新”?
3. 安全培训内容包括哪三方面的内容?
4. 安全事故处理“三不放过”的原则是什么?
5. 职业道德的定义是什么? 职业道德有哪些特征?
6. 汽车维修职业道德的主要特点及重要规范分别是什么?
7. 汽车维修接待职业道德的主要内容有哪些?

8. 汽车维修接待员有哪些职责？

9. 汽车维修接待员应该具备哪些基本素质？

10. 汽车维修接待员的任职条件是什么？

11. 在《机动车维修管理规定》中，对《机动车维修竣工出厂合格证》是如何要求的？

12. 在《机动车维修管理规定》中，对维修质量保证期是如何规定的？

【工作页】

汽车维修职业道德工作页

布置日期：____年____月____日	完成时间：____（分钟）
问题： 一名35岁、从事IT行业的白领阶层女士开着自己不足1年车龄的红色本田思域来店维修。	任务： 作为一名汽车维修接待人员，你应该如何在整个维修过程中体现自己的职业道德，并为客户提供优质的服务？
接待要点：	
工 作 步 骤	注 意 事 项
1. 如何与客户进行有效沟通，以便了解与客户达成共识？	
2. 如何在修前、修中、修后时刻，向客户提供优质的服务？ （1）修前： （2）修中： （3）修后：	
3. 如何确保客户汽车的维修质量？	

工作步骤	注意事项
4. 如何消除客户可能存在的店家多收了维修费的疑虑？	
5. 假如客户在提车后的第二天，重新返回，反映其送修时存在的问题之一（制动跑偏）依然没有修好，应如何对待？	
6. 通过这个具体案例，作为维修接待人员的你，应该如何提高自己的职业道德修养？	
学习纪要：	

【模拟考试题】

一、单项选择题

1. 根据《机动车维修管理规定》，从事二类维修业务的汽车维修企业，应当各配备至少________技术负责人员和质量检验人员。

A. 1 名　　B. 2 名　　C. 3 名　　D. 4 名

2. 根据《机动车维修管理规定》，二类维修业务的汽车维修企业，应当各配备至少________从事机修、电器、钣金、涂漆的维修技术人员。

A. 1 名　　B. 2 名　　C. 3 名　　D. 4 名

3. 对于已经报废了的机动车，汽车维修经营者可以________。

A. 不得存留　　B. 必须确保维修质量，才能推向市场

C. 不得承修

4. 机动车维修经营者对机动车进行二级维护、总成修理、整车修理的，应当建立机动车维修档案，档案保存期为________。

A. 0.5 年　　B. 1 年　　C. 2 年　　D. 3 年

5. 汽车和危险货物运输车辆整车修理或总成修理质量保证期为________。

A. 车辆行驶 10000 公里或者 100 日　　B. 车辆行驶 15000 公里或者 100 日

C. 车辆行驶 20000 公里或者 100 日　　D. 车辆行驶 25000 公里或者 100 日

6. 一级维护、小修及专项修理质量保证期为________。

A. 车辆行驶1000公里或者10日　　B. 车辆行驶1500公里或者10日
C. 车辆行驶2000公里或者10日　　D. 车辆行驶2500公里或者10日

7. 消费者在接受汽车维修服务产生纠纷后，有________人选择协议解决。

A. 42%　　B. 46%　　C. 48%　　D. 50%

8. 以下________内容是汽车维修接待员的基本素质要求。

A. 学历层次高，知识渊博
B. 必须是女性，而且容貌非常漂亮
C. 非常熟悉汽车结构以及故障解决的一切方法
D. 接受过维修接待技巧培训，并经汽车维修业务主管部门考核达到上岗要求

二、多项选择题

1. 以下________三项属于“三检”制度规定的内容。

A. 进厂检验　　B. 维修检验　　C. 过程检验　　D. 出厂检验

2. 汽车配件采购时的“三权分立”是指________。

A. 配件的询价权　　B. 配件的拿货权　　C. 付款权　　D. 退货权

3. 在进行汽车维修需要更换配件时，要求按照“交旧领新”的原则领取新的配件，主要目的是________。

A. 检查旧件是否真的损坏　　B. 便于客户检验
C. 有利于堵塞漏洞　　D. 便于集中出售旧件

4. 安全隐患整改“三落实”的原则是________。

A. 人员　　B. 设备　　C. 措施　　D. 责任

5. 安全事故处理“三不放过”的原则是________。

A. 事故原因分析不清不放过　　B. 无有效防范措施不放过
C. 当事人和周围群众不受到教育不放过　　D. 处罚不到位不放过

6. 职业道德具有以下主要特征________。

A. 阶级性与全民性　　B 历史继承性和相对稳定性
C. 鲜明性和确定性　　D. 灵活性和多样性

7. 汽车维修职业道德规范包括以下________内容。

A. 爱岗敬业、钻研技术　　B. 精工细修、优质高效
C. 规范操作、团结协作　　D. 勤俭节约、爱护器材

8. 维修接待员的主要职责是________。

A. 接待　　B. 沟通　　C. 引导　　D. 化解

9. 机动车维修经营业务根据维修对象分为________几类。

A. 汽车维修经营业务　　B. 危险货物运输车辆维修经营业务
C. 摩托车维修经营业务　　D. 其他机动车维修经营业务

三、判断题

1. 车辆在维修过程中需追加维修项目时，维修接待员应立即通知顾客，经顾客同意后追加维修内容，并做好追加项目的记录。　　(　　)

2. 道德是发展先进文化，构成人类文明，特别是精神文明不可或缺的重要内容。(　　)

3. 道德相当于法律规定，可以制约人们的不良行为。　　(　　)

4. 维修过程中，如需增加维修项目，为提高维修效率，按时交车，可以先行安排维修技师

进行维修，等客户前来提车时向其作出说明。 ( )

5. 汽车维修接待员的主要职责是“接待、沟通、引导、化解”。 ( )

6. 在汽车维修质量保证期中，行驶里程和日期指标，以后达到者为准。 ( )

7. 机动车维修质量保证期，从维修竣工出厂之日起计算。 ( )

8. 机动车维修经营者应当公示承诺的机动车维修质量保证期，其期限不得低于国家规定标准的20%。 ( )

四、分析题

某日上午9点，一位客户前来维修其雅阁轿车，反映发动机动力明显不足，而且发动机运转起来的声音好像也很不平稳，在路口等信号灯时容易熄火。

由于他急于外出办事，所以将车留在了修理厂的院内，要求替其维修车辆，维修费用不在话下，但要求下午4点前一定要将他的车修好，以便晚上开车去外地办事。

客户走后，经过对车辆的全面检查，发现故障原因其实就是火花塞的高压线松脱导致的，其他均无问题。

试问：作为一名维修接待人员，应该如何对待这一项维修业务？

第五章 汽车维修服务接待

学习目标

通过对本章内容的学习，您需要：

1. 了解汽车维修接待的作用、要求，不同类型车主的维修心理；
2. 熟悉汽车维修接待的基本礼仪；
3. 掌握车维修接待的主要内容（八步法）；
4. 重点掌握汽汽车维修接待的各种技巧。

第一节　汽车维修接待概述

汽车维修服务不同于人们日常生活中所见到的普通商业服务。

普通商业服务，通常是无形的，是在供方和客户接触面上至少要完成一项活动的结果，既可在向客户提供的有形产品上完成活动，也可在向客户提供的无形产品上完成活动。

汽车维修服务同时服务于两个对象：汽车与客户。因此，汽车维修服务不仅要求有面向汽车的服务技术、维修质量、维修价格、维修时间，还要求有面向车主的良好的服务态度、恰当的服务技巧、满意的休息场所、舒心的等待方式等。

因此，汽车维修服务非常需要设置接待员岗位，并对其职责作出规定，对其素质提出要求，对其技巧进行培训。

一　汽车维修接待的作用

我国自加入 WTO 以来，汽车维修行业逐步与国际接轨。随着维修客户的多样化，尤其是面对日益增多的私家车主，维修行业普遍开始设立维修客户接待室（图 5-1）及维修接待岗位。目前，该岗位已逐步成为汽车维修企业的一个重要组成部分。

一个汽车维修企业，是否设立维修接待岗位，效果相差很大。

从维修客户角度来说，如果厂家设立了业务接待，而且工作出色，会给其留下十分美好的印象，感觉这家汽车修理厂管理很规范、水平够档次、服务态度好；接待人员能够十分专业地解答关于汽车维修、投保、索赔、使用须知等方面的知识；在这家汽车修理厂修车，很放心。

不仅自身会成为回头客,而且还会介绍亲戚、朋友、同学、同事前来接受维修服务。反之,如果他来到了一家没有设立维修接待的汽车修理厂,他的到来无人理睬,维修消费不明不白(图5-2),心中就会感觉不愉快,可能以后再也不会再来光顾了。

图5-1　维修客户接待室

图5-2　维修消费不明不白

从企业角度来说,要将设置维修接待放在整个经营活动的大局来考虑,并不只是简单地"开辟一块场所,摆上两张桌子,安排几个闲人",就算有了业务接待了。企业必须将此放在"影响企业自身形象,沟通双方消费关系,关乎维修业务多少"的高度去对待。能够站在消费者的角度去看待维修接待,高标准布置接待场所,精心挑选接待人员,严格培训接待业务,努力提高接待水平。要把维修接待与检验、维修、配件、销售、收银等各个环节协调起来,相互之间既有分工又有合作,步调一致地完成企业的经营目标。

从汽车维修的行业主管部门来说,常把业务接待的水平作为衡量汽车修理厂经营状况的一个重要因素。

客户来修车,第一步迈进的是业务接待厅,第一个接触的是维修接待员。业务接待厅的环境和维修接待员的服务水平,在很大程度上影响着客户是否信任这家企业,是否愿意在此处接受维修服务,更决定着客户能否成为回头客。

汽车维修接待的重要性

▲体现企业的经营管理日趋完善。

▲是企业与客户进行业务联系的纽带。

▲维修接待员代表维修企业的形象。

▲企业内部职责明确,步调一致,效率提高。

▲有效协调客户利益与厂家利益的基本一致,增强互信。

▲及时统计与核实服务费用,并向客户收取。

 汽车维修接待的要求

汽车维修接待的要求

▲维修接待场所始终保持整洁、温馨。

▲维修接待员衣着整洁大方、仪表不卑不亢、情绪乐观热情、交往注重信用、做事雷厉风行、工作讲究效果。

▲维修接待员有良好的亲和力,给维修客户以信任感。

▲维修接待员习惯性地使用礼貌用语。

▲贯彻"马上就办"原则,工作再忙,也要先打招呼、让座、上茶。

▲对客人提出的问题表示感兴趣,对他的困惑进行解释,对他的问题设法解决,尽快消除客户的焦虑。

▲维护企业与客户双方的应得利益。

第二节　不同群体汽车维修心理分析

不同的用户,在进行汽车维修消费时,心理特征也不相同。作为一名接待人员,要了解不同客户的维修心理,并根据客户预期尽量满足其消费需求,使用户"乘兴而来,满意而归"。

根据我国目前汽车的使用情况,客户大致可以分为以下几类:私家车用户、营运车辆用户、公务用车用户等。

一　汽车消费者购买行为的"6W2H"

消费者消费汽车的过程基本可以分为三个阶段:购前、购中、购后。作为一名汽车营销、维修接待人员,如果能将反映消费者购买行为的6W2H解决了,就可以分析出消费者购买行为的规律及变化趋势,以便制定和实施相应的营销策略。

所谓6W2H,即:Who、What、Which、Why、When、Where、How、How much(表5-1)。作为汽车营销、维修接待人员,既要了解市场,又要熟悉对手,还要知道潜在顾客在哪里,谁有消费决策权等等,这样才能做好自己的岗位工作。

消费者购买行为的6W2H　　表5-1

项　目	内　容
Who	区域市场由谁构成？谁是竞争者？谁做得最好？谁做得不好？谁需要本产品？谁参与购买本产品？谁决定购买？谁使用所购产品？谁是购买的发起者？谁影响购买等等
What	顾客追求什么？顾客需求什么(安全、操控性、经济性等)？对顾客最有吸引力的产品是什么？满足顾客购买愿望的效用是什么？顾客追求的利益是什么？顾客购买什么品牌或型号的汽车等等
Which	顾客准备购买哪种型号的汽车？接受哪些项目的维修服务？在多家经销商、维修商中,顾客会到哪家接受服务？在多个品牌中购买哪个品牌的产品？购买著名品牌还是非著名品牌的产品？在有多种替代品的产品中决定购买哪种等等
Why	为何要进行汽车消费？为何喜欢这个品牌？为何喜欢这个型号？为何讨厌我们的服务？为何不愿购买？为何买这不买那？为何选择到本公司消费而不到竞争对手处？为何选择到竞争对手处消费而不是本店等等
When	顾客何时产生需求？准备何时购买？什么季节购买？何时需要？何时使用？曾经何时购买过？何时重复购买？何时换代购买？顾客需求何时发生变化？顾客何时过生日？什么时刻可以促成交易等等
Where	客户在哪里上班？家住哪个小区？上班习惯走哪条路？配偶在哪里上班？孩子在哪里上学？喜欢到哪家4S店维修？喜欢到哪里维修等等
How	如何购买？如何决定购买行为？以什么方式购买？消费者对产品及其广告如何反应？消费者对这个品牌的汽车质量、维修服务如何评价？如何服务才能满足顾客的需要？如何与顾客进行沟通？如何提高用户的满意度等等
How much	消费者家庭收入多少？计划购买什么价位的汽车？顾客的每月娱乐花费多少？年支配资金多少？每月驾车出游多少次？什么价位的车畅销？市场占有率多高？一般喜欢接受什么样的维修服务等等

二　私家车车主维修心理分析

我国属于发展中国家,居民的人均收入水平及购买力水平相对较低,仍然处于较低购买力水平的阶段,所购买的汽车大多以中低档的乘用车为主。

但是,我国地域广阔、人口众多,各地经济发展水平不尽相同,居民的消费理念也相差甚远。因此,虽然汽车,尤其是较高档次的汽车人均拥有率未必很高,但在部分地区其绝对数却可能是一个非常可观的数据。

对于中国的绝大多数家庭来说,汽车均属于家庭中的高档耐用消费品。私家车主对于自己的汽车相当爱惜,当出现问题需要维修时,都会比较着急。但是,基于车主的性格、收入、对汽车的依赖程度等因素的不同,进行维修时也会有不同的选择倾向,见表5-2。

私家车主维修心理分析　　表5-2

家庭经济状况较好	家庭汽车大多为中高档次,既是其代步工具,也是其身份的象征。 出现故障时一般会选择到正规的4S店维修。 选择汽车的维修地点时,主要考虑维修质量,要求装用原厂配件,要求采用规范的维修作业流程,只要来一次维修店,就希望将已经呈现出来的故障、尚未呈现出来的隐患统统解决,对于维修价格则不是太在乎

家庭经济状况一般	家庭汽车一般属于中低档次,家庭汽车纯粹属于代步工具,很少考虑身份地位的象征成分。 汽车出现故障时,如果不是在保修期内或由保险公司担责,而是需要自己承担修车费时,许多人都会选择到具有价格优势的普通维修厂,甚至直接到汽配商城购件更换。 对选择正宗零配件、规范维修作业流程的欲望,可能会让位于维修价格的低廉
作为基本代步工具的车主	希望维修厂能尽早修好自己的车。假如维修时间过长,就可能会影响到自己的正常工作与生活(如上下班、接送孩子、外出郊游等),而维修价格、维修工艺、配件是否正宗等维修要素,可能都可以商量让步

私家车主不喜欢在双休日、节假日将自己的爱车放在维修厂进行维修,因为他们在这样的日子需要外出郊游、购物、度假、走亲访友,没有了已经有所依赖的汽车,会感觉十分别扭。

假如发生了保险责任事故,私家车主都希望能够借此机会将以往的损伤一并修复。

三 营运车车主维修心理分析

1 营运车主定义

所谓营运就是营业性运输,也叫经营性运输,是指独立核算的运输企业,或者以运输为业的个体经营者,以运输车辆作为基本工具,以道路货物运输作为经营内容,以收取运费获利作为主要目的的道路运输活动。参与营运活动的车辆就是营运车辆,拥有营运车辆的车主就是营运车主。

道路运输经营,包括道路旅客运输经营(以下简称客运经营)和道路货物运输经营(以下简称货运经营)。

2 货运经营要求

《中华人民共和国道路运输条例》规定:道路货物运输经营者必须拥有与其经营业务相适应并经检测合格的车辆,并且危险货物运输要用专用车辆并配备必要的通信工具,有健全的安全生产管理制度。

3 客运经营要求

道路客运经营,是指用客车运送旅客、为社会公众提供服务、具有商业性质的道路客运活动,包括班车客运、包车客运、旅游客运。

道路客运及客运站经营者应当遵循依法经营,诚实信用,公平竞争,优质服务,以人为本、安全第一的宗旨。

国家相关部门对于客运车辆的技术要求、客车类型的等级等都有严格的要求。严禁任何单位和个人为客运经营者指定车辆维护企业。客运经营者应当依据国家有关技术规范对客运车辆进行定期维护,确保客运车辆技术状况的良好。

客运车辆的维护作业项目和程序应当按照国家标准《汽车维护、检测、诊断技术规范》(GB 18344—2001)等有关技术标准的规定执行。

客运经营者应当定期进行客运车辆的检测,车辆检测结合车辆定期审验一并进行。客运经营者应在规定的时间内,到符合国家相关标准的机动车综合性能检测机构进行检测。客运车辆技术等级分为一级、二级和三级。

4 营运车辆的检测要求

机动车综合性能检测机构,应按照国家标准《营运车辆综合性能要求和检验方法》(GB 18565—2001)和《道路车辆外廓尺寸、轴荷和质量限值》(GB 1589—2004)的规定进行检测,出具全国统一式样的检测报告,并依据检测结果,对照行业标准《营运车辆技术等级划分和评定要求》(JT/T 198—2004)进行车辆技术等级的评定。

机动车综合性能检测机构,应当使用符合国家和行业标准的设施、设备,严格按照营运车辆技术检测标准对客运车辆进行检测,如实出具车辆检测报告,并建立车辆检测档案。

5 营运车主维修心理

营运车主维修自己的车辆时所具有的心态,见表5-3。

营运车主维修心理分析　　表5-3

客运 	车主需要正点开车接送旅客,一旦错过了时机,不仅会损失客运收入,而且还会面临客运管理部门的处罚,因此,对于维修时间的要求是第一要素,尤其是在节假日,必须确保能够按时出车。 由于他们运送的是旅客,人命关天,安全第一。所以,他们在维修车辆时,一般会选择正规的、有资质的维修企业,且非常重视汽车的维修质量。 目前我国客运车辆的属性,绝大多数属于挂靠(真正的车主其实是个人),维修成本由个人承担,因此,维修价格也是需要重点考虑的一个因素
货运 	车辆运输的主要是各种货物(包括危险品),对车辆的要求主要在于安全、耐用、效率,而对车辆的舒适性则要求较低。 日常维修时,车主可以选择便利、高效、价格公道的维修厂。 大修时,车主一般会到具有较高资质的正规维修厂去接受维修服务

四 公务车用户维修心理分析

公务用车(包括党政机关、企事业单位等用车)是指因工作需要,由单位支付购置、运行、维修经费的车辆,包括单位领导用车、代表单位履行公务活动用车以及参加其他活动时单位派出的车辆。

一般来说,各地都规定了公务车的保险、维修、加油定点供应商(或维修商),明确了保险公司、维修单位、供油单位、使用单位等相关部门的职责。同时,与定点供应商(或维修商)联网,实时跟踪与监控,以便堵塞公务用车管理中的漏洞。公务车用户维修心理,见表5-4。

公务车用户维修心理分析　　表5-4

特点	因公派车,而公事是不能耽搁的; 所有费用由单位支付; 公务用车对于维修费用的在意程度相对较低; 主要考虑的是车辆的维修质量、外观美观、维修及时等	维修选择	一般会选择到正规的4S店或特约维修站,对于零配件的选择则以质量作为首选要素; 实际操作中,部分公务用车的管理人员与维修厂人员有可能相互勾结、偷梁换柱,采用副厂配件,却按原厂件结账

第三节　汽车维修接待礼仪

人们通常所讲的“礼仪”，其实是“礼”和“仪”两个字的合成词。礼表示敬意，泛指表示尊敬的语言或动作；仪是表示准则、表率、仪式、风度等。

礼仪是人们在长期生活实践中，在语言行为方面由于风俗习惯而形成的为大家共同遵守的社交准则。

如果一个人平时能多一个温馨的微笑、多一句热情的问候、多一个友善的举动、多一副真诚的态度……也许能使他的生活、工作增添更多的乐趣，使人与人之间更容易交往、沟通。

一　仪表、仪容与仪态

仪表、仪容、仪态是在社交过程中最先展示给人们的。为了给客户留下良好的第一印象，维修接待人员必须高度重视。

1 仪表

(1)按季节的需要统一着装，整齐、得体、大方、清洁。

(2)穿西服要配领带，领带颜色与西服颜色相配，领带不能肮脏、破损或歪斜松弛。

(3)穿西服可以不扣纽扣，如果扣，最下方一粒纽扣不扣。

(4)胸卡正直地佩戴在左胸位置，卡面整洁、清晰。

(5)胸部口袋不能装东西，其他口袋也不可装太多东西，以免外观鼓鼓囊囊不雅观。

(6)穿深色皮鞋，保持亮度，不穿破损、带钉、异形鞋。

(7)工作期间不宜穿大衣或过分臃肿的服装。

(8)女性接待员服装要淡雅得体，不得过分华丽(图5-3)。

图5-3　女性接待员

2 仪容

(1)头发。经常清洗，保持清洁，发型普通，不染彩发。男性接待员不留长发，女性接待员不留披肩发。

(2)面部清洁。男性接待员不留胡须，女性接待员要化淡妆，不浓妆艳抹，不用香味浓烈的香水。

(3)指甲。指甲不能太长，女性接待员不留长指甲，不做美甲。

(4)口腔。口腔保持清洁，上班前不喝酒、不吃有异味的食品。

男、女维修接待员在仪容、仪表方面的注意事项分别见图5-4、图5-5。

图5-4　男维修接待员仪容、仪表注意事项　　图5-5　女维修接待员仪容、仪表注意事项

3 仪态

(1)微笑。微笑是表情中最能赋予人好感,增加友善和沟通,愉悦心情的表现方式。在不同场合、不同情况,均能用微笑来接纳对方,反映出你具有良好的修养,待人至诚。

一个经常微笑的人,必能体现出他的热情、修养、魅力,从而得到人的信任和尊重,如果我们用微笑对待他人,得到的也必将是一张张热情、温馨的笑脸。

微笑可以使强硬者变得温柔,使对立转变为和解,微笑是化解矛盾的有效手段。在维修接待中,接待员要对客户充满微笑。

微笑表达时,需注意以下事项:第一,不能在客户已经走到你面前时,面部还没有一丝笑容;第二,不能在对方痛苦时微笑,以免给人幸灾乐祸的嫌疑;第三,微笑不能生硬、虚伪、笑不由衷、皮笑肉不笑。

假如平时你不善微笑,那就应该注意训练。人在说"七"、"茄子"、"威士忌"时,嘴角会露出笑意。图5-6是训练微笑的两种方式。

(2)坐姿。人在坐下之后,应上身挺拔、端正、收腹,坐在椅子的大约三分之二处,双目平视。女性接待员双腿并拢,不得把腿向前或向后伸,更不能翘"二郎腿";男性接待员双腿可齐肩宽分开。须移动座椅位置时,应先把座椅移动后放好,然后再坐。正确的坐姿如图5-7所示,几种错误的坐姿如图5-8所示。

(3)站姿。人站立时,应抬头,上身挺拔,目视前方,挺胸直腰,双臂自然,双腿并拢直立,脚尖分开呈V字形,身体重心放到两脚中间,也可两脚分开,比肩略窄,将双手合起,放在腹前或背后。女性接待员可双脚后跟并拢，脚尖分开约 45°，亦可用小丁字步，一脚稍微向前，脚跟靠在另一脚内侧。双手在体前交叉互握；男性接待员站立时，双脚可齐肩分开，双臂自然下垂或交叉背后。

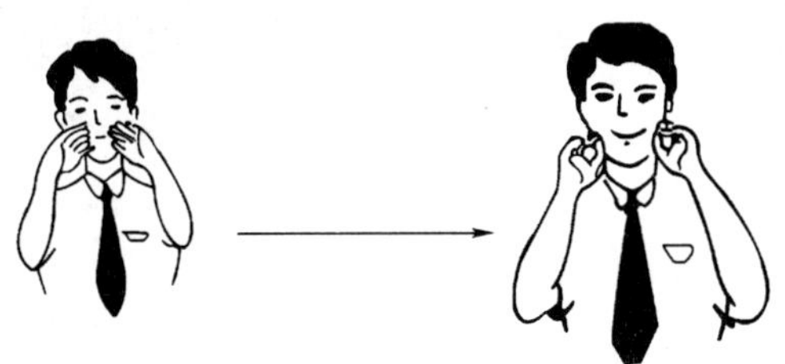

把手举到脸前　　双手向外做“拉”的动作，一边想象“笑的形象，一边使自己嘴角微笑起来

a)

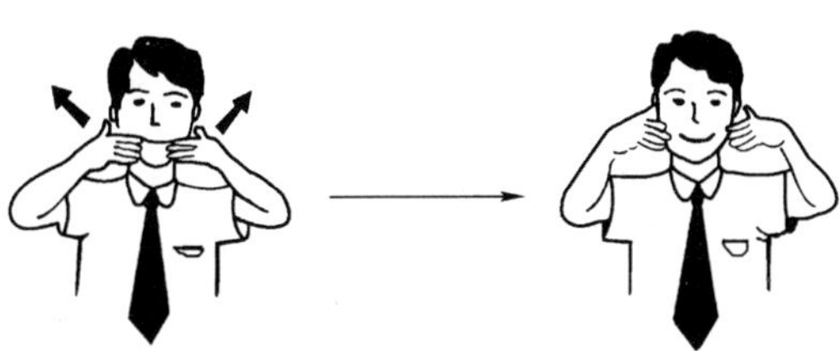

把手指放在嘴角并向脸的上方轻轻上提　　一边上提，一边使嘴充满笑意

b)

图 5-6　微笑训练方式

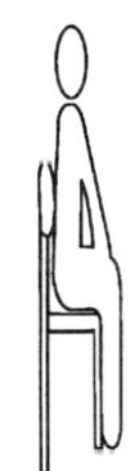

入座要轻平；至少坐满椅子的 2/3，后背轻靠椅背，双膝自然并拢；若身体稍向前倾，则表示尊重和谦虚

a)基本坐姿

可将双腿轻度分开略向前伸，如长时间端坐可将两腿交叉重叠，但要注意将上面的腿向回收，脚尖向下

b)男性坐姿要点

入座前先将裙角向前收拢；两腿并拢，双脚同时向左或向右放，两手叠放于左右腿上，如长时间端坐可将两腿交叉重叠，但要注意将上面的腿向回收，脚尖向下

c)女性坐姿要点

图 5-7　正确坐姿图

a)

b)

c)

图 5-8　几种错误的坐姿

晨会时，除保持正确的站姿外，男职员两脚分开，比肩略窄，将双手合起放在背后；女职员双腿并拢，脚尖分开呈 V 字形，双手合起放于腹前（图 5-9）。

（4）蹲姿。如果需要在低处拾取东西，应该保持大方、端庄的蹲姿。一般说来，蹲下时应该一脚在前，一脚在后，两腿向下蹲，前脚全着地，小腿基本垂直于地面，后脚跟提起，脚掌着地，臀部向下(图5-10)。

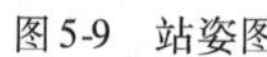
图5-9　站姿图

图5-10　蹲姿图

(5)行姿。行走时应注意以下问题：上身挺直，收腹挺胸，重心略微前倾，不得低头驼背、摇头晃肩；双目平视，表情自然平和，不可左顾右盼；两肩平稳，双臂在体侧自然摆动，双臂摆的幅度不得太大；步幅适当，步速平稳，不得忽快忽慢。

客人来访时，需要采用"引导步"走在前边给客人带路。引导时，要尽可能走在客人左侧前方，身体半转向客人方向，保持两步间距，遇到上下楼梯、拐弯、进门时，要伸左手示意，并用语言提示请客人上楼、进门等。

与客人告别，应先后退两三步，再转身离去，退步时脚轻擦地面，步幅要小，先转身后转头。

二　交谈技巧

1 交谈礼节

(1)与人交谈时，表情要自然，语气要和蔼、亲切(图5-11)。为详细表达，可适当做一些手势，但动作不宜过大，更不要用手指着对方讲话。与对方所处位置要适度，离得太远，对方

图5-11　交谈的礼节

听不清；离得太近，又涉嫌侵入对方私人区域。同时，还应注意口腔卫生，对着别人说话时，不能唾沫四溅。

(2)交谈过程中，要始终保持热情。在讲话内容方面，要多谈对方关心、对对方有益的内容；表情要自然亲切，行为要得体大方。

(3)克服交谈中不良的动作、姿态。那些不顾对方讲话，左顾右盼、摸这摸那、看手表、发短信、打哈欠、伸懒腰等漫不经心的动作，都是谈话中极其不礼貌的行为。

(4)不要态度傲慢、趾高气扬地与人交谈。特别是与晚辈或学识、专业水平不如自己的人交谈时，更应注意这一点。如果自视过高、目中无人，势必在交谈中出现不尊重对方的口气和动作。

(5)与人谈话时，不宜高声辩论，更不能出言不逊。对一些问题如有不同看法，即便发生分歧，不得已争执起来，也不要大声斥责，可以避开话锋，先谈其他问题。

(6)自己讲话时，要给别人发表意见的机会。别人说话时，也应适时发表自己的看法。要善于聆听，不轻易打断别人的发言。一般不提与谈话内容无关的问题。如某人谈到一些不便谈论的问题时，不轻易表态，可以灵活地转移话题。

(7)参与别人谈话时，要先打招呼，不要随便打断别人的谈话。如果有人主动与你交谈，应乐于接受。对于别人的个别谈话，不要凑前旁听。当欲与某人讲话时，应待别人讲完后，再与之交谈。多人交谈时，不应冷落某人，要不时地向其他人打打招呼，以示礼貌。

(8)谈话结束时，应该告别。如果是与多人交谈，结束后应一一告辞。告辞语言应简洁，尽可能用高度概括性的语言。不要把说过的话再重复一遍，更不要在临近结束时又提出新的话题，应尽量减少告别时的话语。

2 称谓

称谓是对亲友、社会人员等相互之间关系的称呼。在古代，人们使用称谓时是有严格区分的，马虎不得。今天，我们要在借鉴前人的基础上，提倡一些体现时代特色的称谓。

称谓要表现出尊敬、亲切和文雅，使双方易于沟通、缩短距离。人际交往，礼貌当先；与人交谈，称谓在先。

(1)称谓的种类。称谓主要有四大类：通用称谓、亲属称谓、姓名称谓、职务称谓。

①通用称谓，如"阁下"、"先生"、"女士"、"小姐"等(图5-12)。

②亲属称谓。不同的亲属关系，称谓方式不一。

血亲关系：祖父、父亲、伯父、叔父、姑姑、母亲、胞兄、胞妹等；

姻亲缘关系：姻伯、姻兄、姻妹等；

面对亲属时自己的谦称，可加"愚"字：如愚伯、愚岳、愚兄、愚甥、愚侄等；

面对别人时称呼自己的亲属，前面加"家"字：如家父、家母、家叔、家兄、家妹等；

对别人称自己的平辈、晚辈时，前面加"敝"、"舍"、"小"：如敝兄、舍弟、舍侄、小儿、小婿等；

图5-12 "刘先生，欢迎您前来本店维修您的爱车。"

称呼别人的亲属，加"令"或"尊"：如尊翁、令堂、令郎、令爱、令侄等。

③姓名称谓。不同的场合、不同的关系,采用姓名称谓时的方式也不相同。

全姓名称谓:即直呼其姓氏和名字,如“柳莺”、“张建设”、“陈建国”等。称呼全姓名时,显得庄重、严肃,一般用于学校、部队或其他郑重的场合。在日常交往中,指名道姓称呼对方,显得不够礼貌。

姓氏加修饰称谓:即在姓氏前面加上一个修饰字。如“老刘”、“陈老”、“小李”、“大王”等。这种称呼亲切、真挚,一般用于相互比较熟悉的人之间。

名字称谓:即省去姓氏,只呼其名字,如“建设”、“建国”等,显得既礼貌又亲切。

④职务称谓。职务称谓在公共场合使用的较多。

职业尊称:如“赵老师”、“甘医生”、“郑会计”、“冯师傅”等。

党内职务:如“刘书记”、“张主任”、“杨政委”等。

行政职务:如“王处长”、“季经理”、“陈厂长”、“邓船长”等。

专业技术职务:如“李教授”、“唐高工”、“辛会计师”等。

新型称谓:如“姜博士”、“蔡导演”、“钱编剧”等。

(2)使用称谓注意事项。使用称谓时,应注意以下三点:

①慎用“哥儿们”、“爷儿们”、“姐儿们”之类称谓,以免给人以“团伙”之嫌。

②不在公共场合使用不礼貌的称谓,如“老头”、“老太婆”、“小子”、“丫头”等。

③不使用侮辱人的称谓,如“傻大个儿”、“吕瘦猴”、“武矬子”、“高逗眼”等。

3 积极聆听

在客户谈到有关汽车的售后服务问题或其他重要问题时,认真听取对方的谈话,适度为其作出补充,鼓励对方深谈,收取关键信息并强调其重要性,这就是聆听。

与人交谈时,聆听是一门艺术。积极的聆听可以增强提问的效果,如能很好地搭配使用“聆听”和“提问”,就能提高和客户面谈的成效。

(1)积极聆听的特征。是否在积极聆听,有两种判别方法:一是语言,二是态度(图 5-13)。

图 5-13　积极聆听

①用语言表示时,表现在不干扰对方说话;运用开放式提问以鼓励对方说下去;不妄下结论,等等。如:

“我对您的话很感兴趣。”

“您说的很有道理。”

“是的,确实是这样。”

“我非常喜欢您讲的。”

“还真是这么回事。”

“是吗? 这点您能不能说得再详细些?”

“我是这样理解您所说的……,对吗?”

……

②用态度表示时,具体表现在积极地聆听态度,如:

耐心听;

适当的眼神接触;

身体略向前倾；

不停地点头，表示出兴趣；

用笔记录对方所说的要点；

……

(2)提问的形式。提问的形式有两种，一种是开放式，一种是封闭式。

①开放式提问是为了取得信息，或者让对方充分表达他的想法。如：

“汽车跑起来，有什么症状?”

“您认为您的汽车是什么出了故障?”

“有什么我可以帮忙的吗?”

②封闭式提问的目的是：获取确认、引导对方进入谈话主题、缩小谈话主题的范围、确定谈话的优先顺序。如：

“您的汽车用了几年了?”

“制动时总是向左跑偏，对吗?”

“星期一下午或者星期二上午，你有时间吗?”

4 常用礼貌用语和禁忌语

在社交场合，常用的礼貌用语和禁忌语见表 5-5。

常用礼貌用语和禁忌语　表 5-5

<table>
<tr><th colspan="2">常用礼貌用语</th><th rowspan="2">禁　忌　语</th></tr>
<tr><th>分类</th><th>内容</th></tr>
<tr><td>常规礼貌用语</td><td>您好。
没关系(不客气)。
请指教(请多关照)。
对不起。
再见(再会)。</td><td rowspan="5">嘿!
老头儿。
上老冒儿。
问别人去!
不知道。
有完没完?
到点了，你快点儿。
我不管，少问我。
叫唤什么，等会儿!
我就这态度!
靠边点儿。
交钱，快点。
听见没有？长耳朵干吗使的?
你吃饱了撑的呀!
有能耐你告去，随便告哪都不怕。</td></tr>
<tr><td>欢迎礼貌用语</td><td>请。
欢迎您光临(欢迎惠顾)。
见到您(你)很高兴。</td></tr>
<tr><td>问候礼貌用语</td><td>您好。
您早(早上好)。
多日不见，您好吗?</td></tr>
<tr><td>祝贺礼貌用语</td><td>祝您节日愉快(祝您生日快乐)。
祝您生意兴隆。
恭喜发财。</td></tr>
<tr><td>告别礼貌用语</td><td>晚安或明天见(晚上休息前)。
祝您一路平安。
欢迎您再来。</td></tr>
</table>

续上表

<table>
<tr><th colspan="2">常用礼貌用语</th><th rowspan="2">禁　忌　语</th></tr>
<tr><th>分类</th><th>内容</th></tr>
<tr><td>征询礼貌用语</td><td>需要我帮您做些什么吗？
您还有别的事情吗？
如果您不介意的话，我可以……
有劳您了（麻烦您…）。
请您讲慢点好吗？
对不起，请问……
麻烦您，请您……</td><td rowspan="5">到底要不要，想好了没有？
买得起就快点，买不起别买。
没看见我正忙着吗，着什么急！
刚才和你说过了，怎么还问？
买的时候，你怎么不挑好啊？
谁卖给你的，你找谁。
有意见，找经理去。
那上边都写着呢，你不会自己看呀？
不能换，我们就这规矩。
你问我，我问谁？
瞎叫什么，没看见我在吃饭？
你管不着。
没上班呢，等会儿再说。
不是告诉你了吗，怎么还不明白？
现在才说，早干吗来着？
怎么不提前准备好？
别装糊涂。
我有什么办法，又不是我让它坏的。</td></tr>
<tr><td>应答礼貌用语</td><td>不客气（没关系）。
这是我应该做的。
请多多指教。
我马上就办。
非常感谢。</td></tr>
<tr><td>致歉礼貌用语</td><td>打扰了（打扰您了）。
请原谅（抱歉……）。
实在对不起。
让您久等了。
谢谢您的提醒。
是我们的错，对不起。
请不要介意。
不好意思，打扰一下……</td></tr>
<tr><td>推托礼貌用语</td><td>很遗憾。
承您的好意，但是……
对不起，这事不好办。</td></tr>
<tr><td>其他礼貌用语</td><td>欢迎您，×先生（女士、经理、教授、主任）。
真对不起，您要的这种货刚好没有了。
这件和您要的差不多，您看可以吗？
我很乐意为您服务。
真抱歉，请再等几分钟。</td></tr>
</table>

第四节　电话使用技巧

一　概述

今天，电话已经渗透到了人们生活的方方面面。在汽车维修领域，大多数的业务需要通过电话进行联系与沟通（图5-14）。

但是，电话这种交往方式比较特殊，相互看不见对方的动作或表情，只能依靠语言、语音、语调来表达。当我们给不相识的人打电话时，因为看不见对方，也不了解对方，有时会出现类似下面的问题：

拨通电话后，不知道该怎么说；

说了半天对方也没有听明白你说的什么或者没有回应；

因担心被拒绝而不愿打电话；

……

为了充分发挥电话的有效作用，有必要约定俗成一些基本规则。

图 5-14　打电话

1 电话的优点

(1)实行简便，交往费用低。

(2)风险低，有效果；交往工作量少。

(3)可以亲身参与，即使与远方的人也可直接对话，有更多的接触机会。

(4)与繁忙的人也可以有对话的机会。

(5)可以通过语音、语调来表示自己的真实意图。

(6)可以及时增进与维修客户的感情及相互合作。

(7)可以对客户所提供的信息尽快确认，便于快速作出决策。

2 电话的缺点

(1)只能通过声音交流。

(2)看不见客户的反应。

(3)对方可以因借口繁忙而随时挂断电话，无法完整地了解其意思。

3 使用电话注意事项

(1)语气语调。在通话时所采用的语气语调，应该让对方感觉到自然亲切、积极自信、发音清楚、声音适中、抑扬顿挫(图 5-15)。

图 5-15　声如其人的电话

(2)语速。语速应该采用让对方易懂且有稳定的节奏，还要注意跟着对方的节奏走。总体来说，应该不快不慢，让人听得清楚。

(3)言词。根据对方的情况(年龄、地位等)选择不同的表达言词。一般来说，选择言词时，应该选择那些让对方容易听清、能够明白、引发兴趣、行业相关的用语。

(4)发音。采用标准的语言或者对方容易接受的方言进行通话；称呼对方的职务、姓名时，发音应该准确，不要出现错别字。

(5)打电话的时间。假如对方是公务人员，最好不要在其刚刚上班或者临近下班时打电话，因为此时往往他工作繁忙或急于下班赶车，无暇与你细谈。

二 如何打出电话

1 事先准备

(1)打电话之前,先想清楚打算表达的意思,尽量用简洁的话语表达清楚。

(2)手头准备必要的纸笔,以便记录下重要的信息。

(3)确认打算拨出的电话号码是否就是要找的人。

2 通话期间

(1)确认对方是不是要找的人。

(2)进行自我介绍。

(3)询问手机机主在本地还是在外地,征求是否继续通话。

(4)说明打这个电话的目的。

(5)征求对方是否同意交谈。

(6)具体商讨业务内容,保证通话质量的高效,避免遗漏重要的信息。

(7)寻找共同的话题。

(8)强调或穿插客户感兴趣的内容。

(9)为占用了客户的时间而道歉。

3 表达例句

请问,您是王经理吗?

我是××集团的汽车维修接待员柳莺。给您打电话,打扰您了。

请问您现在是否在本地?方便通话吗?

今天给您打电话,是想征求一下您的意见:我们的维修技师在更换了您汽车上破碎了的左前照灯后,发现右前照灯的一个固定爪断了,需要一并修复。您看是更换一个右前照灯呢,还是将断了的固定爪焊接起来?

我看还是更换一个新的好!您想啊,左前照灯已经换了,新旧两灯的玻璃色差肯定是存在的,看起来多不协调啊。当然,最后我们还是要尊重您的意见。

好的,那您亲自来看看更好。

就这样,明天下午三点,我在店里等您。您还要什么需要我做的吗?

对不起,刚才的电话,耽误您时间了,希望您别介意。

4 如何提高电话联系的成功率

(1)与新车销售人员交流,尽可能多地掌握与客户有关的信息。

(2)了解客户职业,确认是否能在他们工作时致电。

(3)确定什么时间在什么地点最有可能联系上客户。首次联系时予以确认并记录下来。

(4)交换名片。在你的名片上写下预计跟踪调查的日期和时间,并交给客户;在他的名片上写下可以联系的最佳时间。

(5)如果客户拒接电话,不要再次拨打。最好发短信告知,请他方便时回复你的电话。

(6)在客户的车里放置一张填好了地址、邮资已付的调查问卷，并请他填好后寄给你。

(7)向客户提供他们用得上或者感兴趣的信息。

三 如何接听电话

1 基本规则

(1)电话铃响三声之内拿起电话。

(2)问候来电者。

(3)自报单位(姓名)。

(4)询问客户是否需要帮助。

2 规则分析

为什么接听电话时有这些基本规则呢？这是因为：

(1)三声之内接听。假如电话铃响了三声之后还无人接听，客户的耐心就会减退，甚至会对公司的人员素质或经营状况产生以下怀疑：

这家公司实力不行，人手不足，没有专门的办事人员；

这家公司管理松散，工作时间办公室居然没人；

这家公司人员素质差，明明听见客户打来的电话在响，就是不去接。

(2)问候来电者。接听电话时以问候语开始，可以向客户传达你的友好和坦诚。拿起电话应先说“您好”、“早上好”、“下午好”等问候语。

(3)自报家门。这一礼貌行为既可以让来电者知道他是否找对了人，又可以节省双方时间，及时进入通话主题。由于现在的电话基本都有来电显示，比较容易区分来电的属性，因此，向客户自报家门，就分三种情况：

第一，陌生客户给公司打来的电话。维修接待员只需报出公司的名称而不是本人的姓名，如：“您好，这里是运华集团丰田 4S 店，我能为您做些什么？”

第二，接听找你本人的电话。此时来电者已知道是你，你只需说出自己的姓名，无需报公司名称了，如：

“王总，我是柳莺，您有何吩咐？”

“您好，我是柳莺，我可以帮你做点什么？”

第三，接听公司内部的电话。通常只需说出自己所属部门名称，然后报出个人姓名就足够了，如：“你好，这里是维修接待前台，我是柳莺，有什么需要帮忙的吗？”

(4)询问是否需要帮助。表明你和你的公司随时准备帮助客户，满足他们克服困难的需求，如：“早上好，我是运华集团丰田 4S 店负责前台接待的柳莺，你需要什么帮助吗？”。

3 表达例句

下午好，我是运华集团丰田 4S 店的前台接待，您需要什么帮助？

是的，我是负责前台接待的柳莺，您是张经理吧？

谢谢张经理，我当然记得您，您是我们非常重要的老客户。

你是问汽车维护吗？

没问题,只要你将车开来,剩下的都是我们的事情了,保证让你满意。

您放心,现在您的车在免费维护期,与上次一样,正常的维护,无需你掏一分钱的。除了维护,您还要什么需要我做的吗?

没问题,你来做维护时,我们一起给你的车玻璃贴上车膜。

好的,就这样,明天下午三点,我在店里等您,期待你的光临。

不客气,再见!

四 如何应对错打的电话

假如维修客户打错了电话,或者打电话找的不是本部门,或者打电话所找的部门并不主管客户所要询问的事情,这就需要给客户一个解释。

(1)如何向客户解释电话打错了。假如客户打错了电话,不要说一句"打错了"就挂断,而应该跟对方解释你这里是什么单位,在对方表示歉意后,表示没有关系,欢迎他方便时来访,等等。

(2)如何向客户解释他要找的不是本部门。假如客户打电话找的不是本部门,或者所要询问的事情由另外一个部门负责,就需要给客户一个解释。

当你打算告诉客户另外一个电话前,应该征求客户意见,询问他是否介意打另外一个电话询问。有时,客户不希望再打电话,他只是想留个口信。

告诉客户他需要打另外一个电话时,客户可能会担心"我要被推到哪里去?"所以你应告诉客户他需找什么人以及为什么要找他来解决或咨询。这样,对方就理解了。

(3)如何转达口信。假如客户不希望再打另外一个电话,只是想留个口信,那你就应该照办,并保证把口信送到当事人。毕竟,我们整个公司是一体的。

五 如何记录留言

为了记下可以使客户对你信任,也便于你同事与客户联系的留言,需按照下列步骤去做:

(1)在询问来电人姓名之前,先要告诉他要找的人不在。如:"我们经理不在办公室,他现在在会议室开会,请问您是哪位?"如果先问客户姓名,然后再告诉客户他要找的人不在的做法是不妥当,这会使客户感觉到他要找的人在,但是故意不接电话。

(2)从积极的方面解释你的同事不在的原因。无论客户,还是他要找的人,都不希望听到谈论过多的他的细节问题以及私生活问题。以下对话是应该避免的:

"她现在还没来。"(暗示她今天迟到了)

"我不知道她到哪儿去了。"(表明她是一个不受纪律约束的人,无法了解其行踪)

"她有点急事,现在不在这儿。"(表明她去干自己的私事了)

"她请了病假。"(会引发客户问她的一些私人问题)

而以下的回答则是属于从积极方面解释同事不在的原因:

"对不起,她现在没在。"(可能刚刚还在,也许一会就回来)

"她刚从办公室走开!"(只是刚刚走开而已)

"她现在不在办公室。"(可能去别的部门了)

"她正在开会。"(没有去办私事)

(3)说出同事回来的大概时间。如果有可能，要告诉客户同事回来的大概时间，这样可以使客户重新安排再打电话的时间，还会让客户拥有主动的感觉。

(4)记下重要信息告知同事。在告诉客户你的同事不在的同时，要主动为客户记下留言，或询问是否其他人可以帮忙。如果客户说明了打来电话的原因之后，你能够帮助他，就要尽力帮他；如果你知道其他人可以帮他，就应代为询问或介绍；如果你不能帮助，就要为客户详细记下准确的、字迹工整的留言(图5-16)。留言内容包括：

①客户的姓名、电话号码，并向客户重复一遍，确保准确无误。

②客户打电话的原因。

③客户要联系的同事姓名。

④客户打电话的具体时间。

图5-16 记录重要的电话信息

六 如何让打电话者等候

1 询问客户是否可以等候

在打算让客户等候之前，必须征得客户的同意。如果只是简单地说一句"请您稍等一会儿"是不妥当的。因为你并没有征得他的同意，然后等待他的答复。而应该说："您是否可以等我一会儿?"

征求意见之后，应该等待客户的答复。一般来说，客户都会说"好吧"、"可以"。如果时间很紧，只说了"您是否可以等我一会儿?"还没有等到客户答复，就把电话挂了，会让客户感到震惊甚至气愤。如果客户较长时间没有回音，可以假定他的沉默意味着同意，就可以让客户等候一会儿了。

2 告诉客户让他们等候的原因

实践证明，如果有礼貌地告诉客户必须等候的原因，大多数客户都能够接受，这样，使他们等待就会变得容易。但此时一定要为客户提供可信的信息，以免让客户误认为你是在找借口推诿，避免使用"可能是"、"不清楚"、"这不归我管"等等。建议的表达例句有：

"请稍候，我需要用两三分钟时间在电脑中查找一下。"

"需要等一会儿才能回答您，因为我要向经理请示一下，大概五分钟吧。"

"我需要到其他部门核实一下，大概需要一两分钟"。

3 提供时间信息

假如你向客户提供了时间信息，可以对其起到平静、安心的作用。需要提供时间信息的具体程度，取决于你认为客户需要等候的时间长度，如果需要他们等候的时间很长，就要认真地估计一下时间。一般说来，有如下三种情况：

(1)暂短等候(不超过1分钟)。等候之前，随意说一句："请等一下，马上就好"。

(2)较长时间等候(2～3 分钟)。这种情况下,最好不要告诉客户需要等候的确切时间,但要核实一下客户是否愿意等候。例如:“我需要用两三分钟时间请示一下经理,我是过一会儿给您回电话呢？还是您现在稍等一会儿呢?”

(3)漫长等候(3 分钟以上)。在这种情况下,客户往往会有怨言,最好的处理办法是在客户对你发泄怒气之前的等待期间告诉他,一有消息马上通知他,而且应该每隔 1 分钟左右通知他一次你所处理问题的进程。

4 对客户的等候表示感谢

无论你是处理完了客户的问题,还是无法达到客户的要求,说一句“谢谢您的等候”都是一种很好的表达方式,因为这说明你感谢了客户的理解和耐心。比如,你正在通过座机与一位客户通话,手机响了,你告诉通过座机打电话的客户:

“对不起,您可以稍等一会儿吗？我接一下手机。”

对方同意后,你接起手机,问候了来电者,然后有礼貌地说:“我正在与另外一位客户通话,很快就谈完,您愿意稍等一会儿吗?”然后等待着客户的答复。

当客户表示同意后,你说一句“谢谢。”

两分钟之内,你打完了座机,回到手机线路,对客户说:“谢谢您在等候,我能帮您做些什么?”

七 结束通话

以一种积极的语气和恰当的用语结束通话,是圆满完成一次通话的重要象征。以下是一些结束通话的有效方式:

(1)重述打这个电话的目的及重要细节,与客户达成一致。

(2)询问客户是否需要提供其他服务,给客户一个最后的机会完成通话过程中没有涉及的其他事务。

(3)感谢客户打来电话,而且让他知道你非常重视他所提出的问题。

(4)让来电者先挂上电话,以免令对方感到话未讲完就被挂断电话。

(5)挂断电话后,立即记下重要信息,以免忙于其他事情而忘记。

第五节 其他常用礼节

整洁

个人的衣着对客户有着很大的影响,如果大家统一着装,只有你不打领带,或制服脏兮兮的,或与别人穿的不一样,就显得非常不协调。

当然,客户对不同岗位员工、在不同时间的整洁是有不同要求的,也就是说,客户希望你的衣着和外表要符合职业需要。如果你是一名维修接待人员,乱蓬蓬的头发、脏兮兮的衣服、藏满污垢的指甲……都会令客户反感;但如果你是一名维修技师,身上沾满油渍、手上粘满润滑油,则可能是他心目中的标准形象。反之,如果你的工作服上没有一滴油渍,皮鞋铮亮,手干干净净,客户反而会认为你根本不是维修技师,或者认为你没有给他打开过发动机罩。

二 目光交流

眼睛被人们称之为心灵的窗户。一双炯炯有神的眼睛,给人以感情充沛、朝气蓬勃的感觉;而呆滞的目光,则使人感觉到疲惫与厌倦。进行目光交流时需要注意以下事项:

(1)不论是熟人,还是初次见面的客户,见面时首先要睁大眼睛,面带微笑地与对方目光接触片刻,显示出喜悦、热情。

(2)客户走近时,无论你在做什么,都要立即目不转睛地看着他的脸。当目光柔和地落在客户的脸上时,就能做到目光接触。谈话继续时,应该不时地移开目光,避免给人以尴尬。

(3)客户走近,你却低头伏案工作,不与客户进行目光接触,会给客户以你不愿意和他打交道的感觉。

(4)若你始终用锐利的目光盯着对方,会使客户不敢正视,感到紧张和不安。

(5)若发现对方长时间回避你的目光而左顾右盼,表明对方不感兴趣继续交谈,应尽快结束谈话。

(6)四种应该慎重使用的眼神:瞪眼、眯眼、斜视、紧盯。

三 握手

1 握手方式及相关要求

(1)握手一定要伸右手,手掌垂直(图5-17);要注视对方并面带微笑。

(2)如果戴有手套,应先摘下手套再握手。

(3)握手时,伸手的先后顺序是主人在先、女性在先、长者在先、上级在先。

(4)握手时间的长短视关系亲近的程度,一般在2~3秒或4~5秒,关系亲近的可较长时间相握。

图5-17 握手方式

(5)握手力度不宜过猛或毫无力度。握手过猛,属于非礼,握手太轻,让对方觉得你在敷衍他;男性对同性,可稍重些,对女性则应轻柔些。

(6)一人面对多人,不可能一一握手,可以用点头礼、注目礼、招手礼代替。

2 几种不恰当的握手形式

别人主动与你握手,你却有意躲避;

用左手握手;

戴手套握手;

手不清洁握手;

握手时没有注视对方的眼睛；

握手用力太猛，把对方握痛；

强行握手；长时间握手；

多人交叉握手；

与一人握手的同时转头跟其他人说话；

握手时摆动幅度过大；

握手时用一条胳膊搂抱客户的肩膀或拍打客户后背；

……

四 鞠躬

鞠躬是表达敬意、尊重、感谢的常用礼节。鞠躬时应从心底发出对对方表示感谢、尊重的意念，从而体现于行动，给对方留下诚意、真实的印象。

鞠躬要在优雅站立的基础上实现。行鞠躬礼应停步，两臂自然下垂，躬身15°～30°，头跟随向下，并致问候语。当与客人交错而过时，应面带笑容，可行15°鞠躬礼，以示打招呼；迎送客户时，可行30°鞠躬礼；当感谢客户或初次见到客户时，可行45°鞠躬礼（图5-18）。

鞠躬时不可采用这样的方式：

边工作边鞠躬；

戴着帽子鞠躬；

只是点头式的鞠躬；

看着对方的眼睛鞠躬；

一边摇晃身体一边鞠躬；

双腿没有并齐的鞠躬；

驼背式的鞠躬，或者可以看到后背的鞠躬；

鞠躬速度太快；

上身不动，只膝盖处弯曲，歪歪头的丫鬟式鞠躬；

起身过快的鞠躬；

连续地、重复地鞠躬；

……

图5-18　鞠躬

五 名片

名片是重要的社交工具之一。名片通常包含两方面的意义，一是标明所在的单位，另一个是表明职务、姓名及承担的责任。

1 名片的准备

名片不要和钱包、笔记本等放在一起，原则上应该使用名片夹；名片可放在上衣口袋，但不可放在裤兜里；要保持名片或名片夹的清洁、平整。

2 递出名片

(1)递名片的次序是由下级或访问方先递名片,如遇介绍,应由先被介绍方递名片。

(2)递名片时,应双手递出,并报出自己的姓名,说些“请多关照”、“请多指教”之类的寒暄语。

(3)互换名片时,应用右手拿着自己的名片,左手接到对方名片后,用双手托住。互换名片时,也要看一眼对方的职务、姓名等。

(4)遇到难认的字,应事先询问,避免错叫了对方的姓名。

(5)在会议室,如遇到多人相互交换名片时,可按对方座次的排列顺序交换名片。

3 接受名片

(1)起身接收名片。

(2)用双手接收名片。

(3)接收名片时,要认真地看一眼。

(4)接收的名片不可来回摆弄。

(5)不要将对方的名片遗忘在座位上,或存放时不注意落在地上。

交换名片方式见图5-19。

六 手 势

手势在人际交往中有着重要作用,它可以加重语气,增强感染力(图5-20)。

图5-19 交换名片图

图5-20 表示加强的手势

1 单独用手表示

单独用手表示的手势有:

(1)张开手(四指并拢,拇指伸开)。表示邀请向某一方向走或朝某一方向看。

(2)合拢手(伸出食指指着)。这种手势表示命令,而不是邀请。用这种手势来指向人是不礼貌的,尤其是在很近的范围内用这种手势指着别人的脸。

2 手和其他物品表示的手势

用手和其他物品表示的手势有:

(1)不停地转动手中的笔,表示很不自在或正陷入沉思。

(2)用手指叩击桌子,表示不耐烦或失望。

(3)抖动衣袋里的硬币或钥匙,意味着:"我很着急,我要离开!"

(4)把笔帽套在钢笔上,并装入衣袋,表示准备结束这次谈话。

3 不恰当的手势

手势太频;

手势动作太大;

把手紧贴在身体两侧,缺乏手势;

手势太少;

……

七 身体动作

1 表现热心倾听的动作

表现热心倾听客户谈话的动作:注意力集中,微微点头;面向客户,用心倾听;向前倾身,主动加入谈话。

(1)点头。当客户向你不停地讲解某件事的细节时,你不插话,但又希望让他知道你正在听,点头就特别有效。

点头有一定规则:偶尔点头表明正在倾听;持续不断点头表露了不耐烦的情绪;谈话间歇仍在点头,表明根本没有留意他所说的。

当然,也有一些不恰当的点头方式:客户饶有兴趣地向你述说,你却没有一点反应;机械性地点头;毫无表情地点头。

(2)面向客户。把身子转向客户,这是在向他传递一个信息:他得到了你全部的、毫无分散的注意力。

(3)向前倾身。与客户交谈,假如你不想结束谈话,就要轻轻向前倾身,从而让客户了解你对他所说的话很感兴趣。

2 想结束谈话的身体动作

客户想结束谈话时的身体动作,如:

面部无任何表情;

心神不安,毫不关心你的话题;

身体向后靠或走开;

推开椅子;

收拾文件;

在你仍在讲话时收拾公文包;

不停地看表;

……

八 客人接待的一般程序

1 客人来访时

客人来访时，接待程序参照表5-6。

客人来访接待的一般程序　　表5-6

内　容	所使用的语言	处理方式
打招呼	您好！（早上好！下午好！） 欢迎光临！	马上起立； 目视对方，面带微笑，握手或行鞠躬礼
询问客人姓名	请问您是…… 请问您贵姓？找哪一位？	必须确认来访者的姓名； 如接收客人名片，应重复“您是××公司×先生”
事由处理	请稍候。 对不起，他刚刚外出公务，请问您是否可以找其他人或需要留言？	尽快联系客人要寻找的人； 如客人要找的人不在时，询问客人是否需要留言或转达，并做好记录
引路	请您到会议室稍候，××先生马上就来。 这边请！	在客人左前方2~3步前引路，让客人走在路的中央
送茶水	请！ 请慢用。 请喝茶（水）	保持茶具清洁； 摆放时要轻； 行鞠躬礼后退出
送客	欢迎下次再来。 再见（或再会）	表达出对客人的尊敬和感激之情； 道别时，招手或行鞠躬礼

2 访问客户

访问客户时，需要注意以下几点：

(1)访问前应与对方预约时间、地点及目的，并将访问日程记录下来。

(2)遵时守约，前往拜访。

(3)到达访问单位的前台时，先做自我介绍。如：“我是同××先生预约过的运华集团的×××，能否通知一下××先生？”如果访问单位没有前台，应向附近人员询问。

(4)如果被访问人繁忙，可以先去办理其他事情或改变其他时间再来访问。如：“您现在很忙，那么我们约在明天××点再见面，好吗？”

(5)如需等候访问人时，可听从访问单位接待人员的安排，在会客室或办公室等候。可以边等候边准备使用的名片和资料文件等。

(6)看见被访问人后，应起立（初次见面的话，要递上名片）并问候。

(7)如遇到被访问人的上司，应主动起立（递上名片）问候，会谈重新开始。

(8)会谈时，要注意谈话或发言不要声音过大，会谈尽可能在预约时间内结束。

(9)告辞时，要与被访问人打招呼道别。

3 办公礼仪

在办公时间，办公人员的一言一行均需注意必要礼仪，如果能掌握它，就会使工作变得更加自如，客户也会产生宾至如归感觉。

办公室礼仪主要内容见表5-7。

办公室礼仪一览 表5-7

内　容	要　领
办公秩序	①上班前的准备： 充分计算时间，保证准时出勤； 如有可能缺勤、迟到，应提前与上司联系； 计划当天的工作内容。 ②在办公室： 不要私下议论、窃窃私语； 接待柜台应保持清洁，办公用品排列整齐； 以饱满的工作态度投入到一天的工作之中； 离开座位时，将去处、时间及办事内容写在留言条上以便他人安排工作（应将机密文件、票据、现金和贵重物品存放好），将办公台面整理好，椅子放回办公台下。 ③在走廊、楼梯、电梯间： 走路要舒展肩背，不要弯腰、驼背，有急事也不要跑步，可快步行走； 按照右侧通行原则，如在反方行走遇到迎面来人时，应主动让路； 遇到客人找不到想要去的部门时，应主动为其指路，在电梯内为客人提供正确引导。 ④午餐： 不得提前下班就餐； 在食堂内，遇人要礼让，排队有秩序，饭菜不浪费； 用餐后，保持座位清洁。 ⑤在洗手间、茶水间、休息室： 上班前、午餐后等人多的时间，注意不要影响他人，要相互礼让； 不要忘记关闭洗手间、茶水间的水龙头，如发现没有关闭的水龙头，应主动关好； 注意保持洗手间、茶水间、休息室的清洁、卫生。 ⑥下班： 下班前将待处理的工作记录下来，以方便第二天的工作； 整理好办公桌上的物品、文件（机密文件、票据和贵重物品存放好）； 不提前下班
办公室规定	①办公室内严禁吸烟、喝茶、看报、闲聊。 ②进入他人办公室，必须先敲门；已开门或没有门的情况下，应先打招呼（如"您好"、"打扰一下"），再进入。 ③传话时不可交头接耳，有条件时可以使用记事便签传话；传话给客人时，不要直接说出来，而是应将事情要点转告客人，由客人与待传话者直接联系。 ④从办公室退出时，按照先上司、后客人的顺序打招呼后退出。 ⑤若会谈中途上司到来，必须起立，将上司介绍给客人，并向上司简单汇报会谈内容，然后重新开始会谈
引路	在走廊或院落引路时： ①应走在客人左前方的2～3步处。 ②引路人走在走廊的左侧，让客人走在路中央。 ③要与客人步伐保持一致。 ④引路时要注意客人，适当做些介绍。 ⑤拐弯或有台阶的地方应使用手势，并提醒客人"这边请"或"注意楼梯"等
	在楼梯间引路时： 让客人走在正方向（右侧），引路人走在左侧

续上表

内　容	要　领
开门	向外开门时： ①先敲门，打开门后把住门把手，站在门旁，对客人说“请进”并施礼。 ②进入房间后，用右手将门轻轻关上。 ③请客人入座，安静退出。此时可用“请稍候”等语言
	向内开门时： ①敲门后，自己先进入房间。 ②侧身，把住门把手，对客人说“请进”并施礼。 ③轻轻关上门，请客人入座后，安静退出
搭乘电梯	电梯没有其他人的情况： ①在客人之前进入电梯，先按住“开”的按钮，再请客人进入电梯。 ②到达目的楼层后，按住“开”的按钮，请客人先下
	电梯内有人时： 无论上下都应客人、上司优先
	电梯内： ①先上电梯的人应靠后面站，以免妨碍他人乘电梯。 ②电梯内不可大声喧哗或嬉笑吵闹。 ③电梯内已有很多人时，后进的人应面向电梯门站立
电话	参见电话使用技巧
文明用语	参见常用礼貌用语和禁忌语

4 自我检查

虽然办公室工作有一定的礼仪规定，我们自己也注意去做了，但做的效果如何，还需要进行自我检查。只有将发现的问题及时改进了，才能取得更大的进步。

第六节　客户喜欢的维修接待员

维修接待人员的素质，会在很大程度上左右着客户对他的喜欢程度。

业务接待的素质主要包括业务素质和技术素质两大部分。业务素质主要是指文化素养、心理素质、礼仪形象等涉及业务接待的基本素质；而技术素质则包括业务接待人员对汽车的了解程度、对汽车维修工艺、常见故障、报价以及其他业务的了解程度。

根据统计，客户喜欢与不喜欢的维修接待员各有10种，见表5-8。

客户喜欢与不喜欢的维修接待员　　表5-8

维修接待员的10个“一点”	客户喜欢的10种维修接待员	客户不喜欢的10种维修接待员
①微笑多一点。	①着装整洁、举止从容。	①衣着邋遢、仪容不佳。
②理由少一点。	②诚实守信、办事高效。	②常说空话、随意承诺。
③度量大一点。	③说话随和、态度诚恳。	③态度生硬、难于接近。
④脾气小一点。	④百问不厌、态度和蔼。	④办事拖拉、效率低下。
⑤嘴巴甜一点。	⑤实事求是、不说大话。	⑤行为举止、不拘小节。
⑥行动快一点。	⑥办事认真、责任心强。	⑥不善沟通、缺乏亲和。
⑦做事勤一点。	⑦办事公道、不谋私利。	⑦浓妆艳抹、奇装异服。
⑧效率高一点。	⑧换位思考、心系客户。	⑧知错不改、自以为是。
⑨讲话轻一点。	⑨虚心讨教、认真改进。	⑨欺蒙顾客、牟取暴利。
⑩脑筋活一点	⑩严肃活泼、善于应变	⑩办事教条、不善应变

第七节　汽车维修接待内容

汽车维修接待，并非只是在客户进店时才需要，而是应该贯穿于汽车维修的全部过程。

一　客户接待前的准备

1 客户接待区的准备

在客户接待区域，每天都需要进行相关的准备。

客户接待区准备内容

▲客户坐的桌椅调整到客户坐下后目光与自己平齐。

▲客户坐的桌椅干净整洁，无不安全因素。

▲接车单据、计算机及网络系统、打印机、对讲机、电话等工作正常。

▲文件夹、签字笔、预约单、工单、出门证、车内使用的防护用品均已准备好。

▲个人的仪表仪容没有瑕疵。

2 客户休息区的准备

在客户的休息区（图5-21），一般需要配备专门的服务人员。

休息区除提供必要的休闲设施外，一定要提供杂志、电视、茶水（或冷饮）等，甚至配备按摩机以及其他专业服务设施。

在客户休息区，可以设置本单位的广告宣传，譬如内刊、宣传桌牌等。

饮水机应该防置在易于使用的地方，准备好一次性使用的水杯以及茶叶、饮料、糖果、烟灰缸等。

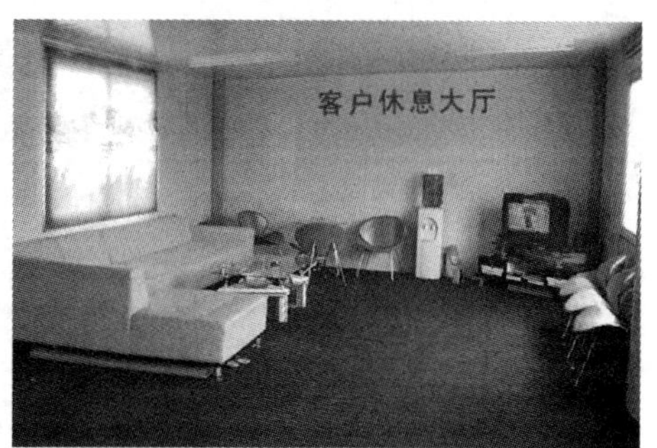

图5-21　客户休息室

二　八步接待流程

目前，主流汽车生产厂家，基本采用优化之后的八步接待流程，即：预约、接待、诊断、制单、维修、检验、交车、回访。

（一）预约

1 预约的目的及意义

实行预约维修，可以避免在不同时间段前来维修的客户极不均衡的现象出现，以便让客户在相对宽松的环境里接受高质量的维修服务。

图 5-22 为某维修企业实行预约制度前后的日修车量分布图。由图可见,在没有实行预约修车制度之前,客户在上午 10:00 ~ 11:00 为全天的客户接待高峰,容易因“萝卜快了不洗泥”而导致服务质量下降。实行预约修车制度之后,使得 9:00 ~ 12:00 以及 14:00 ~ 16:00 之间基本均衡,起到了明显的“削峰填谷”的效果。

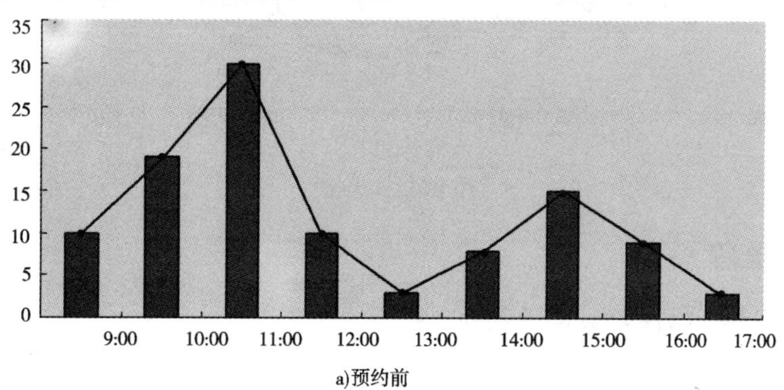

a)预约前

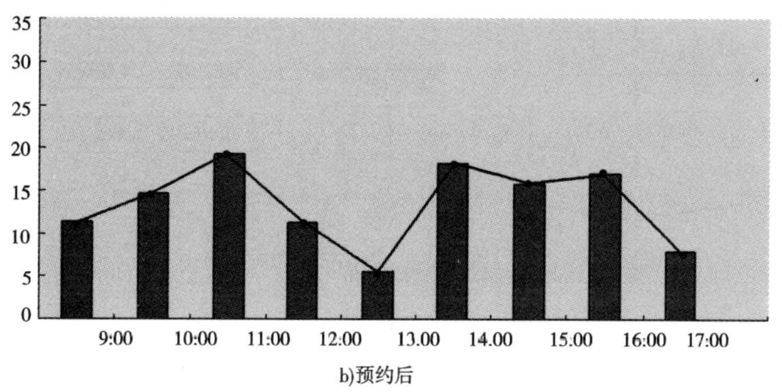

b)预约后

图 5-22　某维修企业日修车分布图

所以说,预约维修是一件对消费者、汽车维修厂家、汽车生产厂家均为有利的举措(表 5-9)。

预约维修优点　　表 5-9

对消费者的好处	对汽车维修厂家的好处	对汽车生产厂家的好处
★方便个人日程安排; ★汽车维修时间有保障; ★对维修价格提前了解; ★可以得到更多的关照	★合理调配资源,提高了工位利用率; ★提前制订合理的维修方案; ★保证了客户接待时间; ★平衡了维修时间,削峰填谷; ★提高单车维修收益	★提高了客户满意度; ★提升了产品品牌形象; ★增加了汽车的销量及效益

2 预约分类

预约分主动预约和被动预约,当然,在一定条件下,两者之间可能相互转换(图 5-23)。

汽车维修厂家在与客户进行预约时,可以采用电话、手机短信、网站、电子邮件、即时通信软件等联系方式,甚至可以当面预约。

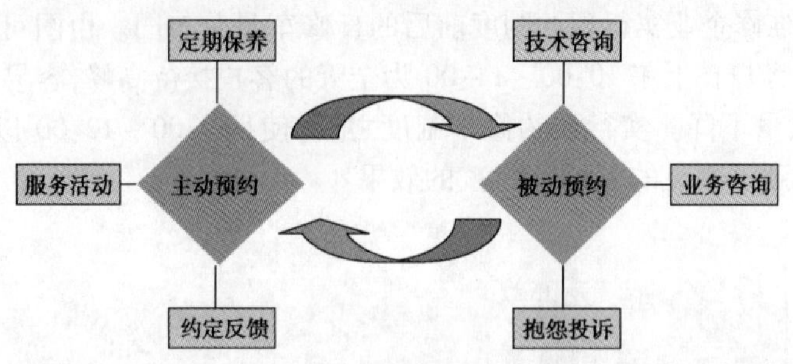

图 5-23　预约分类

❸ 预约流程

预约维修的基本流程如图 5-24 所示。

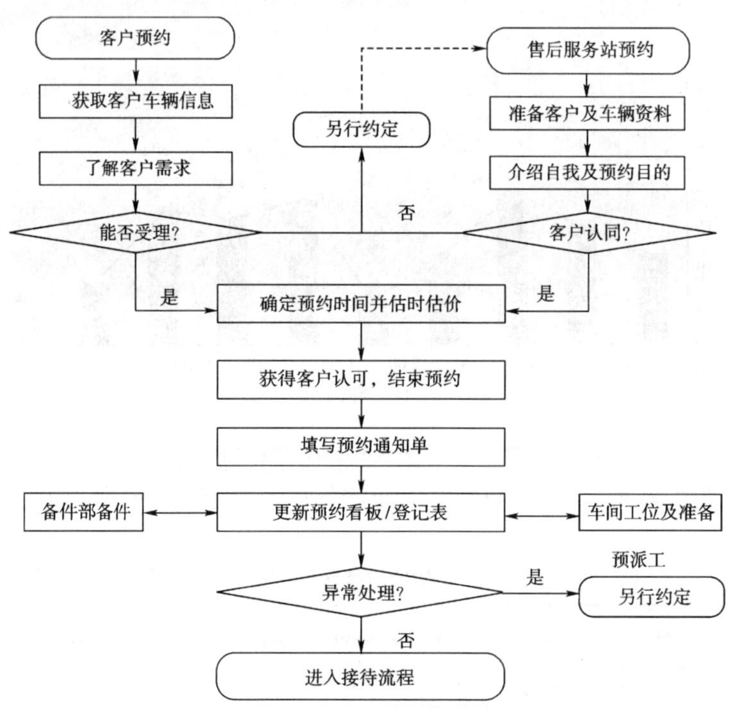

图 5-24　预约维修流程图

❹ 预约维修技巧

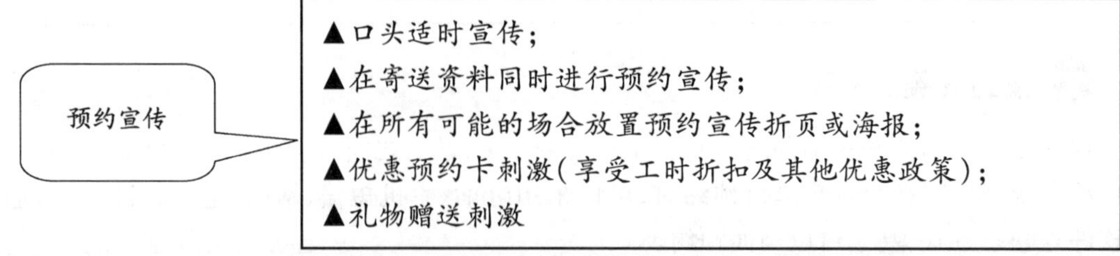

预约关键点

▲接听或拨打客户电话，应规范并遵循电话礼仪要求；
▲10 分钟内回复确认短信，30 分钟内回复预约邮件，短信和邮件都应以正式的问候语开头；
▲尽快在计算机系统中查找车辆信息档案并进行针对性的沟通；
▲对返修客户加快处理速度，优先安排；
▲预估维修所需时间、费用，并告知客户；
▲提醒客户携带相关文件资料；
▲向维修技师提供完整的预约单，以便他们根据预约单中涉及的故障内容、配件等需求有效地展开工作；
▲再次与客户确认服务预约时间，并说明会提前提醒；
▲至少提前 24 小时提醒客户；
▲感谢客户的预约和给我们提供的维修服务机会

预约后的准备

▲根据与客户达成的约定，提前做好充分的服务准备，包括人员、工位、工具、备件、技术方案、设备等，以保证顺利完成服务工作，确保客户满意

（二）接待

积极做好客户接待工作，使客户一进入接待处，就能够感受到维修厂家热情、友好的服务。这种良好的第一印象，对于维修业务的成功获得往往是有决定性作用的。

接待服务工作要从客户迈进接待大厅开始，让客户充分体会到宾至如归的感觉。

客户接待

▲进门让个座。
▲倒上一杯水，坐下慢慢说。
▲雨天、热天，递上一块纸巾，擦去雨水或汗水。
▲如有孩童一起来，说两句话逗逗孩子；给他一颗糖果或一件小玩具，令其开心；提醒大人、孩子注意安全。
▲对于客户提出的服务需求，尽量满足；实在无法满足时，先说“对不起”，再解释原因。

客户接待流程图见图 5-25。

对接待客户的具体要求见表 5-10。

客户接待要求 表 5-10

接待环节	预约客户的接待	未预约客户的接待
开始接待	准备实车检查表和已打印好的施工单，出门迎接顾客； 对顾客光临表示欢迎，询问顾客有无维修需求； 准备好四件套（车内脚垫、座椅套、转向盘套、挡杆套）； 引导顾客至接车工位	准备实车检查表，出门迎接顾客； 对顾客光临表示欢迎，询问顾客维修需求； 准备好四件套（车内脚垫、座椅套、转向盘套、挡杆套）； 引导顾客至接车工位

续上表

接待环节	预约客户的接待	未预约客户的接待
确认记录车辆信息	请顾客提供维护/维修手册，确认车辆信息； 在顾客面前安放车内脚垫、座椅套及转向盘套； 记录车辆行驶里程、油表油量及其他相关信息	
确认顾客维修需求	将已打印的施工单记录项目与顾客进行确认； 对顾客提出的其他维修需求做出确认，并记录于施工单； 根据车辆实际，向顾客提醒其他应该进行的维护/维修项目，并建议顾客进行维护/维修	仔细听取顾客维修需求，并详细记录于实车检查表上； 根据车辆实际情况，向顾客提醒其他应该进行的维护/维修项目，并建议顾客进行维护/维修
环车初检	与顾客一起环车检查车身和漆面损伤，取得顾客认同并记录在检查表上； 提醒顾客取走车内贵重物品，有条件时设置顾客物品保管箱，与客户当面将车内物品取出，放置在保管箱内锁好并将钥匙交客户保管； 确保车辆锁好，门窗关闭； 记录车辆的相关信息	
顾客休息	与顾客一道完成环车检查后，引导顾客至维修接待区	
备注	假如所接待的是第一次登门维修的新客户，应该向客户索取行驶证、质保手册，询问并在维修问诊单上填写以下客户及车辆信息：客户名称、联系电话、联系地址、VIN码、发动机号、车型、牌照号等	

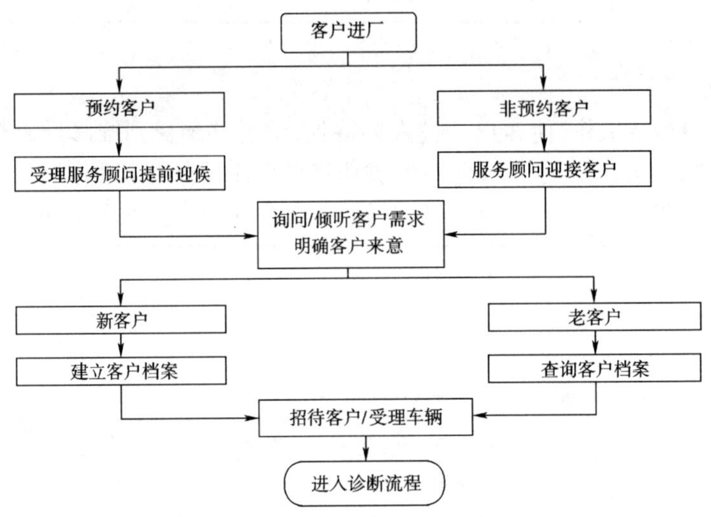

图5-25　客户接待流程图

(三)诊断

对客户送修的汽车进行正确的故障诊断，不仅可以有效地了解客户的需求和客户所遇到的困难，通过系统的检查找出故障原因，而且也可以向客户展示接待人员的专业性，使他可以放心地将车辆交由你来处理，从而产生信赖，增加客户的忠诚度。

1 询问客户

通过向客户询问送修车的状况，掌握诊断方向，减少判断时间。

(1)问诊内容：

问诊内容

▲车龄、车况、车辆来历。

▲时间、地点、发生频率、故障时长等。

▲故障史、维修史、故障发展过程。

▲车辆使用条件、故障再现条件。

▲故障特点：气味、响声、振动、无法启动、车辆无力、加速不良等。

(2)问诊的注意事项：

问诊注意事项

▲打消客户顾虑，尽量安慰客户，消除其焦虑感。

▲注意倾听，给客户被尊重感。

▲注意礼仪，适当赞美客户，提高其沟通兴趣。

▲语言通俗易懂，不使用过于专业的词汇，必要时形象模拟。

▲切忌夸大故障，注意问诊逻辑。

▲一定要问清故障再现条件，必要时请客户一起试车，试车时要使用必要的仪器，不要只是以经验判断。

▲注意自己形象，彰显专业性，给客户安心的感觉。

▲做好问诊预案，引导客户叙述故障的真实原因。

▲不要夸大自己的能力，不过分承诺。

▲思路清晰不要被客户思路所干扰，做出错误判断。

▲注意记录总结，查找逻辑错误，注意故障的关联性。

▲重复问诊内容与客户进一步确认。

▲故障没有确认前，不要随便报价。

▲故障无法判断时，尽快安排车辆进车间检修。

▲若有条件，出迎时应先观察车辆运行姿态，倾听车辆声音。

▲了解客户关于维修时间、维修项目、维修价位的接受程度。

2 车辆保护

首先当着客户的面，将座椅套、转向盘套、排挡杆套、脚垫铺好，然后进行环车检查。

3 环车检查

进行环车检查(图 5-26)的目的是初步找出导致故障产生的原因，然后进行科学诊断，准确找出故障所在。

图 5-26 环车检查图

(1)检查顺序。前风窗玻璃→左侧后视镜及左前翼子板→左前轮及左前照灯→前保险杠→发动机罩→右前轮及右前照灯→右侧后视镜及右前翼子板→车身右侧→右后轮及右后翼子板→汽车尾部→左后轮及左后翼子板→车身左侧。

(2)维修建议。通过目视、静态检查、动态检测,发现客户没有发现的潜在故障,向客户提出维修建议。

(3)遇有难以解决的问题,与维修主管商讨找出解决问题的方法。

(4)尽量满足客户报修以外的其他合理要求。

(5)进行车辆外部检视,将已经出现了缺陷,而车主不要求修复的部位登记在案。

(6)登记随车携带的物品,提醒客户带走车上存留的贵重物品。

(7)填写《维修服务问诊单》,记录客户和车辆信息,标注里程数、油量,向客户通报环车检查结果,请客户在《汽车维修服务问诊单》(图5-27)上确认签字。

汽车维修服务问诊单

<table>
<tr><td>车牌号</td><td></td><td>送修人</td><td></td><td>联系电话</td><td></td></tr>
<tr><td>行驶里程</td><td>km</td><td colspan="4">进站日期: 年 月 日 时 分</td></tr>
<tr><td>客户需求</td><td colspan="5"></td></tr>
<tr><td>故障描述</td><td colspan="5"></td></tr>
<tr><td>初步诊断意见</td><td colspan="5"></td></tr>
<tr><td>服务站建议</td><td colspan="5"></td></tr>
<tr><td colspan="3">功能确认:(正常 √ 不正常 ×)
□音响系统 □点烟器 □空调 □天窗 □后视镜
□中央门锁(防盗器) □四门玻璃升降器</td><td colspan="3" rowspan="2">外观确认:(如有损伤,在相应部位作标记)</td></tr>
<tr><td colspan="3">物品确认:(有 √ 无 ×)
□贵重物品提示 □千斤顶 □随车工具 □备胎
□灭火器 □其他( ) 剩余燃油: F F</td></tr>
<tr><td>服务顾问提醒</td><td colspan="5">1. 本次检查出的故障如在本站维修,检查工费不另收取;
如不在本站维修,则检查工费应由客户支付,本次检查费为:¥____元;
2. 维修旧件处理:□ 客户要求带走 □ 客户选择不带;
车辆清洗:□ 客户有清洗需求 □ 客户无清洗需求;
3. 本站已提醒客户将车内贵重物品带离车辆并妥善保管,如有丢失恕与本站无关</td></tr>
<tr><td>服务顾问确认</td><td colspan="2"></td><td>客户确认</td><td colspan="2"></td></tr>
</table>

图5-27 汽车维修服务问诊单

(四)制单

与客户签订维修服务委托书,确保客户接受因维修所发生的一切费用及时间安排等,避免在提车时发生争议。另外,这也可以督促本厂人员严格按照委托书要求展开维修工作。

制单工作的具体内容见图5-28。

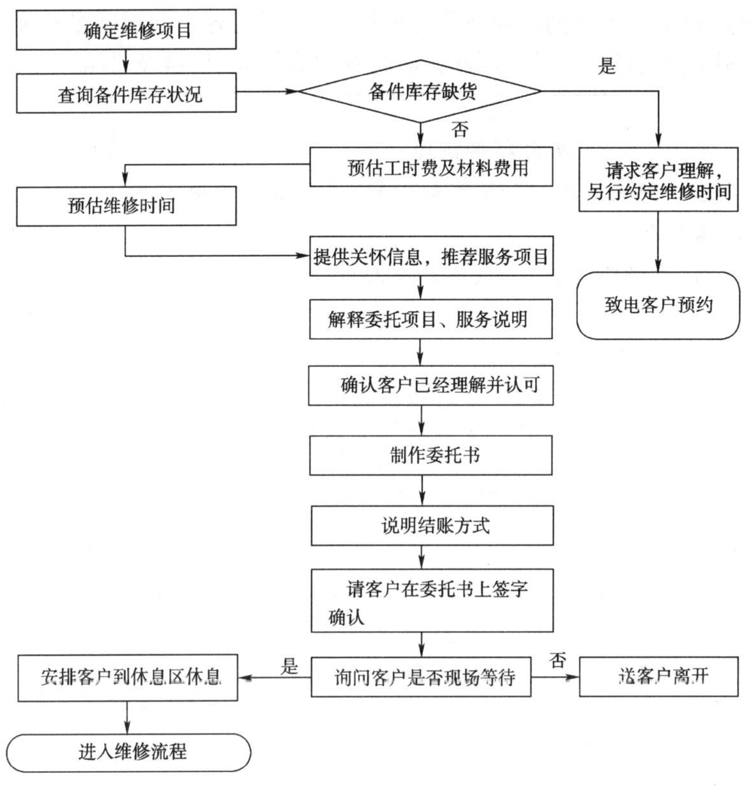

图5-28 制单流程图

1 估价技巧

向客户提供估价需要一定的技巧,准确掌握这些技巧,既有助于保证维修收费的透明,也可以避免将来出现关于维修价格的争议。

估价技巧

▲逐项写出收费金额,以便客户了解估价。

▲估价尽量覆盖所有可能性,但也不要给出完全确定值。

▲工时费包括基本工时费、机具费、辅料费、管理费等,外加工费、施救费、辅助工时费一般另外计算。

▲零部件材料费包括采购零部件的费用以及管理费。

▲费用一览表应置于容易看到的位置,向客户展示。

▲最终价格尽量在客户期望范围,并记录在《维修服务委托书》上。

2 扩大订单技巧

毫无疑问,作为经营性的汽车维修厂家,希望维修项目越多越好。但是,扩大客户的维修订单也需要一定的技巧。

(1)推销客户未发现的潜在故障维修服务时,要说明故障的危险性以及大概维修价格。

(2)在维修过程中需追加的项目或零件更换,应及时与客户取得联系并征得其同意。

(3)向客户建议增加额外维修服务时,应解释服务性质、价格及带给车主的利益。

扩大订单技巧

▲客户喜欢总体解决显现的和隐形的问题,希望在一个地方享受到全部所需服务。

▲态度诚恳,认真倾听客户意见,不能用例行公事的口吻,更不能强迫客户接受。

▲保证你的推介符合客户需求。

▲满足了客户的第一个需求后,才可以提出其他建议。

▲你满足了客户的需求,他反而会觉得你对他格外关心。

3 制单小窍门

制单小窍门

▲不要忘记合同需变更时的通知方式。

▲不要忘记将《维修服务委托书》交给客户过目、签字。

▲为每个客户准备一个资料袋,将客户的所有资料放到袋子里,并在袋外注明客户姓名或车牌号。

▲交付车辆时,将宣传册、优惠卡、意见收集表等放入袋子一并交给客户,以显示你工作条理性和专业性。

▲拟定维修委托书时,询问客户是否有优惠卡或产品维修协议,这些东西可以帮你迅速在客户资料中找到他。

▲与客户说话时,要让客户充分领会你的意思,约有40%的客户不懂汽车术语,需要使用通俗形象的语言。

▲尽量使用一些实效语言,不要夸大事实。

▲推荐产品时要介绍其优点而不是原部件的磨损来吸引客户。

(五)维修

维修是车间人员维修车辆的过程。

通过合理派工和规范作业,来管控维修进度,提高生产效率,保证准时交车。同时,在维修过程中还要随时监控车辆维修变化,如与委托书不符,应及时协调各方,并与客户协商达成一致。车辆维修流程见图5-29。

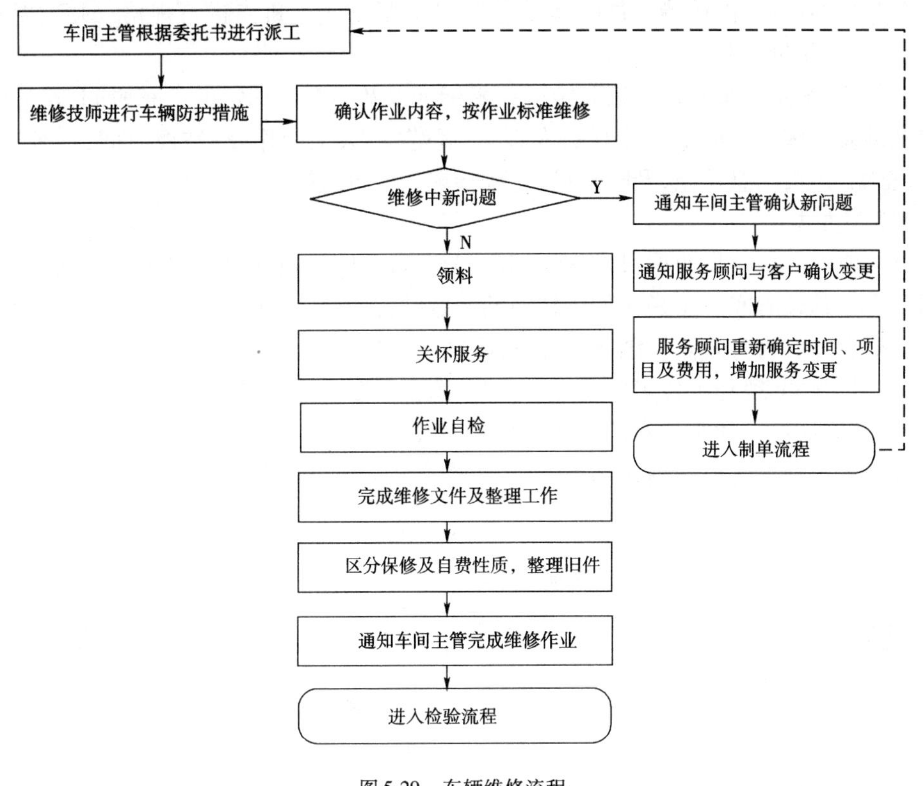

图 5-29　车辆维修流程

1 维修派工

派工时，要把按时交车作为派工考虑的重点之一，确保按时向客户交付送修车辆。

对于预约、返修客户，需优先派工；而对于普通修理，则应该按照到场时间顺序来安排维修派工。在维修过程中，要密切关注服务变更，控制维修进度，及时作出对应调整。

2 过程跟踪

(1)过程跟踪目的：

根据与顾客约定的完工时间，合理安排维修作业，并对维修作业的进度进行跟踪，确保按时交车。

(2)需要跟踪的过程：

①派工。由于各维修单位的业务范围不同，组织架构不同，因此派工人员亦不同。

②作业过程项目。

故障诊断与再诊断：涉及常规维修项目或客户要求更换的零件，车间在接到施工单后应进行核对，发现问题及时与维修接待人员沟通，避免发生纠纷；对于非常规维修项目，车间应该根据问诊单进行全面诊断后，作出维修方案与接待人员沟通；对于问诊不清楚的，应由接待人员继续与客户沟通补充，此时，车间应明确需要问诊的内容。

前台反馈：维修人员发现的问题在与车间主管沟通后，及时告知接待人员。接待人员与客户沟通确认后，通知车间主管及维修人员。

零部件供应：维修人员发现其他故障后应及时与零部件管理人员确认所需配件准备情

况。没有备货的零件，由接待人员向客户说明，进货后与施工班组进行规格、型号、质量的确认，以保证施工质量与时间。

施工作业：按照汽车制造厂家制定的技术标准以及与客户约定的交车时间，对故障车辆进行常规维修。施工中应重点注意的内容有：规范操作，文明作业；把握时间，掌控进度；做好记录，有据可查；信息反馈，及时沟通；过程检测，确保质量。

(3)跟踪方式：

①时段跟踪。根据作业项目操作时间段，分时段跟踪作业的每个过程完成情况，必要时及时通知客户延长时间。这是一种比较原始的跟踪方式，适用于维修量不大的维修单位。

②看板管理。为有效监控维修进度，确保按时完成客户的送修车辆；为提高企业的服务收益，应该最大限度地利用各工位及维修技师，这都需要需要正确有效的作业管理。实践证明，使用管理看板是一种非常有效的作业管理手段。

看板管理的基本流程如图 5-30 所示。管理看板实物图见图 5-31。

看板管理的关键控制点

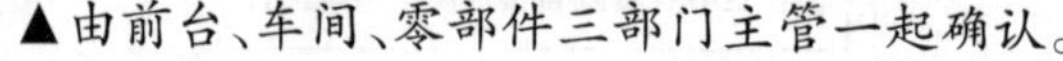

▲由前台、车间、零部件三部门主管一起确认。

▲任何维修情况发生变化，维修人员都应及时主动地将信息传递给前台。

▲几点、有几台车、应交给哪个用户(前台管理板)。

▲有用户咨询时，能立刻回答所出现的情况(前台管理板 + 车间管理板)。

▲有几台滞留车、呈何状态？可提醒工作人员对该类车积极跟踪(前台管理板)。

▲从几点到几点谁在从事哪项作业？(前台管理板)

确认作业进度

▲对于当天可以修复车，按作业过程项目的约定时间沟通。

▲对于多日维修才能出场的车，按每日早、中、晚三次确认作业进度。

▲按照作业过程项目完成情况，调整维修管理看板。

▲必要时调整完工时间并及时通知客户。

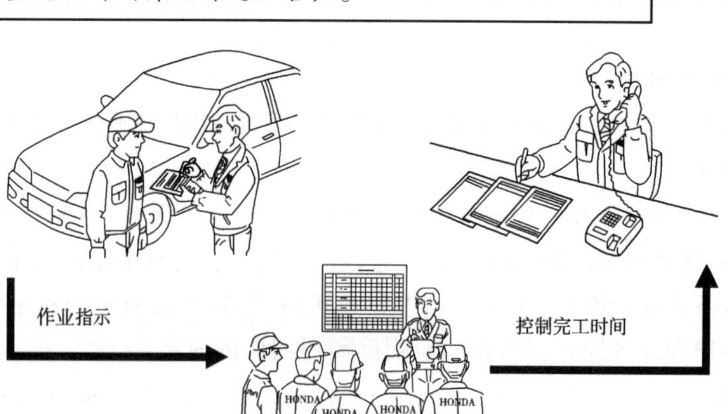

图 5-30 看板管理基本流程图

维修车辆进度管理看板

填写时间：　　年　　月　　日

车牌号码	车型	维修班组	入场时间	预计完工时间	维修时间进度										质量检验	竣工时间
					8:00~9:00	9:00~10:00	10:00~11:00	11:00~12:00	12:00~13:00	13:00~14:00	14:00~15:00	15:00~16:00	16:00~17:00	17:00~18:00		

使用时：●机电班组 ●钣金班组 油漆班组 ●停工待料　　　　填表人：

注：机电班组——绿色；钣金班组——蓝色，油漆班组——黄色；停工待料——红色。

图 5-31　管理看板实物图

（4）电子看板管理系统。目前的电子看板管理系统一般都是一种集成系统，其中包含诸多管理内容，其功能和作用与手工看板基本相同。图 5-32 是某品牌汽车 4S 店内的电子看板管理系统显示屏。

图 5-32　电子看板管理系统显示屏

❸ 完工检查

完工检查

▲完成全部维修作业后，记录《维修服务委托书》及《免费检查项目表》，并签字确认。

▲填写故障原因、措施及结果。

▲技师在维修中关注而未在委托书中反映出来的问题的建议。

▲将客户车辆上的收音机和时钟复位，关闭所有用电设备。

▲将更换下的旧件包装好；将更换下的索赔件交付保修员。

▲检查车上有无遗留物品（工具、资料）。

▲将车辆停放至待检停车位。

▲将《维修服务委托书》、《免费检查项目表》及车钥匙交给车间主管，通知完工质检。

（六）检验

维修作业完成后，通过严格执行自检、互检和终检的三检制度，确保完成所有维修项目，保证维修质量，满足《维修服务委托书》的要求，做好向客户交车的一切准备工作。

维修质量检验流程如图5-33所示。

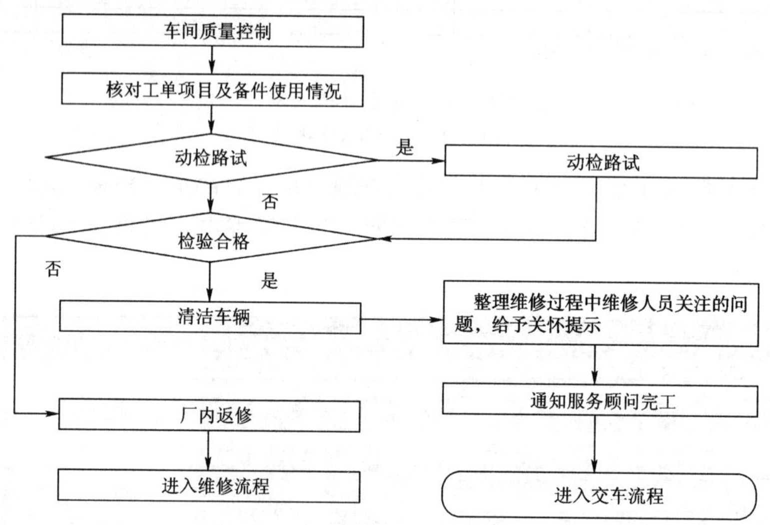

图5-33　维修质量检验流程图

（七）交车

在交车环节，假如能够通过向客户积极介绍维修项目，让客户感觉到自己所接受的服务物有所值；能够通过有条理地对费用结算、车辆交付进行安排，使客户对公司所提供的整体服务感到满意，那么就会给客户带来欣喜，使其成为长期客户。

交车流程如图5-34所示。

交车前的检查方法

▲按照《维修服务委托书》、《免费检查项目表》项目检查，确保已全部完成，并核对质检结论，办理检验合格证。

▲确认油、氟、液(水)及所有安全项目(皮带张力、轮胎螺栓、轮胎气压、灯光、喇叭、信号、机油压力)均进行过检查且合乎要求。

▲确保车辆内外清洁，油箱油量、行驶里程等符合逻辑。

▲根据接车时车辆预置记录检查车辆预置是否恢复。

▲检查确认更换下来的旧件。

▲核对领料清单，落实备件使用的必要性。

▲确认维修、备件和外包费用无遗留，编制与复核结算单据。

▲准备关怀信息，列出下次维修建议项目，包括定期维护、环车检查时服务顾问关注的项目、维修过程中维修人员关注的项目及未尽事宜。

▲比较估价与预结算差异，做好差异说明准备。

▲整理交车资料和单据，单据应整齐、清晰、便于客户理解。

▲准备好客户车辆钥匙。

▲确定车辆停车位置，便于陪同客户交车时易于找到。

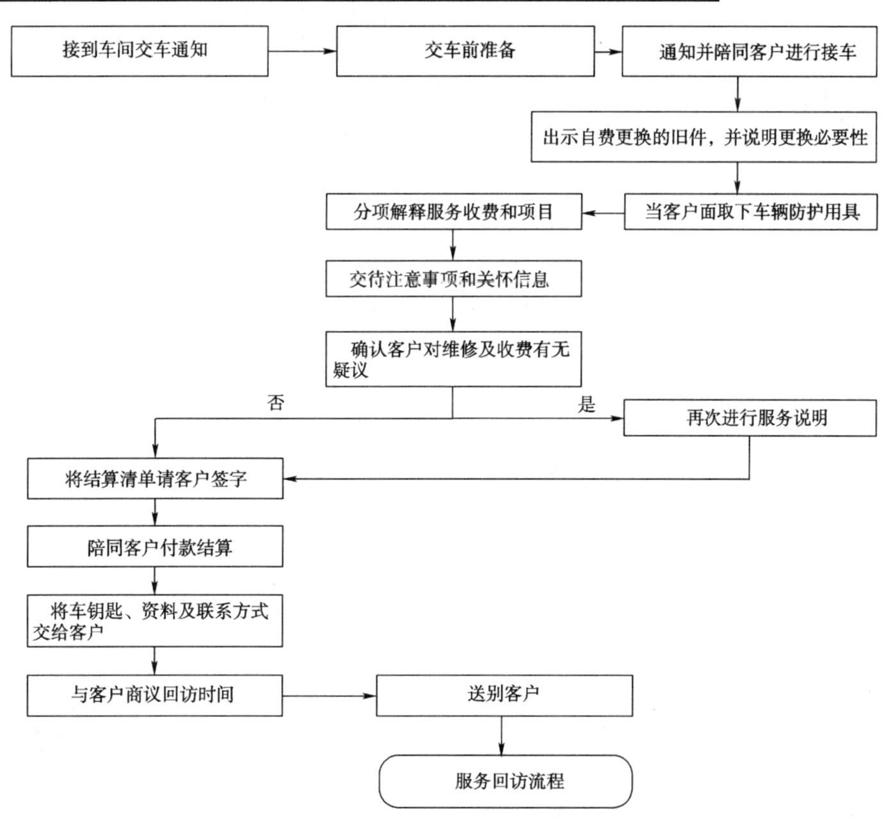

图5-34　交车流程图

交车验收

▲做好交车前的一切准备工作。

▲对于不在现场等待的客户，电话通知客户，确定交车时间、付款方式等；对于在现场等待的客户，前往客户休息室，通知客户验收竣工车辆。

▲客户到达现场后，前台接待当面取下车内防护。

▲陪同客户验收交车。

效果展示

▲引导客户前往交车车位。

▲详细介绍修理结果，如有可能，请客户亲自验收修理结果。

▲向客户证明已经解决了问题；对于特殊作业项目，须与客户同车试乘，共同确认。

▲自费备件应当面展示清点后交回客户，结合更换备件的状态，说明更换必要性。

▲询问客户旧件处理意见，交给客户或代其处理。

▲当客户面拆除“四件套”。

工单及费用解释

▲工单解释应当在客户交款前进行。

▲服务说明应结合交车文件，简明扼要，便于客户理解，包括：委托维修项目的完成及效果；维修过程；故障分析及原因；更换的配件及必要性；免费维修项目。

▲费用说明重点：总费用、配件费、工时费；返修时的额外增加费用；实际收费与估价不符的原因。

▲客户自备配件时，向客户解释正厂件与副厂件的质量差异和价格差别，使其理解本店配件价格偏高的道理。

▲下次维护提醒。

送客户离开

▲与客户确认接受回访的时间。

▲将车钥匙、行驶证交给客户。

▲向客户递送名片并再次告知客户你的姓名和电话。

▲引导客户至交车车位。

▲为客户打开车门，送客户上车。

▲同客户道别，表达谢意，并祝客户平安驾驶。

▲目送客户离开视线。

▲更新客户档案，整理文档资料并归档。

(八)回访

跟踪是指汽车出厂之后,定期与客户进行电话联系,询问质量情况和使用情况,以保持客户良好的满意度;给客户留下美好的印象,以期建立长远的合作关系;发掘客户新的需求;感动客户介绍新的客户前来接受维修服务。

(1)分工明确。为有效实施跟踪活动,维修部门、销售部门应有效协调,维修接待、客服经理、销售人员应各自明确并执行其任务(表 5-11)。

跟踪服务责任表 表 5-11

岗位	1000km 定期维修(免费)				5000km 定期维修				10000km 定期维修				15000km 定期维修				20000km 定期维修			
	电话联系	维修邀请	维修	维修后跟踪	电话联系	维修邀请	维修	维修后跟踪	电话联系	维修邀请	维修	维修后跟踪	电话联系	维修邀请	维修	维修后跟踪	电话联系	维修邀请	维修	维修后跟踪
销售人员		◎				◎				△				△				△		
维修接待	◎	△		◎	◎	△		◎	◎	◎		◎	◎	◎		◎	◎	◎		◎
维修技师			◎				◎				◎				◎				◎	
客服经理	○		○	○	○		○	○	○	○	○	○	○	○	○	○	○	○	○	○

注:◎-执行者;△-协助者;○-监督者。

(2)新车交付时介绍各种服务。销售人员应该在将新车交给客户时向其解释各种服务。

(3)保持一年联系两次。向客户推荐定期维修,对客户每半年最少一次跟踪联络。

(4)直接给客户发短信或打电话,提醒其来厂维修或定期维修。

(5)定期拜访团购客户。一般说来,团购客户普遍觉得他们应该比普通客户得到更好的服务。为了提高其满意度,与他们保持更加紧密的联系是有好处的。定期拜访团购客户,可以尽早发现汽车存在的问题;可以与车辆负责人沟通将客源保持住;可以销售更多的服务和零配件;可以确定客户何时将把汽车折价卖出。

表 5-12 是客户跟踪服务问卷样表;表 5-13 是客户电话跟踪样表。

客户跟踪服务问卷样表 表 5-12

跟踪服务信件(样例)

尊敬的客户:

您好!

感谢您将自己的爱车送到本店维修。我们已经尽力为您维修好了爱车,希望可以使您满意。

我们很重视您的意见,并期望您对我们的服务感到满意。

如果您有任何需要我们帮忙的,或者您有可以帮助我们将来更好工作的建议,请随时联系我们。

再次感谢您的光顾! 同时感谢您即将给予我们的良好建议!

客服经理:×××

______年____月____日

跟踪服务调查问卷(样例)

您的建议将帮助我们更好地为您服务

作为汽车维修商,我们希望能给您提供尽可能好的服务。您的满意就是对我们最大的激励。劳驾您费心,将下面的问卷填写出来。

我们的员工是否礼貌并友好?	
您对我们的前台接待满意吗?	
我们是否按时修好了您的爱车?	
我们是否按您的要求提供了服务?	
您对爱车的修理满意吗?	
您在提车时,车容是否干净?	
您愿意再次光临我们店吗?	
我们存在着什么需要改进的地方?	

您的姓名:__________ 您的电话号码:________________

您的联系地址及邮编:________________________

____

您的电子邮箱:____________________________

万分感谢您的意见!

客服经理:×××

______年____月____日

客户电话跟踪样表　　表 5-13

流　程	步　骤	电话举例
准备	①准备客户档案、修理账单,并检查已经完成的工作; ②准备好你想为客户提供的信息; ③确认客户姓名及电话号码	—
拨电话	问候客户并做自我介绍	"您好,我是运华集团维修接待柳莺。"
确认客户	①确认客户; ②感谢客户将车开到本店进行维修; ③询问客户是否方便通话	"王女士家吗?她在家吗?您是王女士吗?" "您好,王女士。我是运华集团维修接待柳莺,感谢您那天把车开来我们店维修。" "您现在有时间吗?可以与您简单聊几句吗?"
陈述意图	告诉客户打这个电话的原因	"给您打电话是想了解您的车在维修后情况如何,并征求一下您对我们服务的意见与建议。" "是这样的,我们想提供本市最好的维修服务,但没有客户的意见,我们是很难做到的,您今天能帮我们这个忙吗?"
调查维修情况	①询问客户的汽车在维修后的行驶情况; ②询问客户是否满意	"那天给您的车维修了发动机,现在车况如何,您还满意吗?" "听您这么说我很高兴。" "看起来这很好啊!" "还有什么我们可以帮忙的吗?" "您对我们维修店的总体印象如何?" "您能这么评价,我很高兴,我们还要继续努力。谢谢您的鼓励!"
向客户提供相关信息	告知对方本店正在或将要开展的服务项目	"十分感谢您!顺便说一下,本周六我们有一个回报客户的活动,届时将向老客户以很实惠的折扣出售换季座垫以及洗车卡。如果您有时间的话,希望您能过来参加。" "谢谢您!"
感谢客户与你交谈	感谢对方的回馈,并道别	"王女士,感谢您今天花时间接我电话。我知道您很忙,很对不起。希望本周六能见到您。" "再见。谢谢您!"

【复习思考题】

1. 汽车维修接待有何作用?
2. 私家车主的维修预期是什么?
3. 营运车主的维修预期是什么?
4. 公务车用户的维修预期是什么?
5. 汽车维修接待包括哪十个环节?
6. 维修结束,向客户交车时,应该注意哪些问题?
7. 接待人员的仪表、仪容与仪态,主要包括哪几方面?
8. 与客户交谈时,主要应该注意哪些方面?

9. 使用电话时,重点需要注意哪几个基本要素?

10. 握手时有哪些要求?

【工作页】

汽车维修服务接待工作页(自我检查)

<table>
<tr><td colspan="2">布置日期:____年____月____日</td><td>完成时间:____(分钟)</td></tr>
<tr><td colspan="2">问题:
一名刚参加工作不久的维修接待人员,应该如何注意自己的言行,做好顾客接待工作?</td><td>任务:
作为一名汽车维修接待人员,你应该做好自己工作区域的自我检查,准确把握接待客人的基本要求。</td></tr>
<tr><td colspan="2">接待要点:</td><td></td></tr>
<tr><td>项目</td><td>检 查 要 点</td><td>注 意 事 项</td></tr>
<tr><td>办公室内的自我检查</td><td>头发是否干净、整齐?
衬衫、外套是否清洁?
指甲是否过长?
皮鞋是否光亮、无尘?
上班5分钟前是否已就位?
同事间上班是否相互打招呼?
在走廊内有无奔跑?
办公时有无窃窃私语?
有无向正在计算或写字者发问?
外出时,有无留言?
有无在办公区吸烟?
有无在办公室进食?
是否整理了用过的公共物品?
是否主动将垃圾拾起?
对公共物品是否爱护?
在茶水间、洗手间、走廊内有无站着闲谈?
午休或下班时有无整理办公桌?
下班时是否与同事相互打招呼?</td><td></td></tr>
<tr><td>接待客人的自我检查</td><td>对客人是否面带微笑?
在走廊遇到客人时,有无让路?
遇到客人是否马上接待或引导?
是否双手接收名片?是否认真看过一遍?
接待客人,能否将客人姓名、公司名称、事件正确传达给他人?
引路时是否照顾到客人感受?
转弯时是否提醒客人注意?
在电梯内是如何引导客人的?</td><td></td></tr>
</table>

续上表

项目	检查要点	注意事项
接待客人的自我检查	在电梯内是否告知客人所要去的地方和楼层？ 是否了解开门、引导客人顺序？ 进入会客室时是否敲门？ 是否保持会客室的清洁？ 是否了解会客室主座的位子？ 使用的茶具是否清洁？ 客人久等时，是否中途出来向客人表达歉意？ 介绍时是否是从下级开始的？ 送客人时，是否看不见客人背影后才离开？	
学习纪要：		

汽车维修服务接待工作页(电话沟通)

布置日期：____年____月____日	完成时间：____(分钟)
问题： 在不同情况下，你如何给客户通电话？	任务： 作为一名汽车维修接待人员，你应该学会正确使用作为现代通信工具的电话，包括打出电话、接听电话、转接电话等等。
电话使用要点：	

项目	检查要点	注意事项
自我检查内容	电话机旁有无准备记录用的纸笔？ 有无在铃响三声之内接起电话？ 接起电话有无说“您好”？ 对客户有无使用专业术语、简略语言？ 是否打电话时，让对方猜测你是何人？ 是否正确听取了对方打电话的意图？ 是否重复了电话中的重要事项？ 要转达或留言时，是否告知对方自己的姓名？ 拨打电话时，有无选择对方不忙的时间？ 拨打电话时，有无准备好手头所需要的资料？ 拨打电话时，有无告知对方结果、原委？ 接到打错电话，有无礼貌回绝？ 接到投诉电话，有无表示歉意？ 话是否清晰，有条理？ 是否拨打私人电话？ 电话听筒是否轻轻放下？	

续上表

<table>
<tr><th>项目</th><th colspan="2">检查要点</th><th>注意事项</th></tr>
<tr><td rowspan="14">通话角色扮演</td><td>通话方式</td><td>通话过程</td><td>评价内容</td></tr>
<tr><td rowspan="4">打出电话</td><td>事先准备</td><td>□想清楚要说什么了吗?
□手头准备了纸与笔了吗?
□准备拨出的电话号码对吗</td></tr>
<tr><td>开场白</td><td>□确认对方;
□自我介绍;
□对方在本地还是外地;
□电话的目的;
□对方是否愿意交谈</td></tr>
<tr><td>正题</td><td>□商讨业务内容;
□寻找共同话题;
□特别强调客户会感兴趣的话题</td></tr>
<tr><td>结束语</td><td>□重述目的及重要细节,与客户达成一致;
□询问客户是否需要为他提供其他服务;
□约定具体日期和时间;
□等对方挂上电话再挂电话;
□挂断电话,立即记下重要信息</td></tr>
<tr><td rowspan="4">接听电话</td><td>事先准备</td><td>□是谁来的电话?
□铃响三声之内接了吗</td></tr>
<tr><td>开场白</td><td>□问候对方;
□自报家门</td></tr>
<tr><td>正题</td><td>□询问客户是否需要帮助;
□寻找共同话题</td></tr>
<tr><td>结束语</td><td>□重述目的及重要细节,与客户达成一致;
□询问客户是否需要为他提供其他服务;
□约定具体日期和时间;
□等对方挂上电话再挂电话;
□挂断电话,立即记下重要信息</td></tr>
<tr><td rowspan="4">应对错打的电话</td><td>事先准备</td><td>□铃响三声之内接了吗</td></tr>
<tr><td>开场白</td><td>□问候对方;
□自报家门</td></tr>
<tr><td>正题</td><td>□告知对方本公司不是他要找的;
□征求意见,看他是否愿意找另外一个部门;
□是否需要你来转述一个口信;
□告诉对方一个正确的电话号码</td></tr>
<tr><td>结束语</td><td>□等对方挂上电话再挂电话;
□挂断电话,立即记下需要转述的口信</td></tr>
</table>

续上表

项目	检查要点		注意事项
	通话方式	通话过程	评价内容
通话角色扮演	记录留言	事先准备	□铃响三声之内接了吗
		开场白	□问候对方； □自报家门
		正题	□告知对方他要找的人不在； □询问对方是谁； □从积极的角度解释同事不在； □告知对方同事回来的大概时间
		结束语	□等对方挂上电话再挂电话； □挂断电话，立即记下重要信息转告同事
	让来电者等待	事先准备	□铃响三声之内接了吗
		开场白	□问候对方； □自报家门
		正题	□询问客户是否可以等候； □告诉客户让他们等候的原因； □提供需要等待的时间信息； □对客户的等候表示感谢
		结束语	□等对方挂上电话再挂电话； □挂断电话，立即记下重要信息

学习纪要：

汽车维修服务接待工作页(顾客接待)

<table>
<tr><td colspan="2">布置日期:____年____月____日</td><td>完成时间:____(分钟)</td></tr>
<tr><td colspan="2">问题:
一名中年(或年轻、年长)、缺乏汽车基本知识的(或有一定汽车知识的)男车主(或女车主),开着自己5年车龄(或1年车龄)的车来店维修,反映自己的汽车发动机工作不稳定。</td><td>任务:
作为一名汽车维修接待人员,你应该如何依据车主的性别、年龄、职业、车型、车龄以及对汽车知识的掌握程度,做好对他的接待工作?</td></tr>
<tr><td colspan="2">接待要点:</td><td></td></tr>
<tr><td>项目</td><td>工 作 步 骤</td><td>注 意 事 项</td></tr>
<tr><td rowspan="4">基本礼仪</td><td>1. 如何注意自己的仪容、仪表?</td><td></td></tr>
<tr><td>2. 是否与客户握手?</td><td></td></tr>
<tr><td>3. 如何与客户打招呼及交谈?</td><td></td></tr>
<tr><td>4. 如何接待客户?</td><td></td></tr>
<tr><td rowspan="8">接待环节</td><td>1. 预约</td><td></td></tr>
<tr><td>2. 接待</td><td></td></tr>
<tr><td>3. 诊断</td><td></td></tr>
<tr><td>4. 制单</td><td></td></tr>
<tr><td>5. 维修</td><td></td></tr>
<tr><td>6. 检验</td><td></td></tr>
<tr><td>7. 交车</td><td></td></tr>
<tr><td>8. 回访</td><td></td></tr>
</table>

续上表

项目	工作步骤		注意事项
电话跟踪	准备	①是否准备了客户的相关资料？ ②是否准备了打算提供给客户的信息？ ③客户的电话号码没有错吧？	
	拨电话	你问候客户了吗？	
	确认客户	①接电话者，是你要找的客户吗？ ②你在电话中感谢客户了吗？ ③你询问客户是否方便通话了吗？	
	陈述意图	你告诉客户打这个电话的原因了吗？	
	调查维修情况	①你询问客户汽车维修后的使用情况了吗？ ②客户满意吗？	
	向客户提供相关信息	你是否告知客户本店正在或将要开展的服务项目？	
	感谢客户与你交谈	你在道别时，感谢客户了吗？	
学习纪要：			

【模拟考试题】

一、单项选择题

1. 以下________情况下，维修接待员就应该面向客户微笑。

A. 看见客户向自己走来　　B. 客户来到自己面前

C. 客户开口问自己问题　　D. 客户离开

2. 在正式场合，坐入椅子时，应该大概坐入椅子________的面积。

A. 1/4　　B. 1/3　　C. 1/2　　D. 2/3

3. 当接听客户电话时，应该在电话铃响________之内拿起电话。

A. 1 声　　B. 2 声　　C. 3 声　　D. 4 声

4. 如果客户拒接了电话，应该________。

A. 再次拨打　　B. 发短信告知打算要说的内容

C. 不再理睬

5. 在接受客户送修车辆，进行外部检视时，应该将已经出现了缺陷，而车主不要求修复的部位________。

A. 强调必须维修　B. 不予关注　C. 登记在案　D. 先修好再说

6. 维修中如发现配件、工时有变化，或需增加维修项目时，应________。

A. 客户没有委托，不予修复　B. 按照事先约定的方式通知客户并获得确认

C. 先修复了，再联系、告知客户

二、多项选择题

1. 汽车维修服务同时服务于________两个对象。

A. 汽车　B. 客户　C. 发动机　D. 底盘

2. 从企业角度来说，汽车维修接待有________作用。

A. 影响企业形象　B. 沟通双方消费关系

C. 消除消费纠纷　D. 关乎维修业务多少

3. 对于家庭经济状况较好的私家车主来说，委托维修时，大多有________的特征。

A. 必须马上修好　B. 要求装用原厂配件

C. 一次修好全部故障　D. 斤斤计较维修价格

4. 对于公务用车的维修客户来说，其最为在意的三个维修要素为________。

A. 尽快修好故障车辆　B. 必须确保维修质量

C. 适度降低维修价格　D. 提供良好接待服务

5. 对于从事客运工作的营运车主来说，其最为在意的三个维修要素为________。

A. 尽快修好故障车辆　B. 必须确保维修质量

C. 适度降低维修价格　D. 提供良好接待服务

6. 以下________几种眼神应该尽量慎重使用。

A. 瞪眼　B. 眯眼　C. 斜视　D. 紧盯

7. 握手时，在以下项目中应该首先伸手的人是________。

A. 主人　B. 女性　C. 长者　D. 上级

8. 在接受客户送修车辆，与客户进行交谈时，以下________内容是必须了解的。

A. 故障发生前的征兆　B. 维修时间的接受程度

C. 维修项目的接受程度　D. 维修价位的接受程度

三、判断题

1. 做好维修接待工作，可有效协调客户利益与厂家利益，增强双方互信。　(　　)

2. 作为一名汽车维修接待员，应该重点考虑维护企业利益，而不是客户利益。　(　　)

3. 参与营运活动的车辆就是营运车辆，与车辆类型无关。　(　　)

4. 与客户谈话，当需移动座椅时，应把座椅搬起贴近屁股，一同移动到恰当位置。　(　　)

5. 两人互换名片时，应左手拿着自己名片，右手接到对方名片后，用双手托住。　(　　)

6. 向客户建议增加额外维修时，应解释服务的性质、价格及带给车主的利益。　(　　)

7. 向客户推销其未发现的潜在故障维修时，要说明故障危险性及大概维修价格。　(　　)

8. 在向客户交车前，应该与客户联系，确认交车时间、维修项目、实际费用是否与工单上的项目相符。　(　　)

四、分析题

某车主到4S店送修其一辆标准配置的朗逸牌轿车。维修接待员小李在听取客户描述以及现场检查之后，确认了引发故障的具体原因以及维修方案，双方签订了维修合同，约定维修费用约为860元。同时，双方还约定：假如再有潜在隐患，只要维修总费用不超过1000元，4S店可以无需再联系客户，直接维修即可。结果，维修技师在承修过程中，又发现了一处故障隐患，材料费、工时费合计增加380元，通知维修接待员小李联系客户。小李电话联系客户，结果客户电话无法接通。小李感觉客户比较容易沟通，事先又有了部分授权，便告诉维修技师先修好再说。试分析该案例。

第六章 汽车维护知识

学习目标

通过对本章内容的学习,您需要:

1. 了解汽车技术状况变化的原因、汽车使用寿命的国家规定等;
2. 熟悉汽车故障的类型、汽车维修的指导思想等;
3. 掌握汽车维护的基本间隔、快速维护规范、钣金与喷漆工艺流程、汽车美容方法等;
4. 重点掌握汽车维护的内容与分级、汽车维修核价方法等。

第一节 汽车维护

一 汽车技术状况变化原因

任何一辆汽车,其技术状况总有由好变坏的趋势,最后要失去其全部功能而报废。

但是,汽车技术状况的好坏、使用寿命的长短与很多因素有关,其中一个重要因素就是汽车的维护、维修质量高低。加强汽车的日常维护,能有效延长其使用寿命。

汽车技术状况逐渐变坏的根本原因是汽车在使用中,配合机件之间的相互摩擦而产生自然磨损,导致机件尺寸及配合间隙发生变化。此外,长期在交变载荷作用下的机件易产生疲劳损伤;零件在外载荷、温度、残余内应力作用下产生变形;润滑油与空气接触及受热易被逐渐氧化,随着油中的酸性物质、胶质、铁屑慢慢增多,这些沉淀物会阻塞油道,导致发动机干磨,严重影响其寿命;与有害物接触的机件被腐蚀;橡胶件、塑料件及电子元件因长期工作而老化;汽车因偶然事故造成零件损伤等原因,也会引起汽车总体技术状况的变化。

二 汽车寿命

经商务部修改后的《机动车强制报废标准规定(征求意见稿)》将原来的“非营运轿车行驶 10 年(经申请审批可延长至 15 年)或 50 万公里将强制报废”的规定调整为:

小、微型非营运载客汽车、大型非营运轿车、轮式专用机械车无使用年限限制。

这就是说，机动车是否要报废不是以使用年限为主的考核指标，而是更多地考量排放和安全技术状况。这一使用规定的调整，意味着汽车的维护与修理将更加重要。

目前，我国对机动车报废的规定如表 6-1 所示。

机动车报废年限一览表　　表 6-1

<table>
<tr><th colspan="2">车　型</th><th>报废年限</th><th colspan="2">可否延缓</th><th>最高可延</th><th>强制报废年限</th><th>依　据</th></tr>
<tr><td rowspan="2">非营运客车</td><td>9 座以下（含）</td><td>15</td><td>可</td><td>16～20 年每年检 2 次，21 年起每年检 4 次</td><td>不限</td><td>签注至 2099 年 12 月 31 日</td><td rowspan="2">《关于调整汽车报废标准若干规定的通知》（国经贸资源[2000]1202 号）</td></tr>
<tr><td>9 座以上</td><td>10</td><td>可</td><td>11～15 年每年检 2 次，16 年起每年检 4 次</td><td>10</td><td>20 年</td></tr>
<tr><td colspan="2">旅游客车</td><td>10</td><td>可</td><td>10 年起每年检 4 次</td><td>10</td><td>20 年</td><td rowspan="5">汽车报废标准（1997 年修订）（国经贸经[1997]456 号）、《关于调整轻型载货汽车报废标准的通知》（国经贸经（1998）407 号）</td></tr>
<tr><td colspan="2">营运（非出租）客车</td><td>10</td><td>可</td><td>10 年起每年检 4 次</td><td>5</td><td>15 年</td></tr>
<tr><td colspan="2">轻货、大货车</td><td>10</td><td>可</td><td>10 年起每年检 2 次</td><td>5</td><td>15 年</td></tr>
<tr><td colspan="2">微货、19 座以下出租车</td><td>8</td><td>否</td><td></td><td></td><td>8 年</td></tr>
<tr><td colspan="2">20 座以上出租车</td><td>8</td><td>可</td><td>8 年起每年检 4 次</td><td>4</td><td>12 年</td></tr>
<tr><td colspan="2">带拖挂货车、矿山作业车</td><td>8</td><td>可</td><td>8 年起每年检 2 次</td><td>4</td><td>12 年</td><td rowspan="2">汽车报废标准（1997 年修订）（国经贸经[1997]456 号）</td></tr>
<tr><td colspan="2">吊车、消防车、钻探车等专用车</td><td>10</td><td>可</td><td>10 年起每年检 1 次</td><td>适当</td><td>签注至 2099 年 12 月 31 日</td></tr>
<tr><td colspan="2">全挂车</td><td>10</td><td>可</td><td>10 年起每年检 2 次</td><td>5</td><td>15 年</td><td rowspan="3">《关于实施〈汽车报废标准〉有关事项的通知》（公交管[1997]261 号）</td></tr>
<tr><td colspan="2">半挂车</td><td>10</td><td>可</td><td>10 年起每年检 2 次</td><td>5</td><td>15 年</td></tr>
<tr><td colspan="2">半挂牵引车</td><td>10</td><td>可</td><td>10 年起每年检 2 次</td><td>5</td><td>15 年</td></tr>
<tr><td colspan="2">三轮农用车</td><td>6</td><td>可</td><td>6 年起每年检 2 次</td><td>3</td><td>9 年</td><td>农用运输车报废标准</td></tr>
<tr><td colspan="2">四轮农用车</td><td>9</td><td>可</td><td>9 年起每年检 2 次</td><td>3</td><td>12 年</td><td>国经贸资源（2001）234 号</td></tr>
<tr><td colspan="2">正三轮摩托</td><td>7～9</td><td>可</td><td>9 年起每年检 2 次</td><td>3</td><td>10～12 年</td><td rowspan="2">摩托车报废标准暂行规定（经贸委、计委、公安部、环保总局联合发文第 33 号）</td></tr>
<tr><td colspan="2">其他摩托</td><td>8～10</td><td>可</td><td>10 年起每年检 2 次</td><td>3</td><td>11～13 年</td></tr>
<tr><td colspan="2">其他汽车</td><td>10</td><td>可</td><td>10 年起每年检 2 次</td><td>5</td><td>15 年</td><td>汽车报废标准（1997 年修订）（国经贸经[1997]456 号）</td></tr>
</table>

三　汽车维护的内容与分级

1 汽车维护分级

根据交通运输部《汽车运输业车辆技术管理规定》，汽车维护分为日常维护、一级维护和二级维护三个级别。各级维护的参考间隔里程或时间分别为：一级维护：2500～3000km 或一个月；二级维护：10000～12000km 或 6 个月；以行驶里程或使用月份先达到为准。

(1)日常维护,是日常性养护作业,由驾驶员负责。操作内容是清洁、补给和安全检视。

(2)一级维护,由专业维修工负责。其作业中心内容除日常维护作业外,以清洁、润滑、紧固为主,并检查有关制动、操纵等安全部件。

(3)二级维护,由专业维修工负责。其作业中心内容除一级维护作业外,以检查、调整为主,并拆检轮胎,进行轮胎换位。

(4)季节性维护,在春、秋末,为适应即将到来的炎热和寒冷气候条件,常附加一些作业内容,如更换季节所需润滑油、对冷却系拆除或加装保暖装置等。季节维护可结合一、二级维护进行。

2 日常维护

日常维护的主要内容是坚持做到"三检"(表6-2),即出车前、行车中、收车后检查车辆的安全机构及各部分机件连接的紧固情况;保持"四清",即保持润滑油、空气、燃油滤清器和蓄电池的清洁;防止"四漏",即防止漏水、漏油、漏气、漏电;保持车容整洁。

日常维护还要做好每天、每周、每月的维护工作。

日常维护的"三检" 表6-2

项　目	检查内容
行车前的检查	(1)检查各个车灯的情况,特别是制动和转向信号灯工作是否正常可靠。 (2)检查制动装置工作是否良好,包括对制动器、制动液面以及制动尾灯。 (3)检查后视镜的位置。 (4)检查燃油量。 (5)检查轮胎气压和胎面磨损情况。 (6)检查发动机润滑油液面是否符合要求。 (7)检查发动机运转是否正常,有无异响
行车中的检查	(1)用手摸制动器感其温度。 (2)检查转向拉杆等部位连接是否可靠。 (3)检查轮胎气压、温度,清除轮胎花纹中的夹杂物。 (4)检查有无漏水、漏油、漏气现象;巡视全车外身,检查有无异常情况
收车后的检查	(1)检查发动机运转是否正常,听有无漏气,检查燃油、润滑油和冷却水。 (2)轮胎气压是否充足。 (3)严寒地区,应将蓄电池搬入温暖的地方,关闭所有开关和按钮。 (4)检查并配齐随车工具及附件

1)每天的维护内容

外观检查:出车前,环视汽车,看灯光有无损坏,车身有无倾斜,有没有漏油、漏水情况;检查轮胎的外表;检查车门、发动机舱盖和玻璃是否正常。

信号装置检查:打开点火开关钥匙(不起动发动机),检查各报警和指示灯是否正常,起动发动机查看各报警灯是否正常熄灭,指示灯是否还在点亮。

燃油检查:查看油量表的指示,补充燃油。

2)每周的维护内容

检查调整轮胎气压、清理轮胎上的杂物(不要忘记检查备胎)。

发动机及各种油液:检查各部件的固定情况,查看发动机各结合面有没有漏油、漏水情况;检查皮带紧度;查看各部位的管路和导线固定情况;检查补充润滑油;检查补充冷却液;检查补充电解液;检查补充动力转向润滑油;清洁散热器外表;补充风窗玻璃清洗液等。

清洁:汽车内部清洁,汽车外部清洗。

3)每月的维护内容

外部检查:巡视汽车,检查灯泡及灯罩是否损坏;检查车体饰物固定情况;检查倒车镜。

轮胎:检查轮胎的磨损情况,清理行李舱;接近轮胎的磨耗记号时应更换轮胎,检查轮胎有没有异常磨损、老化和硬伤等情况。

清洁打蜡:清扫车内;清洁水箱外表、润滑油散热器外表和空调散热器外表上的杂物。

底盘:检查底盘有没有漏油现象,发现有漏油痕迹,应检查各总成的齿轮油量并进行适当的补充,对底盘所有的油嘴进行充分的补脂作业。

其他:重复每周的维护内容。

3 季节性维护

1)春秋季维护

经过了一个冬天,汽车各部件都需要进行一次全方位的养护,暴露在外的和内部的零件都会因为温差、冰冻、空气产生老化,所以春季保养绝对是必要的。

春季保养主要集中在:汽车漆面、底盘、轮胎、发动机舱、空调、车内等方面。

(1)汽车漆面。北方的春天风沙较多,车身表面会留有许多细小的沙尘,擦车时容易磨划漆面,而雨水中的酸性成分附着在这些漆痕表面,容易氧化漆面,使漆面黯淡、粗糙,所以保养还是挺重要的。最直接简单的是打蜡,更一劳永逸的是进行封釉美容。

(2)底盘、轮胎。看看转向节附近有无渗油;驱动轴防尘套是否完好;减振器周围有无尘土粘连;还应将发动机、变速器、转向机、后桥等处的冬季用润滑油改为夏季用润滑油。另外,一定要给汽车轮胎做一次系统的检修工作,最好是做一次四轮定位。

(3)发动机舱。发动机舱检查项目较多,建议去4S店做专业检查,因为可能会涉及更换空气滤芯、拆洗汽缸和散热器的放水开关、清洗发动机水套、清除冷却系中的水垢、检测及调试节温器效能、检查蓄电池,看看电力是否充足等项目。

(4)空调。为了使空调在天热的时候能够顺利起动,避免出麻烦,要及早对空调进行检查,如发现问题应及时进行修理,以免耽误对空调的使用。

(5)车内。春季气温升高,是各种病菌繁衍生长的黄金季节,因此要特别注意车室内的防菌工作,让汽车室内保持干爽卫生,特别是对汽车坐垫、出风口这些卫生死角更要做好清扫工作,保持车内环境的干爽整洁。

(6)车门、天窗边缘密封。车门窗的边缘一定要进行彻底的检查。

(7)其他项目。烟灰缸、扶手凹槽、轮毂、后备箱也需要仔细的清理,更要检查备用轮胎气压等,不能留任何的卫生、安全隐患。

2)夏季维护

夏季高温酷暑,发动机因自身过热而引发故障的现象也日益增多。因此,夏季来临,应注意做好以下几个方面的保养。

(1)空调的保养。空调效果较差时,及时关掉空调以防止故障的扩大和恶化,检查是否有管路泄漏或其他机械故障。定期检查一下冷凝器外部散热片是否变形破坏或堵塞,接头和管道有无损伤、漏气。如果有,应及时到维修厂进行修理。定期对压缩机皮带的松紧度进行检查(用手指在皮带中位上用力压下,皮带应下沉 12 ~ 15mm),适当调整皮带松紧度;若发现皮带与皮带轮槽接触的侧面很光亮,则说明皮带打滑;若发现皮带上有裂口或老化,应及时更换。在不使用空调的季节,每隔 2 ~ 3 周应使空调工作几分钟,以使该系统保持良好的工作状况。

(2)刮水器的保养。检查刮臂和刮片接头,如有松动应立即拧紧或更新。检查橡胶刮片是否已硬化变形或在末端龟裂,一发现硬化、龟裂,及时换新。调整刮臂角度,如果刮片无法保持最佳的刮洗角度了,就会产生刮不干净或是刮片抖动等现象。刮片最佳的刮洗角度是与风窗玻璃呈 45°,使刮片能直立在风窗玻璃上而且完全服帖。注意在打蜡时不要把蜡打到风窗玻璃上,否则会使刮片在玻璃上打滑而刮不干净,同时也会损伤刮片和风窗玻璃。另外注意烤漆时不要忘记把刮片取下,以免被烤变形。

(3)检查冷却液。夏季冷却液蒸发快,要经常检查冷却液是否缺少。如果缺少,要及时补充同一品牌的,不可补充其他品牌的冷却液或水。

冷却液中含有某些结冰点较低的化学成分,从而能保护低温下发动机和水箱不结冰。除了防冻作用外,用乙二醇等化学成分配制的冷却液不但耐低温,而且耐高温的特性也特别好。此种冷却液在接近 200℃时才能被“烧开”。夏季在水箱里灌装上此种冷却液,就不容易被汽车水箱“开锅”困扰了。此外,冷却液还有防锈、除垢的作用。

(4)经常检查轮胎。夏天是比较容易爆胎的季节,天热容易使轮胎变形,抗拉力下降。而作为轮胎本身,气压不标准、轮胎老化、性能减弱,或者在行驶过程中轮胎轧到了坚硬的金属或其他硬物等,都会导致突然爆胎。在高温条件下开车要经常检查轮胎的温度和气压,保证气压标准。若发现气压过高或不足时,应及时调整。如果发现汽车轮胎温度过高,切不要用泼浇冷水的方法降低轮胎温度,以免因胎面和胎侧胶层各部分收缩不均而发生裂纹。

车辆行驶中,轮胎表面会嵌入一些杂物(钉子、石块、玻璃等),如不及时清理,杂物将嵌入胎体,造成帘线强度降低,引起脱层甚至爆胎。在午间酷热时,应适当降低车速。

3)冬季维护

(1)冷却液。冷却液的量一定要合适,不同地区和不同车型应注意冷却液的冰点度及型号。同时,在加注冷却液前要检查发动机冷却系统有无渗漏现象,并应及时排除后才能使用冷却液。冷却液使用中要实行定期检查。注意不同品牌不同型号的产品不要混用。

(2)润滑油。润滑油的黏度随温度变化。目前市场上润滑油分“单级和多级”两种,单级润滑油使用温度范围较窄,一个黏度级别只适用于一年中的部分季节。如使用多级油,可以冬夏通用(多级油:10W/300E 汽油润滑油,使用范围 -20 ~ 40℃;15W/300E 汽油润滑油,使用范围 -18 ~ 40℃;15W/400E 汽油润滑油,使用范围 -18℃以上)。如果使用的是“单级”润滑油,就应及时换成冬季用的低温润滑油。

(3)蓄电池。低温环境下蓄电池电容量比常温时低得多。在寒冷季节来临前,应补充电解液,同时清洁接线柱,并涂上专用油脂加以保护,保证起动可靠,延长使用寿命。如果车辆在露天停放数周不用,应拆下蓄电池,存放在较为温暖的房间内,以防结冰损坏。

(4)制动和轮胎。冬季雨雪天地面较湿滑,要查看制动油壶液面高低、品质是否变差,需要时应及时添加或更换。检验制动会不会跑偏、制动效果是否良好。冬季路面摩擦系数低,轮胎气压不可太高，但是更不可过低，外部气温低、轮胎气压过低可加速老化。由于汽车定位有一定外倾角及道路中间高两边低的特点，轮胎内外磨损大不相同，为保证安全减少磨损，应定期给轮胎更换位置。冬季经常清理胎纹内夹杂物。尽量避免使用补过一次以上的轮胎，更换掉磨损较大和不同品牌不同花纹的轮胎也是不可忽视的。

(5)空调。入冬一定要检查一下空调系统是否清洁，有没有堵塞积水现象，同时每周应开启5分钟左右，让机件得以润滑，防止软管硬化。

(6)暖风。检查暖风管线及风扇，注意风窗玻璃下的除霜出风口是否正常、热量是否足够，暖风停止使用的时间较长，应先试一下有没有热风、风机运转有无异响、风管是否通畅。

(7)玻璃清洗液。冬季一定要放光原清洗液，换上不怕冻的玻璃清洗液。

四 维护场地规范、设备安全操作规范

1 维护场地的要求

汽车维护场地的要求

▲清理干净车辆附近妨碍施工作业的器具及杂物。

▲工具箱、零配件车、保护垫等应摆在固定位置。

▲清理场地上的油污、尘灰及水等。

▲清除举升机上的油污、灰尘。

▲检查举升机上的设备性能。

2 举升机安全操作规范

举升机安全操作规范

▲清除妨碍作业的器具、杂物，检查操纵手柄是否正常。

▲将举升机支撑架块调整对正车辆规定的举升点。

▲举升时平视车辆举升到需要高度时，必须锁定(或)插入保险销并确认安全可靠后才可开始车底作业。

▲有人作业时严禁升降举升机。

▲作业完成后清理举升机周围、底部的杂物，移开安全支撑架，慢慢放下车辆。

▲作业完毕后清除工位周围杂物、油污、泥土、水，以保持场地整洁。

五 汽车维护基本间隔

汽车定期维护项目、维护间隔见表6-3。

汽车定期维护项目、维护间隔一览表　　　　表 6-3

序号	维护序号	维护间隔				
		A	B	C	D	E
发动机						
1	动力转向器、发电机皮带	I	I	I	I	I
2	发动机冷却液(液面高度及渗漏)	I	I	I		I
3	发动机冷却液颜色、品质				R	
4	发动机冷却系统管路	I	I	I	I	I
5	发动机润滑油和润滑油滤清器	R	R	R	R	R
6	燃料管道是否渗漏	I	I	I	I	I
7	空气滤清器(干式、湿式)滤芯			R	R	R
8	燃油滤清器			R	R	R
9	火花塞			R	R	R
10	点火高压线、点火正时、分电器			I	I	I
11	强制式曲轴箱通风(PCV)系统			I	I	I
12	各真空管路及接头			I	I	I
13	加热氧传感器(排气传感器)			I	I	I
14	防止汽油蒸发系统			I	I	I
15	动力转向润滑油(液面高度及渗漏)	I	I	I	I	I
16	蓄电池电量及极桩的松动、腐蚀	I	I	I	I	I
17	调整进气门和排气门间隙			A	A	A
底盘和车身						
18	制动油、离合器油、变速器油(油位高度及泄漏)	I	I	I	I	I
19	制动油				R	
20	动力转向器固定部是否松动	I	I	I	I	I
21	排气管、消声器固定部的松动、损坏、腐蚀	I	I	I	I	I
22	隔热板固定部的松动、损坏、腐蚀	I	I	I	I	I
23	制动油管、离合器磨损及排气系统劣化	I	I	I	I	I
24	转向、驱动、传动系统零件及防尘套	I	I	I	I	I
25	底盘各部漏油及紧固件	I	I	I	I	I
26	轮胎及紧固状况、气压(含备胎)	I	I	I	I	I
27	制动片、碟及相关组件之磨损劣化及漏油	I	I	I	I	I
28	门锁、铰链、天窗、发动机罩锁及后行李舱锁	L	L	L	L	L
29	安全带、带扣、卷缩器、固定螺栓及调整器	I	I	I	I	I
30	脚制动、驻车制动及离合器自由间隙、行程及动作	I	I	I	I	I
31	轮胎换位		I	I	I	I
32	自动巡航系统真空管			I	I	I
33	通风滤清器			I	I	I
34	制动助力器真空管、接头和截止阀				I	
35	手动变速器油(手动、自动)		I	I	I	I
36	差速器油		I	R	R	R

注:①维护类别:A-每隔 0.5 万 km 定期维护;B-1、3、5、7、9 万 km 定期维护;C-2 万 ~6 万 km 定期维护;D-4 万 ~8 万 km 定期维护;E-10 万 km 定期维护。

②符号表示:I-检查视需要调整或更换;R-更换;C-清洁;L-润滑;A-调整。

六 快速维护规范

1 快速维护对班组人员的要求

在进行车辆维护的常规作业时，班组人员最好由两人组成（维修工 A、维修工 B）。

维护时，首先以检查车辆性能为主。

检查时，两人分工，互相配合，发现问题后再进行维护项目登记、申请维修、更换配件等流程，以达到快速维护的目的。

2 快速维护项目的检查步骤与方法

（1）车室内的检查。车室内的检查由维修工 A 完成，方法如表 6-4 所示。

车室内的检查项目 表 6-4

序号	工序名称	技术要求	工作人员	站立位置
1	检视车辆外观	全面检查	维修工 A	绕车一周
2	检查转向盘自由行程	0 ~ 30mm	维修工 A	驾驶室内
3	检查转向柱的可调性	调整良好	维修工 A	驾驶室内
4	检查空调各按键	按键灵活	维修工 A	驾驶室内
5	检查风口出风状态	出风良好	维修工 A	驾驶室内
6	检查指示灯状态	指示正确	维修工 A	驾驶室内
7	检查驻车手柄操作灵活性	7 ~ 9 齿	维修工 A	驾驶室内
8	检查变速杆状态	换挡灵活	维修工 A	驾驶室内
9	检查离合踏板自由行程	6 ~ 13mm	维修工 A	驾驶室内
10	检查制动踏板自由行程	3 ~ 8mm	维修工 A	驾驶室内
11	检查仪表台各按键	按键正常回位显示灯正常	维修工 A	驾驶室内
12	检查 CD 机、扬声器和天线	功能正常	维修工 A	驾驶室内
13	检查前顶灯	按键正常回位显示灯正常	维修工 A	驾驶室内
14	检查两侧后视镜	按键正常，镜面能正常转动	维修工 A	驾驶室内
15	检查中控门锁	中控电机工作正常	维修工 A	驾驶室内
16	检查前门电动玻璃升降器	按键正常无异响	维修工 A	驾驶室内
17	检查遮阳板、茶杯托、烟灰缸	功能正常	维修工 A	驾驶室内
18	检查点烟器、杂物盒、时钟	功能正常	维修工 A	驾驶室内
19	检查驾驶座的座椅和安全带	功能正常	维修工 A	驾驶室内
20	检查左前门开关、门锁铰链	开启正常，门灯指示正常	维修工 A	车辆左边
21	检查加油口盖	开关正常	维修工 A	车辆左边
22	打开后备箱检查撑杆	开启正常	维修工 A	车辆后部
23	检查门锁铰链	开启正常无异响	维修工 A	车辆后部
24	取下随车工具和备胎	千斤顶无漏油，不失效	维修工 A	车辆后部
25	检查后洗涤器液面	刻度范围内	维修工 A	车辆后部

(2)灯光的检查。灯光的检查方法如表6-5所示。

灯光检查表 表6-5

序号	工序名称	技术要求	工作人员	站立位置
车辆后部灯光检查		指挥动作	维修工A	驾驶室内
			维修工B	车辆后部
1	后方制动灯	双手大拇指竖直向上、平齐	同上	同上
2	左后转向灯	左手拇指水平、右手拇指竖直向上	同上	同上
3	右后转向灯	左手拇指竖直向上右手拇指水平	同上	同上
4	后报警灯	双手大拇指水平、对称向外	同上	同上
5	后倒车灯	双手手掌向前平举,与手腕成直角	同上	同上
6	后雾灯	双手大拇指竖直向下	同上	同上
7	检查结束	右手手掌向前方	同上	同上
8	牌照灯	仔细查看	同上	同上
前方灯光检查		指挥动作	维修工A	驾驶室内
			维修工B	车辆前方
9	近光灯	双手小拇指水平、平齐	同上	同上
10	远光灯	双手大拇指竖直向上、平齐	同上	同上
11	左前转向灯	左手大拇指水平、右手大拇指竖直	同上	同上
12	右前转向灯	左手拇指竖直向上右手拇指水平	同上	同上
13	前报警灯	双手大拇指水平、对称向外	同上	同上
14	前雾灯	双手大拇指竖直、向下	同上	同上
15	检查结束	左手手掌向前方	同上	同上
16	高低音喇叭	声音响亮	同上	同上

(3)发动机罩内部检查项目。发动机罩内部检查项目的方法和步骤如表6-6所示。

发动机罩内检查方法和步骤 表6-6

序号	工序名称	技术要求	工作人员	站立位置
1	检查前后刮水片和喷水嘴	工作正常,无异响	维修工B	车辆前方
2	打开发动机罩	支撑杆完好	维修工B	车辆前方
3	安装翼子板、保险杠防护罩	防护到位	维修工B	车辆前方
4	检查制冷剂	符合技术要求	维修工B	车辆前方
5	检查炭罐	无裂纹	维修工B	车辆前方
6	检查发动机的正时	符合技术要求	维修工B	车辆前方
7	检查助力转向油的油量	符合技术要求	维修工B	车辆前方
8	检查玻璃洗涤液	符合技术要求	维修工B	车辆前方
9	测量发动机冷却液	符合技术要求	维修工B	车辆前方
10	检查蓄电池	无腐蚀接线良好	维修工B	车辆前方
11	检查变速器油量	自动挡检查	维修工B	车辆前方
12	检查皮带涨紧力	400~700kg·cm	维修工B	车辆前方
13	检查发动机润滑油量	标尺刻度为准	维修工B	车辆前方
14	检查制动、空调、冷却管路	连接完好无漏液	维修工B	车辆前方
15	检查发动机管路、线束	连接完好	维修工B	车辆前方

(4)检查车门。车门各零件性能状况的检查见表6-7。

车门各零件性能状况检查表

表6-7

序号	工序名称	技术要求	工作人员	站立位置
1	检查车门开关和铰链	开启正常、门灯指示正常	维修工A	车辆左、右
2	检查门锁铰链	间隙均匀、开启正常	维修工A	车辆左、右
3	检查座椅和安全带	功能正常	维修工A	车内
4	检查烟灰缸	功能正常	维修工A	车内

(5)检查底盘各零件性能状况。底盘各零件性能状况的检查见表6-8。

底盘各零件性能状况检查表

表6-8

序号	工序名称	技术要求	工作人员	站立位置
1	拆卸轮胎		维修工A、B	交叉
2	取下前制动片		维修工A、B	交叉
3	清洁后加润滑剂装回	符合技术要求	维修工A、B	交叉
4	检查制动钳主缸活塞	无渗油	维修工A、B	交叉
5	拧紧螺栓做好记号	符合技术要求	维修工A、B	交叉
6	检查胎压	≤2.8个标准大气压	维修工A、B	交叉
7	检查外观	无鼓包、开裂	维修工A、B	交叉
8	轮胎装回	螺母紧固	维修工A、B	交叉
9	车辆继续举升	符合安全操作规范	维修工B	车辆侧面
10	检查备胎胎压	≤2.8个标准大气压	维修工A	车辆侧面
11	检查备胎外观	无鼓包、开裂	维修工A	车辆侧面

(6)车用油性能检查。车用油性能的检查见表6-9。

车用油性能检查表

表6-9

序号	工序名称	技术要求	工作人员	站立位置
1	排放旧润滑油	排放干净	维修工B	车下前方
2	更换新的润滑油滤清器	油堵装回须更换密封垫	维修工B	车下前方
3	装回油堵	清洗密封垫涂润滑油	维修工B	车下前方
4	更换变速器齿轮油	油堵清洗更换密封垫装回	维修工B	车下前方
5	检查转向系、扭杆、推杆	紧固连接螺栓,做好记号	维修工B	车下前方
6	检查减振器、排气管	紧固连接螺栓,做好记号	维修工B	车下前方
7	更换汽油滤清器	先用手拧紧防止螺母滑牙	维修工A	车后下方
8	更换后桥齿轮油	油堵清洗更换密封垫装回	维修工A	车后下方
9	检查后桥、传动轴、油箱	紧固螺栓,无渗漏	维修工A	车后下方
10	检查后减振器、感载比例阀	紧固螺栓,无渗漏	维修工A	车后下方
11	检查底盘相关管路是否漏油	紧固螺栓,无渗漏	维修工B	车下方
12	晃动传动轴和转向拉杆	无旷量	维修工A	车下方

(7)检查和调试车辆性能。检查和调试车辆基本性能的方法见表6-10。

车辆基本性能检查、调试表 表 6-10

序号	工序名称	技术要求	工作人员	站立位置
1	紧固轮胎螺母	定扭 150～200N·m	维修工 A	车的侧面
2	拧紧加油口盖关闭油箱盖	符合技术要求	维修工 A	车的侧面
3	装回备胎	符合技术要求	维修工 A	后备箱
4	加入规定的润滑油量	润滑油量约 4L	维修工 B	车前侧
5	启动发动机运行 3min	缓慢加速	维修工 B	驾驶室内
6	检测发动机电脑及传感器	各部件工作正常	维修工 A	驾驶室内
7	熄火 90s 后确认润滑油油面	符合标尺刻度	维修工 B	驾驶室内
8	检查火花塞间隙和燃烧状况	清除积炭，火花塞间隙 1.1cm	维修工 A	车前侧
9	更换空气滤清器芯	符合技术要求	维修工 B	车前侧
10	清洁发动机舱	符合技术要求	维修工 B	车前侧
11	清洁车辆内部	符合技术要求	维修工 B	驾驶室内
12	将检查结果填入派工单	符合技术要求	维修工 A	驾驶室内
13	撤开举升机支架	符合技术要求	维修工 B	车的侧面

第二节 汽车钣金与喷漆工艺流程

一 钣金工艺流程

汽车钣金是一项汽车修理的常规技术手段，特指汽车发生碰撞后要对车身进行修复，即除对车身进行防腐和装饰的喷涂工作外的所有工作，如：车身损伤分析、车身测量、车身钣金整形、拉伸矫正、去应力焊接以及车身附件的装配、调整等工作。

汽车钣金是汽车维修的一种加工方法，又叫冷做。如果车身外观损坏变形，就需要采用钣金这道工序。

由于汽车材料的发展日新月异，今天的汽车钣金也不仅仅针对金属薄板，还要面对塑料、玻璃、尼龙、不饱和树脂（玻璃钢）、金属异型管材、橡胶等多种材料的修复及加工。当车主的送修车辆出现玻璃破碎、门锁失灵、装饰件损坏等问题时，应该依靠钣金修复而不是其他工种。

目前，汽车碰撞修复已由传统的“砸、拉、焊、补”发展成车身的二次制造装配。碰撞事故车辆的修复不再是简单的钣金敲打，修复质量也不能单凭肉眼观察外观及缝隙去判断。维修人员不但要了解车身技术参数和外形尺寸，更要掌握车身材料的特性、受力传递、车身变形趋势、受力点、车身生产工艺（如焊接）等。在掌握这些专业知识的基础上，还要借助先进的测量工具，通过精准的车身测量，以判断车身直接、间接受损变形的情况以及因车身变形而存在的隐患，制订出完整的车身修复方案，然后配合正确的维修工艺与准确的车身各关键点的三维尺寸，将车身各关键点恢复到原有位置，将受损车身恢复到出厂时的技术状态。

局部凹陷时的钣金修复基本程序如图 6-1 所示。

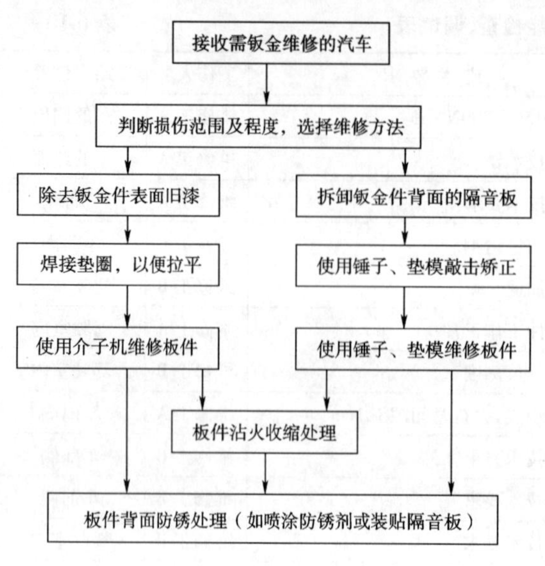

图6-1　汽车钣金工艺流程

(1)接收需要进行钣金维修的事故汽车,做好维修准备。

(2)损伤程度、范围确认。将受损部位清洁后,确认受损程度,从而确定修复方法。

(3)损伤轻微钣金件的修复。

①拆除钣金件背面的隔音板,以利于维修操作。

②使用锤子、垫模敲击,使损伤部位得到基本矫正。

③使用锤子、垫模维修好损伤了的板件。

(4)损伤略重钣金件的修复。

①去除旧漆膜。将受损部位的原车漆打磨至露出铁板层。

②在损伤部位焊接上垫圈,以便拉平损伤的钣金件。

③钣金件拉平。根据钣金件损伤程度,采用相应的钣金工具将凹陷部位拉平。拉平作业后,钣金件表面要经过平整度精调。

(5)收火处理。对于维修作业程度较大的钣金件,需要通过收火处理,将金属在恢复原来的形状和厚度过程中产生的拉伸和挤压应力消除,保持钣金件的刚度和强度。

(6)对于维修好了的板件背面,进行防锈处理,如喷涂防锈剂或装贴隔音板。

(7)装回原车。将修复的钣金件装回原车,并进行固定、测试等。

(8)打磨羽状边。在受损部位与周边漆膜连接部位打磨出一个缓冲的坡面,便于其后新喷的漆面与原车漆面更好地连接在一起。

(9)面板平整度确认。确认所修复的面板在装回汽车后保持平整。

(10)涂抹环氧底漆。将打磨完的受损面再次清洁除油,涂抹上环氧底漆并烘干,进行防锈处理。

以上钣金操作流程适用于受损程度不大的钣金件。如果车体碰撞严重,伤及车架,则需要在车架矫正机上进行整车构架的矫正,操作难度将加大。

二 喷漆工艺流程

汽车喷漆(图6-2)是汽车维修的最后一道工序,喷漆的效果在很大程度上直接影响着客户的满意程度。

喷漆要包括除油处理、原子灰(即腻子)的涂抹和打磨、中涂和中涂打磨、调漆以及面漆的喷涂。其中,打磨和调漆是重点内容。

(1)除油处理。将准备喷漆的面板进行彻底的除油处理,以免导致喷涂的漆层“起皮”,影响喷漆质量。

(2)刮涂原子灰。将涂抹了环氧底漆的钣金受损件清洁除油后,刮涂原子灰。原子灰晾干后进行打磨,并确认冲压线。

(3)喷涂中涂底漆。原子灰打磨后进行清洁除油,开始喷涂中涂底漆,并烤干。喷涂中涂底漆时注意,要把不需喷涂的部位进行必要的遮挡。

(4)打磨中涂底漆。对中涂底漆进行打磨至与原漆面高度相同,确认平整度。

在钣金和喷漆过程中,推行以干磨的方式代替传统的水磨。

采用干磨最大的优点是效率高(可使钣喷修复时间节约40%)。另外,采用干磨技术节约了大量的水,而且不会造成钣金件的锈蚀。

图6-2 汽车喷漆

(5)调漆。虽然目前特约服务店一般都备有原厂漆,但由于车辆长时间使用后,面漆颜色与原厂漆有所差别,这时就需要喷漆人员进行手工调漆。作为一名喷漆维修人员,熟练掌握调漆技能是非常必要的。

(6)喷涂面漆。将调好的面漆加入喷枪罐中,调整喷枪的气压、出漆量以及喷幅后,开始均匀地喷涂在钣金件上。不同的面漆在喷涂时的工序也有所不同。

(7)烘干,对于喷涂完毕的车身,需要进烤漆房将车身烤干。烘烤时需要控制好温度,或者将相关的电脑拆卸下来,以免烤坏。

第三节 汽车美容

一 洗车

车身上的很多脏东西都对车漆有腐蚀作用。如雨水、空气中的酸性成分,以及鸟粪、灰尘等有害物质都会加速漆面的老化和损坏。特别是在泥泞地,或者大雨后,车主应尽快洗车。长时间不洗车,车漆上就会留下很多小黄点,失去光泽。另外,车辆长时间不洗,一些密封胶条得不到及时护理,也会老化失效,使密封性能劣化,反而得不偿失。

1 车身清洗

(1)车身清洗时机。车身要经常清洗,但是并不是频率越高越好(图6-3)。因为清洗过程中用的水和洗车工具多少会含有一些杂质,不注意也会对车身造成轻微划伤。另一方面,洗得过勤也会造成较大浪费。因此,只要车身表面清洁就不必每天都洗车,选择好洗车时机,既能保护车漆,又能节约用车成本。时机的选择可从三方面考虑:

①依天气判断。连续晴天时,只要用鸡毛掸子清除车身上的灰尘,再用湿毛巾或湿布擦拭前后玻璃及车窗与后视镜。一般先清除车顶,再清除前后风窗玻璃、左右车窗、车门,最后清除发动机罩及行李舱盖。连续晴天时,大约一周做一次全车清洗即可。

雨停后4小时内,应及时清洗车表面的酸雨和泥污。

连续雨天时,只需用清水先将全车喷洒,使车上的污物掉落。因为还会再下雨,接下来

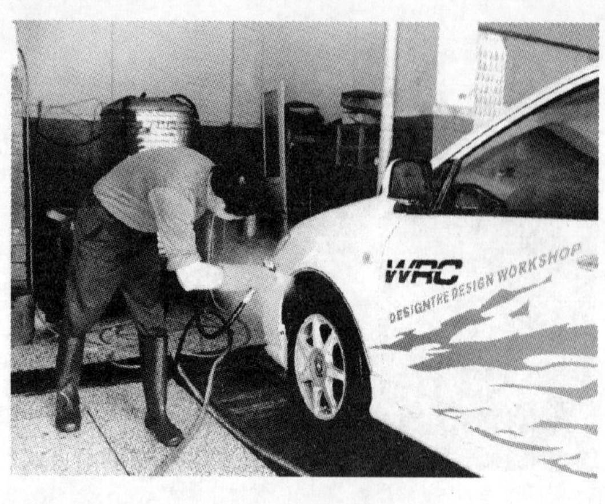

图6-3　洗车操作图

用湿布或湿毛巾擦拭全车所有的玻璃。但天气放晴之后，就得全车清洗一番。

忽晴忽雨时，如果遇到此种气候，就得常常清洗车身。

不能在温度很高或很低时洗车。洗车应在背阴处或室内进行，因为在阳光下清洗，干涸在车身上的水滴会留下斑点；不应在太寒冷的天气洗车，也不应当在寒冷天气把潮湿的或车身刚刚洗净的汽车开出去，因为在水结冰时会损伤漆层。

②依行驶路况判断。行驶在工地或行经工地时，工地的污泥扫溅到车身上，尤其是工地上的水泥容易溅起。如果汽车被溅及应立即使用大量清水清洗，以免附着久了伤及烤漆。

行驶在山区有露水或雾时，只要在停车后，使用湿毛巾或湿布擦拭即可。

③考虑特殊情形。如停车在工地旁受工程所造成的水泥粉波及，或行驶中受工程单位粉刷天桥、路灯的油漆波及，或行驶中受道路维修工程的柏油所波及，或行驶中受前方载运污泥车所掉的污泥溅及，除应立即用清水清洗外，对油漆、柏油类的清洗在打蜡中进行。

（2）清洗剂选择。车用油漆耐酸碱的承受能力一般为 pH 值 8.0，普通洗衣粉和肥皂的 pH 值一般为 10.3 ~ 10.9，长期用洗衣粉或肥皂，会对漆层造成损害，轻者失去光泽，重者被严重腐蚀。因此，洗车时，应使用专用汽车车身清洗剂，并按规定进行配置。使用时用布或海绵浸蘸上清洗剂后，轻轻地在车体表面擦洗，不要用力过大，让灰尘和污物随同清洗用水一起流下。车身表面上粘附的沥青斑点，可用干布蘸松节油擦去；若粘有昆虫或树脂，则可用温水和肥皂清洗。注意不要使用汽油或强烈的溶剂洗车，因为这些溶剂会损坏车身的漆膜。

（3）清洗方法。洗车要遵循以下洗车流程：湿润车体外表—冲洗车体泥沙—清洗液冲洗—擦干车表水分—打蜡或其他深度护理。具体如下：

汽车清洗方法

▲清除车身污泥时，先用低压水将车身冲洗一遍，使污物湿润，由上往下流出，等待 4 ~ 5min 后，再用高压水冲洗车身上粘结的泥土。

▲冲完车顶再冲前后风窗玻璃上的污物，再冲左右两侧玻璃门窗。

▲用水柱清洗车轮挡泥板内测及凹缘处，并用布擦除凹缘内的污泥。

▲使用水柱清洗减振器上的积泥。

▲用刷子及清水清洗前、后保险杠上的污泥。

▲用布或刷子清洗轮圈护盖以及前、后挡泥板上的污泥。

▲清洗后视镜与车窗结合处。

▲用高压水枪喷洗后视镜、后车窗、底盘各轴承、连杆脏污处。

▲用毛巾配合水柱从车顶开始擦洗，再用半干毛巾，由车顶、前风窗玻璃至后车窗擦干。

▲擦干发动机罩板。

2 汽车内饰清洗

汽车内饰件主要由塑料、皮革、纤维等制成,使用过程中容易被外界污染或腐蚀。比如塑料制品在风吹日晒下会出现氧化龟裂而失去光泽,皮革品会出现老化、磨损、褪色,纤维容易因尘埃脏物污染及氧化而褪色,从而影响内部的舒适度和美观,还会缩短使用寿命。

车内不同的装饰材料,对清洁剂的要求和方式就有讲究。特别对汽车的仪器、仪表盘外表清洁、维护、装饰及漆面局部损伤处理时,对技术的要求就很高了,如果方法或材料用不当,就可能留下后遗症。

汽车内饰清洗(图6-4)和护理是有讲究的,比如在进行内饰清洗前,首先应该将车内照明灯等电器、仪表关闭,然后除去车内的尘土,扫去污物,再用吸尘器对车厢内各部位进行仔细吸尘。

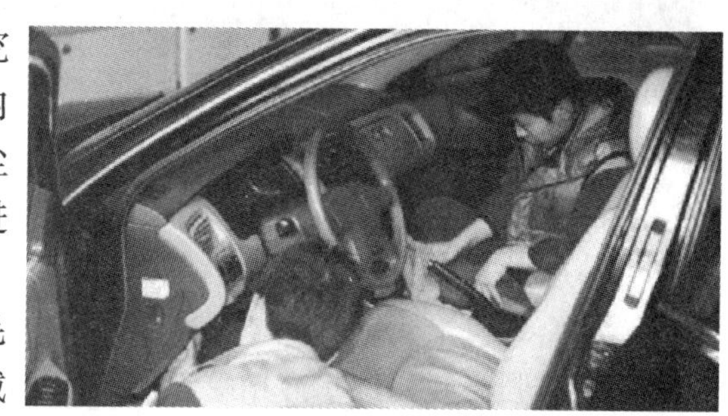

图6-4 汽车内饰的清洗

(1)汽车座椅清洗要点:汽车座椅有绒毛类、皮革类。清洗绒毛座椅须采用专用的丝绒清洁剂,不能用漂白粉。皮革类座椅分为真皮革和人造革,清洁时切不可使用清水或洗衣粉,否则不仅清洗不干净,还会产生裂纹。清洗皮革座椅应使用专门的清洁产品皮革保护剂,不但能迅速清洁上光,更能有效去除静电,增强保护功能。对于较脏的皮革表面,要先使用丝绒清洗剂进行预先处理,使用丝绒清洗剂能有效润湿和分解油污。

(2)仪表等仪器清洗:仪表盘面板等多为塑胶或皮革制品,表面较多细条纹,沾染物多藏在里面。清洗这些部件时要注意不应将丝绒清洗剂、全能泡沫清洗剂、塑胶护理剂等喷到电器、开关、皮革座椅、靠背及车身漆面上。仪表盘、变速挡区清洗,必须先去除仪表盘区的条纹、褶皱、边角上的灰尘。

(3)转向器清洗:因为转向器多为人造革或真皮材料,沾染物多为人体油脂,不容易清洗。要在清洗剂喷敷上后,用软毛刷刷洗,并配合干净毛巾擦拭。如果转向器有外套,要将其拆下,单独进行清洁上光。对转向器的清洗护理要求是应该不粘手、不打滑。

(4)空调通风口清洁:空调通风口的材料多为硬质塑料、栅格式。沾染的污垢多为粉尘、沙土。特别在栅格处,由于较细和脆,清洗时一定要小心,要将栅格拆下清洗,用小毛刷清洁空调通风口的栅格窗。

二 车身开蜡及打蜡

1 开蜡

新车一般都有短期的呈透明状态的硅油蜡保护层。这层蜡能有效防止紫外线、酸碱气体、树枝、风沙等一般侵害。

封蜡种类不同,开蜡时所采取的步骤也不尽相同。

1)油脂封蜡开蜡程序

(1)先将车体污物冲净,然后用配制好的脱蜡洗车液清洗车身,冲洗后无须擦干。

(2)将油脂开蜡洗车液均匀喷洒于车体(图6-5)。

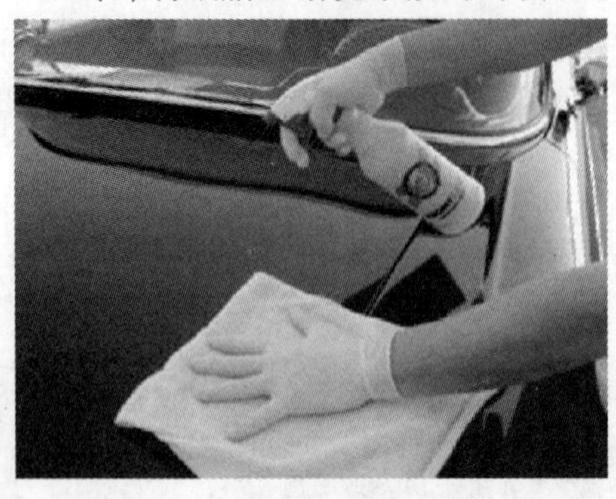

图6-5 汽车开蜡作业

(3)晾约3min后,喷洒少许清水,用半湿的毛巾按顺序全车擦拭,然后用配制好的脱蜡洗车液将全车清洗,冲净后无须擦干。

(4)将油脂开蜡洗车液再次喷洒于某一板块,晾1min后,将喷洒过药液的板块用半湿性毛巾再次擦拭,这时此板块残留封蜡应可完全清除,然后用脱蜡洗车液清洁。

(5)验车时,应将车身连接缝隙处残留的封蜡清除干净,并将全车外表用脱蜡洗车液再次清洁,擦干后打蜡即可。

2)硅性油脂保护蜡开蜡程序

(1)将车身上大颗粒泥沙冲洗干净。

(2)将强力脱蜡洗车液用喷雾器均匀地喷洒于车体。

(3)用洗车海绵按汽车板块顺序将全车快速擦拭。

(4)最后用高压水枪将车身擦掉的蜡质及污物冲净,擦干后打蜡即可。

2 打蜡

打蜡时应根据车蜡特点、车辆新旧程度、车漆颜色及行驶环境等因素综合考虑。

新车最好用彩涂上光蜡以保护车体的光泽和颜色,夏天时则宜选用防紫外线车蜡,行驶环境较差时应用保护作用突出的树酪蜡。普通车辆选用普通的珍珠色或金属漆系列车蜡即可,高档汽车则应选用高档的车蜡,否则对车体有损害。

当然,选用车蜡时还必须考虑与车漆颜色相适应,一般深色车漆选用黑色、红色、绿色系列的车蜡,浅色车漆选用银色、白色、珍珠色系列车蜡。

1)打蜡的程序

(1)汽车清洗。为了保证打蜡效果,打蜡前对车辆必须进行彻底清洗。

(2)上蜡。上蜡可分为手工上蜡和机械上蜡两种,前者简单易行,后者效率高。无论手工上蜡还是机械上蜡,都要保证漆面均匀涂抹。手工上蜡时,首先将适量车蜡涂抹在专用打蜡海绵上,然后按一定顺序往复直线涂抹,每道涂抹应与上道涂抹区域有1/5~1/4的重合度,防止漏涂及保证均匀涂抹。机械上蜡时将车蜡涂在打蜡机海绵上,具体涂抹过程和手工类似,值得注意的是:在边、角、棱处的涂抹应避免超出漆面,而在这方面手工涂抹更容易把握。

(3)抛光。涂抹5~10min后即可抛光。抛光时遵循先上蜡先抛光原则,确保抛光后的车表不受污染。抛光时通常使用无纺布毛巾往复直线运动,适当用力按压,以清除剩余车蜡。

2)打蜡时要注意的问题

(1)打蜡作业环境清洁,有良好通风,有条件可设置专门的打蜡工作间。

(2)应在阴凉处给汽车打蜡,否则车表温度高,车蜡附着能力会下降,影响打蜡效果。

(3)打蜡时，手工海绵及打蜡机海绵运行路线应该直线往复，不宜环形涂抹，防止由于涂层不均造成强烈的环状漫射。

(4)打蜡时应遵循先上后下的原则，先涂抹车顶、前后盖板、车身侧面等。

(5)打蜡时，若海绵上出现与车漆相同的颜色，可能是漆面已经破损，应立即停止打蜡，进行修补处理。

(6)抛光作业要待上蜡完成后规定时间内进行，且抛光运动也是直线往复。未抛光的车辆绝不允许上路行驶，否则再进行抛光，易造成漆面划伤。

(7)抛光结束后，要仔细检查，清除车牌、车灯、门边等处残存车蜡，防止产生腐蚀。

(8)打蜡结束后，设备及用品要做适当清洁处理妥善保存。

(9)要掌握好打蜡的频率，由于汽车行驶及停放环境不同，打蜡间隔时间不可按部就班，但可以用手拭车身漆面，若无光滑感，就应该进行再次打蜡。

三 车身封釉

釉实际上是一种从石油副产品中提炼出来的抗氧化剂。其特点是防酸、抗腐、耐高温、耐磨、耐水洗、渗透力强、附着力强、高光泽度等。

封釉就是用柔软的羊毛或海绵通过振抛机的高速振动和摩擦，利用釉特有的渗透性和黏附性把釉分子强力渗透到汽车表面油漆的缝隙中，使油漆也具备釉的上述特点，从而起到美观和对车漆保护的特点。旧车应该尽早做封釉。如果汽车开过一段时间，空气中的灰尘颗粒以及不专业的洗车过程都会在车漆表面会留下许多微小的划痕。这些划伤在灯光下会形成密密的同心圆，俗称“太阳圈”。而封釉就像用牙膏修补手表上的划痕，能经过抛光机将漆面修复、打光，起到车漆翻新的作用。

经过封釉，漆面能达到甚至超过原车漆效果，使旧车更新，新车更亮，并同时具备抗高温、密封、抗氧化、增光、耐水洗、防酸雨、抗腐蚀等特点，还为以后的汽车美容、烤漆、翻新奠定了基础。与打蜡相比，在光泽度上，采用封釉技术的车光泽度可达95%以上。耐磨程度方面，封釉能使漆层表面形成一层坚硬的保护层，防止行车时的风沙天气、泥沙飞溅及长期洗车造成的磨损，而普通车蜡只是纯车表附着，保护膜很薄，耐磨度较低。

1 封釉步骤

(1)漆面处理：用火山泥去除漆面上的污渍。

(2)抛光：用研磨剂打磨抛光(图6-6)。

(3)封釉：第一遍抛光盘式的上釉，第二遍振动盘式上釉。

(4)封釉完成。

图6-6　汽车封釉

2 封釉后的注意事项

(1)封釉后8小时内切记不要用水冲洗汽车，因为在这段时间内，釉层还未完全凝结将继续渗透，冲洗将会冲掉未凝结的釉。

(2)封釉后尽量避免洗车，因为产品可防

静电,因此一般灰尘用干净柔软的布条擦去即可。

(3)封釉后不要再打蜡,因为蜡层可能会粘附在釉层表面,以后再追加上釉会因蜡层的隔离而影响效果。

四 底盘封塑与底盘装甲

1 底盘封塑与底盘装甲区别

底盘封塑不同于一般防锈处理,是将一种高附着性的柔性橡胶树脂喷涂在底盘上,使底盘与外界隔绝,达到防腐、防锈、隔声的功能,延长车身寿命。底盘封塑前要使用专用的去污剂去除底盘上附着的沥青、油污,并进行烘干,任何污渍都会影响到封塑的牢固程度。

底盘装甲,顾名思义就是给汽车底盘装上坚固的甲胄。专业的底盘装甲是给汽车底盘喷涂 3 ~5 层特殊的防锈胶,将底盘及轮毂上方的噪声部位完全包裹起来,待其自然固结后形成的底盘保护层,可以降低沙石撞击的损伤,防腐防锈。除此以外,底盘装甲还能起到较好的隔声作用。底盘装甲是高档车的必备,像奔驰、宝马以及大众生产的国产奥迪、帕萨特这些中高档车在出厂时本身就有较完善的底盘防护措施,新车再做底盘装甲的必要性不大;而像其他 15 万元以下的汽车,尤其是国产车最应该做。

底盘封塑、底盘装甲两者的施工厚度和物理成分也有不同。普通封塑为 2mm 的施工厚度,主要成分是聚酯材料;而底盘装甲是橡胶和聚酯材料混合配方,施工厚度在 4mm,局部 5mm 以上。

2 操作工序

(1)初步清洗:把施工车辆开进洗车房进行全车清洗,重点冲去底盘下部,轮胎上方等部位的大块泥沙。擦去车辆外部的水分。

(2)拆除附件:将车开到举升机上,拆去四轮,然后把挡泥板、轮胎上方的内衬拆除。

(3)彻底清洁、除锈:将车辆举起,将四轮内衬里面,底板下面的死角用铁铲刀、钢丝刷、砂纸、配合高压水壶等进行彻底清洁,发现起皮、脱落的涂层用灰铲铲去,生锈的部位用砂纸砂光,用高压水壶冲洗,确保无尘土、无锈、只有清洁干净,才能保证施工质量。

(4)风干:先用毛巾擦拭,再用风枪风干,毛巾要经常放在清水中清洗,保持干净。

(5)除油:用除油剂将施工部位均匀擦拭一遍,确保无油、无蜡。

图 6-7　汽车底盘封塑作业

(6)粘贴、密封:将底盘下面的排气管、传动轴、制动盘、减振器,用报纸包裹,胶带粘贴。同时,将汽车的漆面整个封盖严密,防止飞溅上装甲材料(图 6-7)。

(7)喷涂:将气泵调至 600kPa 的气压,接上驰耐普底盘装甲专用喷枪,打开底盘装甲容器罐盖,把里面的拉环提起,去除封口,把专用喷枪旋在包装罐瓶口,即可进行喷涂。操作时,喷枪距施工包装面保持 25cm 左右的距离,来回均匀喷涂;喷涂 3 ~4 遍,在第一次喷涂完毕后，对于孔洞裂缝处应用车腻子封刮平，再次喷涂；每遍间隔 15min，厚度保持在 1.5mm 以上，才能保证隔声效果。

(8)去除粘贴物：施工完毕，略等 20min 左右，把封盖物去除，如果不应喷涂的物体，漆面有飞溅的装甲材料，可用毛巾蘸少许酒精、汽油等清洗干净。

(9)装上拆除的附件：将挡泥板、车轮内衬、车胎装回原位，一定要保证安装质量，不得漏装螺丝、卡扣等，至此大功告成。

3 注意事项

(1)施工后进行约 1 小时的干燥，才可出厂，并在 48 小时之内，不要对底盘用高压水枪冲洗。

(2)施工时，注意对呼吸道、眼睛的防护，万一进入眼睛立即用清水冲洗。

(3)喷涂时，应选择通风开放处。

五 车窗贴膜

1 车膜种类

车膜能改变色调、隔热降温、防止爆裂、保护人体肌肤，也能保持汽车的隐私性(图 6-8)。

车膜按颜色不同有自然的、茶色、黑色、天蓝色、金墨色、浅绿色和变色等品种，按功能不同可分为普通膜、防晒太阳膜和防爆太阳膜。

图 6-8 车窗贴膜作业

目前市面上大致有三种膜：茶纸、防爆膜和防晒隔热膜。其中，茶纸属第一代产品，俗称太阳纸，特点为遮光性强、安装简单，缺点是不隔热、易褪色、易脱胶；防爆膜属第二代产品，利用新型粘胶及较厚的膜层提高防爆效果，具有一定的隔热、防晒性能，隔热率为 20% ~60%，隔紫外线为 80% 左右；防晒隔热膜属第三代产品，又名隔热纸、太空膜等，有很多新技术运用，如“磁控镀膜”、“微米技术”、“纳米技术”、“光谱微粒子技术”等，其有效阻隔紫外线达 90% 以上，红外线阻隔率提高到 30% ~95%，且胶的黏性更强，从而可达到既降低膜的厚度又提高防爆性能的效果。

2 车膜选购

选购汽车用膜时，几个与质量密切相关的性能指标是不应忽视的。

(1)膜的透光度和清晰性。这是关乎行车安全最重要的性能，建议用户尽量不要选取透光度太低的膜。车窗膜，尤其是前排两侧窗的膜，应选择透光度在 85% 以上为宜。

(2)隔热性能。隔热率是体现窗膜隔热性能的重要指标。质量好的汽车防爆膜能反射红外线，所以车内的温度就低得多，继而会降低空调负荷，节省燃油。

(3)防爆性能。这是涉及安全的又一项重要性能。优质防爆膜本身有很强的韧性,玻璃破裂后可被膜粘牢不会飞溅伤人,并且其抗冲击性能很强。而劣质防爆膜手感很软,缺乏足够的韧性,不耐紫外线照射,易老化发脆。

(4)紫外线阻隔率。高质量的膜,这个指标一般不低于98%,高的可达100%。高紫外线阻隔率能有效防止车内的人被过量的紫外线照射,灼伤皮肤,还能保护车内音响不会被晒坏。而劣质膜很多没有这项指标,或者远远低于98%的标准。

(5)颜色。可根据车身颜色和个人的爱好来搭配颜色。

(6)膜面防划伤层。优质膜的表面有一层防划伤层,能保护膜面不易被划伤。

(7)保质期。一般正规厂家生产的膜都有较长的质量保证期,通常是5年。有些优质膜保质期可长达8年。

3 贴膜注意事项

(1)安装要注意避尘。贴膜最怕灰尘,一旦在贴膜时膜和玻璃中间粘上沙粒或细微尘土,就会影响整个贴膜的质量和效果。所以一定要选择一家有封闭车间的汽车服务商。很多车主已经知道,贴膜要去正规汽车装饰店,但可能多数车主还不知道,阴天时,空气湿度较大,空气中悬浮物也明显减少,可避免膜和玻璃间出现杂质影响美观,是贴膜的最好时机。

(2)贴膜前的清洗。玻璃的清洗工作是装贴质量好坏的基础工作。一般清洗玻璃有三个步骤:玻璃探伤,清除胶粒、沙砾;玻璃除尘清洗(由于需用水除尘、润滑,注意防止水漏进汽车的音响、电控系统,必须清洗三遍);贴膜前的清洗。后风窗玻璃清洗时,务必小心加热丝的保护。

(3)检查贴膜效果。要求店家贴前、后风窗玻璃时,最好不要开刀,要整张贴,否则会失去防爆性,而且影响美观。全车贴完膜后,要坐在车内观察颜色是否均匀,是否有气泡、沙砾是否过多。并在各种角度向外看,会不会影响视线。

(4)留好质保卡。好的膜一般能使用5~6年。一些品牌的膜有贴膜质保卡,记得向商家索取;而没有质保卡的膜也一定要保留好各种单据发票,以便有问题时找商家理论。

(5)提醒车主:车窗贴膜后也存在一些弊端。比如,影响视线、不利安全、污染车内空气等。车主要充分斟酌其利弊后,再行贴膜,不可盲从。

第四节　汽车维修核价

一 汽车维修价格结算预算

汽车维修价格预算是指汽车维修企业作为承修方与托修方在签订维修合同之前,根据汽车维修前技术状况的鉴定,对所列出的维修项目进行维修费用的概算。

维修项目的确定,一般是先由维修接待听取客户的陈述,结合待修车的进厂检验和不解体检测,确定维修方案。维修方案确定后,与托修方共同确定。再根据所罗列的项目清单,确定维修工艺过程中所涉及的工种,预计所需更换的材料费和外加工费,然后根据维修工时定额标准以及本企业的收费标准,计算出将发生的维修预算总费用。

因为托修方在接受维修服务之前，有权知道该次维修的价格范围，因此，比较准确地预算维修费用，不仅能反映企业的服务质量、经营管理水平，也关系到企业的形象。

二 汽车维修价格结算

汽车维修价格结算是在承修车辆竣工交付时，由承修方对车辆维修所发生的工时费、材料费、外加工费以及其他费用进行统计计算，并向托修方收取全部费用的过程。

统计和计算维修费用时，应注意以下几个方面：

(1)必须遵循国家有关价格的法律法规和行业管理规章，并承担相应的法律责任。明码标价，公平合理。

(2)服务项目和结算项目不得超出经营范围。

(3)统计准确，计算方法正确，不错收、漏收和重复收。

(4)收费依据充分。主要依据是：

①汽车维修合同：汽车大修、主要总成大修、二级维护、维修费用在1000元以上的项目，必须有承托双方签订的维修合同。

②派工单：这是结算的重要凭单，特别是在维修过程中征得对方同意后的追加项目。

③材料出库单：依据材料出库单，制作材料结算明细表。

④工时定额标准：这是由当地交通行政管理部门和物价部门制定和发布的，它是计算工时的法规性文件，必须严格遵守。

(5)按照本企业的类别和有关部门规定的企业管理费率，计算管理费并开具正式发票，将工时和材料明细表一起交托修方。

三 汽车维修价格结算方法

1 计费依据

各省物价局都制定了《汽车摩托车维修行业工时定额和维修服务收费标准》(以下简称收费标准)，是省内从事汽车摩托车维修的单位(含外企)、个人以及各类汽车维修服务站作为维修价格结算的依据。

2 计算方法

按照以上计费标准，维修费用计费的公式和结算规则是：

维修费 = 工时费(工时单价 × 工时定额) + 材料费 + 其他费用

(1)工时单价：依据汽车维修管理部门与物价部门核定的工时费标准，在允许浮动的范围内实施。

(2)工时定额：依据省级汽车维修管理部门制定的工时标准，分别核定汽车大修、汽车维护、汽车故障诊断、汽车小修、专项修理、机加工以及校验等各类作业工时。但需注意：

第一，《工时标准》未列出的维护作业项目工时，应按该项小修定额工时另外计加；

第二，车辆技术改造，按作业完成后的实际工时结算，但承托双方必须订有书面合同；

第三，在质量保证期内的返修项目不得另行计收工时费。

(3)材料费的计算方法:材料费包括材料成本费、自制配件费、修旧零件费、辅助料费。需要注意的是:

第一,修旧基础件按不超过新件市场价格的50%、修旧总成按不超过新件市场价格的60%、修旧零件按不超过新件市场价格的70%进行结算;

第二,辅助材料(比如清洗零件的汽油、棉纱、砂纸等)仅收取消耗材料,不得收取材料管理费。

(4)其他费用:其他费用包括外加工费、材料管理费等。但需注意的是:

第一,外加工费应按实际费用结算,若加工项目包含托修方报修的维修类别范围之内,则应按其相对应的标准定额收费,不得重复收费;

第二,材料管理费是指因材料的采购、装卸、运输、保管、损耗等发生的费用,各地费率标准不尽相同,应按各地规定执行。

【复习思考题】

1. 试分析,为何将私家轿车的使用年限改变为"无使用年限限制"?
2. 为何在季节更迭之际,需要进行季节性维护?
3. 汽车维护分哪三级?各自的作业项目是什么?
4. 假如客户不太赞成追加维修项目,应该如何说服?
5. 维修核价包括哪些方面?
6. 核定工时费时,主要考虑哪些因素?

【工作页】

汽车美容装饰促销工作页

布置日期:______年____月____日	完成时间:______(分钟)
问题: 假如你接待了一位前来咨询汽车美容装饰的私家车客户,应该如何针对客户的不同特点尽量说服其马上在你厂进行汽车的美容与装饰?	任务: 说服客户马上在你厂进行汽车美容。
说服客户时的注意要点:	

续上表

项目内容与车主类型		说服要点	注意事项
车身打蜡	年轻女性车主		
	中年白领女性车主		
	中年男性公务员车主		
	中年男性私营企业车主		
车身封釉	年轻女性车主		
	中年白领女性车主		
	中年男性公务员车主		
	中年男性私营企业车主		
底盘封塑	年轻女性车主		
	中年白领女性车主		
	中年男性公务员车主		
	中年男性私营企业车主		
车窗贴膜	年轻女性车主		
	中年白领女性车主		
	中年男性公务员车主		
	中年男性私营企业车主		

【模拟考试题】

一、单项选择题

1. 一级维护属于________性质的维护作业。
   A. 定期强制性维护作业　　B. 自愿选择性维护作业
2. 出租车的强制报废年限为________。
   A. 5 年　　B. 6 年　　C. 8 年　　D. 10 年
3. 一级维护的参考间隔里程或时间为________。
   A. 1500 ~ 2000km 或 1 个月　　B. 2500 ~ 3000km 或 1 个月
   C. 2500 ~ 3000km 或 0.5 个月　　D. 2500 ~ 3000km 或 2 个月
4. 二级维护的参考间隔里程或时间为________。
   A. 2500 ~ 3000km 或 1 个月　　B. 3500 ~ 5000km 或 2 个月
   C. 10 000 ~ 12 000km 或 3 个月　　D. 10 000 ~ 12 000km 或 6 个月
5. 对汽车内饰进行清洗和护理前，首先应该________。
   A. 将车内照明灯等电器、仪表关闭　　B. 将车内照明灯等电器、仪表开启
   C. 开启或打开无关紧要
6. 清洗绒毛座椅时，应该采用________。
   A. 漂白粉　　B. 丝绒清洁剂　　C. 洗衣粉
7. 清洗皮革座椅时，应该采用________。
   A. 漂白粉　　B. 洗衣粉　　C. 皮革保护剂
8. 给汽车打蜡时，应该在________进行。
   A. 通风处　　B. 密室内　　C. 阴凉处　　D. 阳光下
9. 车身封釉后，________内不要用水冲洗汽车。因为在这段时间内，釉层还未完全凝结

将继续渗透，冲洗将会冲掉未凝结的釉。

A. 1 小时　　B. 4 小时　　C. 8 小时　　D. 12 小时

二、多项选择题

1. 车辆维护的作业内容主要有________。

A. 清洁　　B. 检查　　C. 润滑　　D. 调整

2. 车辆维护的分为________。

A. 日常维护　　B. 一级维护　　C. 二级维护　　D. 三级维护

3. 日常维护的作业内容主要有________。

A. 清洁　　B. 故障排除　　C. 补给　　D. 安全检视

4. 一级维护的作业内容主要有________。

A. 清洁　　B. 润滑　　C. 紧固　　D. 轮胎换位

5. 二级维护的作业内容主要有________。

A. 拆检轮胎　　B. 轮胎换位　　C. 检查调整　　D. 检测诊断

6. 日常维护中的防止“四漏”，是指防止________。

A. 漏水　　B. 漏油　　C. 漏气　　D. 漏电

7. 车身封釉的基本作用是________。

A. 车身耐撞击　　B. 美观　　C. 抗腐蚀　　D. 保护车漆

8. 汽车玻璃贴膜的作用主要有________。

A. 改变色调　　B. 隔热降温　　C. 保护肌肤　　D. 保持隐私性

9. 与客户进行维修价格结算时，其中的材料费包括________。

A. 材料成本费　　B. 自制配件费　　C. 修旧零件费　　D. 辅助料费

三、判断题

1. 根据修改后的《机动车强制报废标准规定》，轿车的使用年限被限定在 15 年，超过期限将强制报废。（　　）

2. 季节性维护必须单独进行，不得与一、二级维护合并进行。（　　）

3. 日常维护中的“三检”是指在出车前、行车中、收车后检查车辆的安全机构及各部分机件连接的紧固情况。（　　）

4. 汽车金属件，进行程度较大的钣金作业后，通过收火处理，可以将金属在恢复原来的形状和厚度过程中产生的拉伸和挤压应力消除，保持钣金件的刚度和强度。（　　）

5. 将准备喷漆的面板进行彻底除油处理，可以避免漆层的“起皮”，影响喷漆质量。

（　　）

6. 在钣金和喷漆过程中，干磨方式的优点是节省操作难度。（　　）

7. 车身清洗频率越高越好。（　　）

四、分析题

一位对汽车知识基本不懂（或者汽车知识比较丰富）的车主前来咨询是否可以自行加装天窗（或者玻璃贴膜什么价位的合适），你应该如何给以答复？

第七章 汽车常见故障

学习目标

通过对本章内容的学习，您需要：

1. 了解汽车故障的模式、汽车零部件失效的模式等；
2. 熟悉汽车故障的类型、汽车修理的指导思想等；
3. 掌握现代汽车部分典型故障的诊断与排除；
4. 重点掌握汽车故障诊断的基本知识以及诊断原则。

第一节 汽车故障及维修指导思想

汽车可靠性是非常重要的一项内容，它标志着汽车在整个使用寿命周期内保持所需质量指标的性能。

在汽车整个寿命周期内，因零件磨损、疲劳等而消耗在维修上的费用，在汽车使用成本中占有很大的比重。而汽车的可靠性在很大程度上又取决于汽车的正确使用与维修。

一 汽车故障类型

1 汽车故障模式

所谓故障或失效是指产品丧失了其保持原有功能的能力。

判断一件产品是否失效，必须预先确定失效判别的标准。在产品的试制、生产、使用及维护等各个阶段，都有可能出现失效现象，而失效的机理也依产品的种类、系统的结构及零件材料的不同而异，不能一概而论。

故障模式是指由失效机理显示出来的各种失效现象或失效状态。在汽车上，常见的故障模式主要有：

(1)损坏型，如断裂、碎裂、点蚀、烧蚀、击穿、变形、拉伤、龟裂、压痕等。

(2)退化型，如老化、变质、剥落、磨损等。

(3)松脱型，如松动、脱落等。

(4)失调型,如压力过高或过低、行程失调、间隙过大或过小、运动干涉、卡滞等。

(5)堵塞与渗漏型,如堵塞、气阻、漏油、漏水、漏气、漏电等。

(6)性能衰退或功能失效型,如功能失效、性能衰退、公害超标、异响、过热等。

2 汽车故障类型

一辆汽车,在其不同的使用时期,故障率高低、故障模式及故障原因各不相同,需要采取的使用、维修措施也不相同。所以,掌握汽车故障发生的规律,对于制定汽车的使用、维修对策非常重要。

汽车因各种原因而产生的故障,按照故障率可分为三种类型:早期故障型、偶然故障型和耗损故障型。图7-1所示为浴盆状故障率函数曲线。

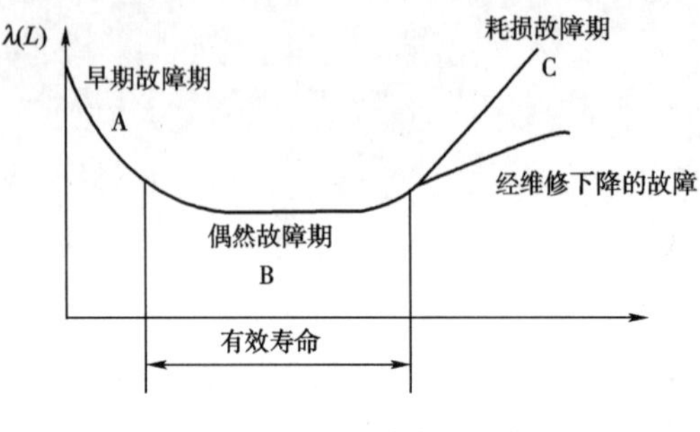

图7-1　浴盆状故障率函数曲线

(1)早期故障型故障,是指产品在开始使用阶段发生故障的可能性很大。但随着使用时间的推移,故障逐渐下降,相当于汽车的磨合期(图7-1中A段)。此类故障大多属于设计、制造、检验等环节的差错以及装配不佳导致的,一般可通过强化试验或磨合方式排除。

(2)偶然故障型的故障,是与时间因素无关的常数(图7-1中B段),其故障率变化甚微,故障率恒定,相当于汽车的正常使用期。此类故障大多是由于使用过程中的操作疏忽、润滑不良、维护欠佳、设计或制造隐患、加工工艺及结构缺陷等原因导致的,故障的发生具有一定的偶然性。

(3)耗损故障,是指产品经长期使用后,出现老化衰竭而引起的故障。随着时间的推移,产品的故障在逐渐增加,称为故障率增长型(图7-1中C段)。因此,若在故障率开始上升前更换或修复将要耗损的零部件,则可以明显减小产品的故障率,延长汽车的使用寿命,有效降低故障概率。

二 汽车零部件失效模式

对汽车零部件进行失效分析,是为了研究零部件丧失功能的原因、特征和规律等,找出导致其失效的具体原因,并提出改进和预防措施,从而提高汽车的可靠性和使用寿命。

1 汽车零部件失效概念及分类

汽车零部件失去原设计的功能,称为失效。

汽车零部件的失效不仅是指完全丧失原定功能,还包括功能的降低和有严重损伤或隐患,继续使用会失去可靠性及安全性。

机械设备发生失效事故,往往会造成不同程度的经济损失,而且还会危及人的生命安全。汽车作为交通运输工具,其可靠性和安全性越来越受到人们的重视。因此,在汽车维修中开展失效分析,不仅可以提高汽车维修质量,而且可为汽车制造部门提供反馈信息,以便改进汽车设计和制造工艺。

2 失效的基本类型和机理

按照失效模式和失效机理,对失效进行分类是研究失效的重要内容之一。

失效模式是零件失效的宏观特征,而失效机理则是导致零部件失效的物理、化学或机械变化原因,并依零件种类、使用环境而异。失效模式经常作为分析零件失效原因的重要依据。

引起汽车零件失效的原因可能很多,主要可分为工作条件(包括零件的受力状况和工作环境)、设计制造(设计不合理、选材不当、制造工艺不当等)、使用维修三个主要方面。

汽车零部件失效模式

▲磨损;

▲疲劳断裂;

▲变形;

▲腐蚀;

▲老化。

3 汽车零部件磨损失效

大多数零件不是由于整体破坏,而是因工作表面磨损导致失效的。大约有 75% 的汽车零件是由于磨损而报废的,因此磨损失效是影响汽车零部件可靠性的主要因素。

磨损是一个十分复杂的现象,它与零件所受应力、工作与润滑条件、加工表面状况、材料组织结构与性能、环境介质的化学作用等一系列因素有关。

按照零件的表面破坏机理和特征,磨损可分为磨料磨损、黏着磨损、表面疲劳磨损、腐蚀磨损、微动磨损等。

(1)磨料磨损。零件表面与硬质颗粒或硬质凸出物(包括金属)相互摩擦引起表面材料损失的现象称为磨料磨损。它大约占磨损总量的 50%。

引起发动机磨料磨损的磨料来源主要是空气中的尘埃、燃润料里的夹杂物、零件表面脱落的金属屑、燃烧形成的积炭或胶质等。

在汽车的使用、维修过程中,设法防止外界磨料进入(如对空气滤清、密封曲轴箱、装配时注意卫生等),可以有效减少磨料磨损。

(2)黏着磨损。摩擦副相对运动时,由于固相焊合作用,造成接触面金属损耗的现象称为黏着磨损。

干摩擦和在润滑不良条件下工作的滑动摩擦副容易产生黏着磨损,严重时会使摩擦副"咬死"。如汽缸套与活塞、活塞环,曲轴轴颈与轴承等,若使用不当,就有可能产生黏着磨损。常见的"拉缸"、"抱瓦"即为黏着磨损。

在汽车的使用、维修过程中,注意保证摩擦副配合间隙、走合期低速、轻载、控制摩擦表面温度和保证良好润滑条件等,都可以避免黏着磨损。

(3)表面疲劳磨损。两接触表面在交变压应力的作用下,材料表面因疲劳而产生物质损失的现象称为表面疲劳磨损。一般多出现在相对滚动或滚动加小幅度滑动的点接触或线接触摩擦副,如齿轮副的轮齿表面、滚动轴承的滚珠和滚珠道、凸轮副、气门与气门座圈等。

表面疲劳磨损的表面有较为光滑的点坑，俗称"麻点"（图7-2）。

在汽车的使用过程中，若零件摩擦表面的润滑油黏度较高，可以使接触部分的压力比较均匀，同时油液不易渗入裂纹，从而能提高表面抗疲劳磨损的能力。

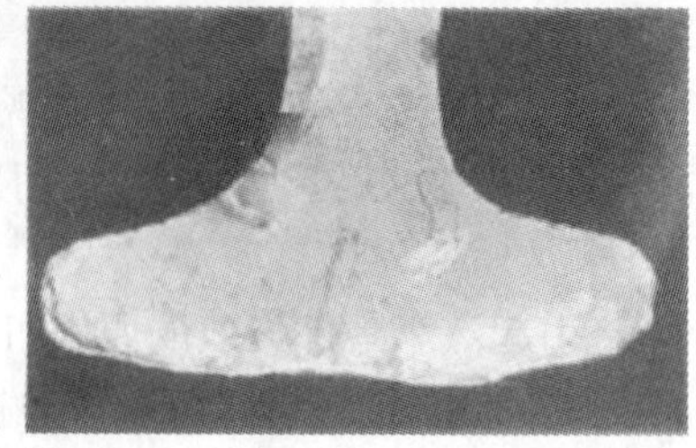
图7-2　疲劳磨损（麻点）的气门密封锥面

（4）腐蚀磨损。零件表面在摩擦过程中，表面金属与周围介质发生化学或电化学反应，因而出现物质损失的现象称为腐蚀磨损。

腐蚀磨损是腐蚀和摩擦共同作用的结果，其表现的状态与介质的性质、介质作用在摩擦表面上的状态以及摩擦材料的性能有关。汽缸孔低温磨损就是典型的腐蚀磨损。

（5）微动磨损。在静配合接触表面间没有宏观运动，但在外界变动负荷或温度变化的影响下，有微小相对移动引起的磨损，此时接触表面间产生大量的微小氧化物磨损粉末，所造成的磨损称为微动磨损。

在微动磨损过程中，如果两个表面间以化学反应起主要作用时，称微动腐蚀磨损；如果在微动表面或次表面层产生微裂纹，在交变应力作用下发展成疲劳裂纹，称为微动疲劳磨损。微动磨损经常由几种磨损共同作用形成，其本身没有损伤机理。干式汽缸套外表面和轴承孔、曲轴轴承外表面和轴承孔之间都是典型的微动磨损。

4 汽车零部件疲劳断裂失效

零件在交变应力作用下，经过较长时间工作而发生的断裂现象称为疲劳断裂。疲劳断裂是汽车零件中常见的失效方式之一，也是危害性最大的一种失效方式。

（1）疲劳断裂断口宏观特征。宏观疲劳断口分为三个区域：疲劳源或称疲劳核心、疲劳裂纹扩展区、瞬时断裂区，如图7-3所示。

①疲劳源区。疲劳源是疲劳破坏的起点，一般位于零件表面，但如果零件不存在严重缺陷，也可能发生在零件内部。疲劳源区的断面由于疲劳裂纹扩展缓慢及裂纹反复张开与闭合效应而磨损严重，具有光亮的表面结构。疲劳源数目可以不止一个，尤其是过负荷疲劳，其应力幅度较大，断口上常出现几个不同位置的疲劳源。在断口表面同时存在几个疲劳源的情况下，可按疲劳线密度确定疲劳源产生的次序。疲劳线密度越大，表示起源时间越早。

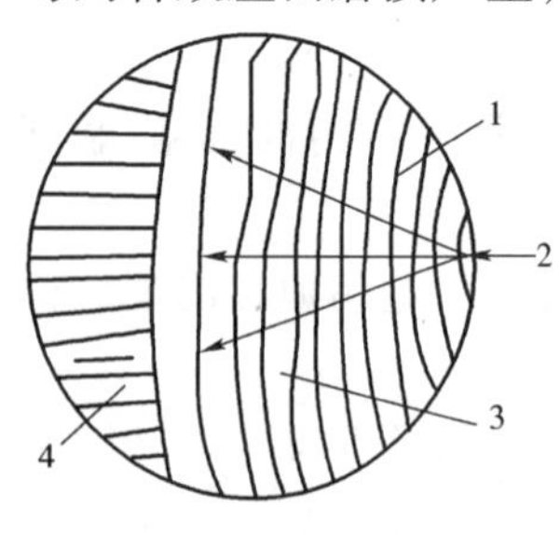

图7-3　疲劳断裂断口示意图
1-前沿线；2-疲劳源；3-裂纹扩展区；4-瞬时断裂区

②疲劳裂纹扩展区。这是疲劳断口最重要的特征区域，此区较光亮、平滑，存在一些以疲劳源为中心，与裂纹方向垂直的、呈半圆形或扇面形的弧形线，这是金属疲劳断口的基本特征。裂纹扩展区对衡量材料性能很重要，这个区域大，表示材料临界裂纹大，能较好抵抗裂纹扩展，即具有足够的断裂韧性。有些金属零件在交变应力作用下发生断裂失效，宏观断口观察不到疲劳弧线，这是由于断口表面被多次反复压缩而摩擦，使该区变得很光滑的缘故。

③瞬时断裂区。当疲劳裂纹扩展到临界尺寸时，承载面越来越小，剩余截面上的应力超过材料强度，零件就会发生瞬时断裂。它的特征与静载荷下的快速破坏区相似，出现放射区和剪切唇。脆性材料断口呈粗糙的"晶粒"状结构；塑性材料断口具有纤维状结构。

（2）预防疲劳断裂的措施。预防疲劳断裂主要有以下措施：

①严格执行走合期制度。在汽车走合期，要严格执行走合制度，搞好次负荷锻炼。

所谓次负荷锻炼，是指使零件在远低于疲劳强度的较小负荷下运转一定时间，这样可以消除零件内的应力，大大提高零件抵抗疲劳的能力。

②避免大负荷超速使用，防止过负荷损坏。如果零件在大于疲劳强度的条件下运行，特别是在使用初期，将使零件的疲劳强度大大降低，这种现象叫做过负荷损坏。

③零件修理时防止应力集中。在零件机加工修复、校正和焊修时，很容易造成内部应力集中，使零件的疲劳强度降低。例如：

在对零件进行机加工修复时，要保证零件的圆角，不要在零件表面留下台阶；

焊修很容易在零件内部形成热应力，对零件焊修时，要严格执行正确的焊修工艺，特别是对形状复杂的零件焊修时，注意焊前预热、焊后缓冷，以减小应力集中；

目前，零件校正主要采用压力校正，这会降低零件的疲劳强度（如曲轴每次压力校正都会降低疲劳强度15%左右），不能反复校正。

④保证零件的形位误差。如果运动件相互干涉，在运动中就会产生交变应力，会使零件产生疲劳损伤。如曲轴轴承坐孔不同轴度超标时，会加速曲轴的断裂。

⑤防止原始裂纹和应力集中。在制造过程中，零件内部残留有原始裂纹和应力集中是零件发生疲劳断裂的常见原因。图7-4为连杆疲劳断口，图中a）所示为断裂的两根连杆实样，均断于连杆小头与杆身连接部位，断面上的小孔为油孔；b）所示为a）图中上面一根连杆断面的放大图，右侧有一月牙形区域，断口较粗糙，在该月牙形区的前端有放射状台阶条纹，说明疲劳源起始于月牙形区的前端，属于制造时存在的缺陷。

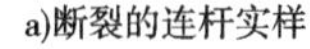
a)断裂的连杆实样

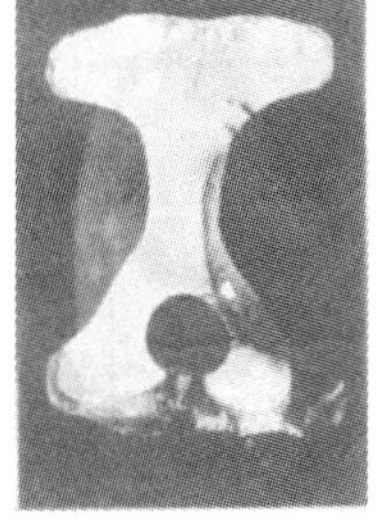
b)连杆断面放大图

图7-4　连杆疲劳断口

5 汽车零件变形

零件特别是汽车各总成的基础件（如汽缸体、变速器壳、后桥壳、车架等），在使用过程中因故造成不同程度的变形，改变了各零件原来的相互配合关系和相对位置，会严重影响总成甚至整车性能的发挥，影响零件的使用寿命。造成零件变形的原因主要有以下几种：

（1）残余内应力的影响。铸件和焊接件，如果没有进行时效处理或处理不当，在铸造和焊接过程中产生的内应力就会长期作用于零件的内部，引起零件变形。

（2）使用中产生高温。一些零件在使用过程中会产生高温，冷却后会发生变形。例如：严重抱瓦后，如果轴承座孔温度过高，冷却后座孔就会变成椭圆性。

（3）工作应力影响。如零件在工作过程中的受力超过了屈服极限，就会产生变形。承受冲击载荷的曲轴在使用中的弯扭变形，大多是受外部载荷作用的结果。

（4）维修不当造成零件变形。如磨削曲轴使连杆轴颈的曲柄半径变大、连杆轴颈周线的分配角变化等。零件焊修后，在局部冷却中也经常会使零件发生变形。

6 汽车零件腐蚀

金属零件的腐蚀是指金属表面与外部介质发生化学作用，造成零件表面破坏的现象。

腐蚀会使金属表面产生一种新的物质，长久不用，可能造成零件严重损坏而报废。对汽车零件最常用的防腐措施是覆盖保护层，如镀铬、镀锡、镀锌等，这些镀层的耐腐蚀性强，可以保护内部金属不受腐蚀；也可用非金属保护层法，如油漆、塑料、橡胶、搪瓷等；还可使用化学保护膜，如磷化、发蓝、钝化等。

常见的烧伤属于高温腐蚀，造成零件局部材料脱落，如活塞烧顶和气门头烧伤。

7 汽车零部件失效分析方法

（1）失效分析的基本思路。失效分析也称故障分析，是研究零部件的磨损、断裂、腐蚀、变形等失效现象的特征或规律，并从中找出损坏原因的一门综合性学科。

失效分析就是对已发生的失效事件，去分析、研究失效现象的因果关系，进而寻找出导致失效的具体原因，提出改进措施。由于零件的工作条件、失效模式和失效机理各不相同，其失效分析思路也不尽相同，常用分析思路基本可以归纳为图7-5所示的几种类型。

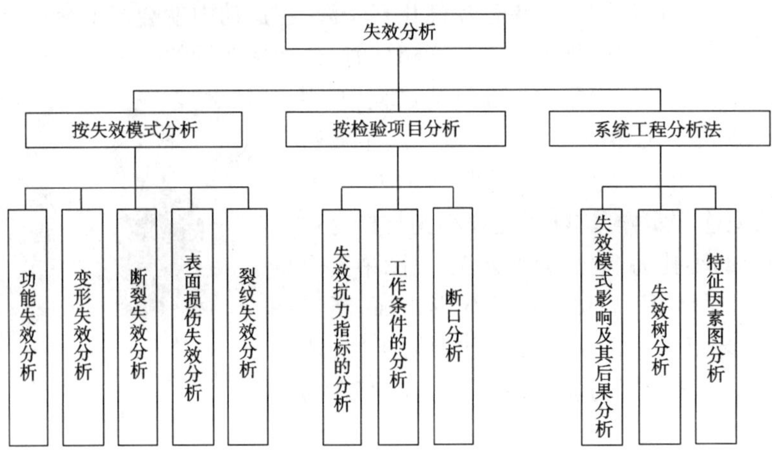

图7-5 失效分析思路分类

（2）失效分析步骤。进行失效分析时，可以按照以下步骤进行：

①收集原始资料。收集和积累原始资料是对零件进行失效分析的基础。

收集范围包括零件的设计、制造、材料、使用条件、运转参数、环境条件、操作情况等基本情况，对于没有达到预期使用要求的失效零件，应特别掌握其工况条件。

②收集失效零件残骸。这是进行失效分析的关键，也是判断零件失效原因的主要依据。

③确定和分析失效模式。在对失效零件原始材料和现场调查的基础上，对失效件的残骸进行观察和检测，以确定失效模式，推断失效原因。

④对一些重要零件或在一些工况下不可能回收磨屑时，可将零件材料在仿效运行工况下进行模拟试验，以验证初步判断。

⑤完成各项检验后，将所得原始数据和试验结果汇总分析，从设计、选材、加工工艺、装配、运行操作、维护、环境介质等因素中找出失效零件的主要原因并提出改进意见。

8 汽车维修时的零配件“十怕”

在对汽车进行维修养护时，如果不了解零件特性，将可能影响汽车的某项性能。一般说来，汽车维修时零配件有以下“十怕”：

汽车零配件的“十怕”

▲一怕“热”：活塞温度高，易抱缸；橡胶件过热易老化；起动机、调节器等电器设备线圈过热，易烧毁；轴承过热会使润滑油变质。

▲二怕“脏”：滤清器、滤网过脏，滤清效果差，使杂质进入油路，加剧机件磨损；水箱散热片、风冷发动机缸体和缸盖散热片、冷却器散热片等过脏，会导致散热不良，温度过高。对于“怕脏”的零件，必须及时清洁维护。

▲三怕“串”：柴油机燃油系统中的各种偶件，如驱动桥主减速器内的主从动齿轮、液压操纵阀块与阀杆、全液压转向器中的阀芯与阀套等，这些配合偶件在制造时经过特殊加工，成对研磨而成，配合十分精密，在使用的寿命期内始终成对使用，切不可互换。一些相互配合件，如活塞与缸套、轴瓦与轴颈、气门与气门座、连杆大头瓦盖与杆身等，经过一段时间的磨合作用，相对配合较好，在维修时，也应注意成对装配，不要相互“串门”。

▲四怕“反”：汽缸垫装反会导致烧蚀；特殊形状的活塞环装反，会导致折断；风扇叶片分排风和吸风两种，不可弄反，以免导致散热不良、温度过高；人字型花纹的轮胎，安装后的地面印痕应使人字尖指向后部，以保证最大驱动力。

▲五怕“缺”：发动机气门锁片，应成对安装，如漏装或缺失将导致气门失控而撞坏活塞等件；若漏装发动机连杆螺栓、飞轮螺栓、传动轴螺栓上安装的开口销、锁紧螺丝、保险片或弹簧垫等防松装置等，有可能导致严重故障发生；正时齿轮室中的润滑油喷嘴一旦漏装，会导致发动机润滑油压力过低；水箱盖、润滑油口盖、加油口盖丢失，会使砂石、尘土等侵入，加剧各部机件磨损。

▲六怕“油”：干式空气滤清器纸质滤芯吸湿性较强，如沾上油液，易导致混合气过浓、油耗加大、功率下降；如果三角胶带沾上油液，将加速老化，易打滑，导致传递效率降低；制动蹄片、干式离合器的摩擦片、制动带等沾上油液，易发生打滑、工作不良，威胁到行车安全；起动机和发电机炭刷等处沾有油污会因接触不良而导致起动电机功率不足、发电机电压过低；轮胎橡胶与油类接触会使橡胶变软或脱皮。

▲七怕“洗”：清除发动机纸质空气滤芯上的尘土时，不能用任何油类清洗，只需用手轻轻拍击或高压空气由滤芯内向外吹通即可；皮质零部件不宜用油类清洗，只需用干净抹布擦干净即可。

▲八怕“压”:外胎如长期堆压存放且不及时翻动,会因挤压而变形,影响使用寿命;如果空气滤清器、燃油滤清器的纸质滤芯发生挤压,会产生较大变形而不能有效发挥滤清作用;橡胶油封、三角胶带、油管等若挤压,会发生变形,影响正常使用。

▲九怕“火”:轮胎、三角胶带、缸套阻水圈、橡胶油封等橡胶制品,如果靠近火源,容易老化变质或损坏,甚至引起火灾。

▲十怕“重”:有些一次性使用的零部件,若重复使用会导致事故发生。一般说来,发动机连杆螺栓、螺母、进口柴油机喷油器固定螺栓、缸套阻水圈、密封铜垫、液压系统的各类油封、密封圈以及重要部位的销片、开口销等零件拆卸后,必须更换;汽缸垫,即使检修时没有发现损坏,最好也更换。

三 汽车维修指导思想

汽车在长期使用过程中,由于技术状况的变化,不可避免地要发生故障和损坏。汽车维护的基本任务就是采用相应的技术措施预防故障的发生,避免损坏;汽车修理的基本任务就是消除故障和损坏,恢复车辆的工作能力和完好状况。

1 汽车技术状况的变化规律

汽车在使用过程中,由于结构和使用条件的不同,其技术状况会以不同规律和不同强度发生变化,其变化规律可以归纳为两大类:渐发性和突发性。渐发性即表示汽车技术状况的参数随行驶里程或时间作单调变化,可用一定的回归函数式表示其变化规律;突发性即表示汽车、总成和零部件达到极限状态的时间是随机的、偶发的。

2 汽车维修指导思想

汽车维修指导思想是指组织实施车辆维修工作的指导方针和政策,是人们对汽车维修目的、维修对象、维修活动的总认识。

(1)以预防为主的维修指导思想。根据汽车技术状况变化的规律,在发生故障前提前进行维护或修理,以防止故障发生。预防为主的维修指导思想是建立在零部件失效理论和失效规律的基础之上的。所以对由于零件耗损引起的渐发性损坏可以起到预防作用,而对突发性损坏起不到预防作用。

(2)以可靠性为中心的维修指导思想。随着汽车性能及功能的进一步发展,汽车的复杂程度也越来越高,这就需要一种新的维修方法,能够以最佳的经济效益来实现汽车最大的可靠度。于是,以可靠性为中心的维修指导思想便开始应用于汽车维修领域。以可靠性为中心的维修指导思想,是以最低的消耗,充分利用汽车的固有可靠性来组织维修,它是以可靠性理论为基础,通过对影响可靠性因素的具体分析和试验,科学地制订出维修作业内容、维修时机,以控制汽车的使用可靠性。以可靠性为中心的维修指导思想,归纳起来有以下几点:

①汽车的使用可靠性取决于汽车本身的固有可靠性及汽车的使用、维修技术水平,并

与汽车的使用条件有关。正确的使用和维护，只能保持和恢复汽车的固有可靠性水平，不适当的强化维修工作（如增加维修次数、增加维修项目）并不能有效防止可靠性水平的下降。汽车固有可靠性的提高应基于必要的使用数据的信息反馈，去修改原有的设计和工艺。

②维修的作用，在于通过对影响可靠性的诸因素进行分析，从而控制可靠性的下降，以保持汽车的使用可靠性在允许水平之内。

③以可靠性为中心的维修，强调了诊断检测，加强了维修中的"按需维修"成分，它根据不同零部件、不同可靠性及不同故障后果，选用不同的维修方式，避免了采用单一维修方式所造成的预防内容扩大、维修针对性差、维修费用增大等缺点。例如，如果汽车的故障有可能影响安全性或造成严重后果，就必须尽力防止其发生；如果故障几乎不产生其他影响，那么就可以除了日常清洁、润滑外，对它不采取任何预防措施。

④以可靠性为中心的维修，要求建立一套完整的故障采集和分析系统，不断采集和分析使用数据，为建立科学的、经济的、符合汽车使用实际的维修制度提供依据。

四 汽车维修制度

汽车维修分为汽车大修、总成大修、车辆小修和零件维修四类。

汽车大修是指新车或大修后的车辆，在行驶一定里程（或时间）后经过检测诊断和技术鉴定，用维修或更换汽车任何零部件的方法恢复车辆完好技术状况和工作能力，完全或接近完全恢复车辆寿命的恢复性维修。

总成大修是指车辆的总成经过一定行驶里程（或时间）后，用维修或更换总成任何零部件（包括基础件）的方法，恢复其完好技术状况和寿命的恢复性维修。

车辆小修是指用维修或更换个别零部件的方法，保证或恢复工作能力的运行性维修。

零件维修（包括旧件修复）是指对因磨损、变形、损伤而不能继续使用的零件的修复，恢复其使用性能。零件修理，应考虑到有修复价值和符合经济的原则。

第二节 汽车故障诊断的基本方法

一 故障诊断的基本知识

汽车故障是指汽车部分或完全丧失工作能力的现象，是汽车零件本身或零件之间相互连接或配合状态发生异常变化的结果。

1 汽车故障特征

汽车的各组成部分按性能和部位可分为转动配合部分、滑动配合部分、密封部分、导电部分和啮合部分等。各部分发生的故障现象及具有的不同特征见表 7-1。

有许多故障现象同时具有多种特征，在诊断时应进行具体研究和区分。

汽车故障的特征　　表 7-1

故障部位	故障特征
转动配合部位	磨损、不平衡、发热、变形、振动、异响
滑动配合部位	松动、磨损、发热、熔焊
密封部位	泄漏、分离、漏气
导电部位	接触不良、断线、脱落、电压下降、短路、发热
啮合传动部位	磨损、破损、发热、异响、位移
摩擦力配合部位	磨耗、打滑、发热、衰损、振动、异响
弹簧推顶部位	衰损、老化、打滑、磨槽、弯曲、多个弹簧间弹力不均
弹簧拉吸部位	衰损、老化、多个弹簧间拉力不均
弹簧支撑部位	衰损、老化、破损、冲击、变形
液体流通部位	泄漏、堵塞、蒸发、气阻、渗漏
高温部位	磨耗、烧蚀、熔焊、变形、硬度变软、附着异物
大负荷部位	弯曲、扭曲、磨损、破损、断裂、发热、异响

2 汽车故障形成原因

汽车在使用过程中，由于环境和使用条件的变化，引起汽车零件的磨损、腐蚀、老化、变形和损坏，造成汽车技术性能变坏，影响了正常运行。

引发汽车故障的主要原因

▲设计制造质量缺陷；

▲管理使用方法不善、维护不当；

▲运行材料选用不符合要求；

▲气候、道路条件不良。

引发汽车故障的因素并不一定立即影响到汽车的正常运行，但能形成故障隐患，降低运行品质和效能，甚至会导致汽车停驶甚至发生交通事故。

3 汽车故障诊断原则

根据汽车的结构与工作原理、材料的物理及化学性质、技术要求、机械原理、故障因素和故障现象，用理论联系实际的方法，有步骤地进行检查判断，进而分析并确定汽车的故障。

汽车故障诊断原则

▲由表及里；

▲由简到繁；

▲由浅入深；

▲先易后难；

▲先小后大。

4 汽车故障诊断方法

汽车故障诊断就是通过检查、测试、分析和判断，直至对故障确诊的一系列活动过程。所采用的基本方法有传统的人工经验诊断法和现代仪器设备诊断法两种。

❺ 汽车故障诊断的基本步骤

(1)故障调查:调查故障产生的时间、现象、当时的情况,发生故障时的原因以及是否经过检修、拆卸等。

(2)初步确定汽车故障范围及部位。

(3)调出故障码,并查出故障内容。

(4)按故障码表示的故障内容和范围,进行检修,尤其注意导线连接接头是否松动、脱落,是否正确。

(5)检修完成后,验证故障是否确已排除。

(6)如调不出故障码,或者调出后查不出故障内容,则根据故障现象,大致判断出故障范围,采用逐个检查元件工作性能的方法加以排除。

二 汽车故障诊断的原则

新型电子装备和新式控制方式在汽车上的广泛采用,使得汽车电控系统故障诊断的技术含量越来越高。这让许多人感到茫然,不知从何下手;也有人在诊断电控系统故障时大量采用"替换法",即用新零件替换旧零件。要知道,替换法是建立在已经获得初步诊断结论后所采用的验证方法,否则换了一堆零件下来,即使故障修复了,也不知道准确的故障部位在哪里。更何况,如果电气线路有问题的话,采用替换法也是比较危险的,极易损坏好的汽车电子总成部件。

因此,了解并掌握汽车电控系统故障诊断的一些基本原则和方法,是十分必要的。尽管美、日、欧各车系电子部件的外观、形状、安装位置等有很大差异,但其基本控制原理是相近的,故障诊断也有基本规律可循,例如:大多数传感器都使用5V参考电压,而执行器用12V驱动;氧传感器主要有氧化锆式和氧化钛式两种;一般中低档以下轿车大都采用压电式爆震传感器;几乎所有的汽车,无论是天津夏利,还是奔驰、宝马,其水温传感器都使用的是"负温度系数线性输出型"传感器。如果我们能够遵循故障诊断的一些基本原则,往往能迅速找出故障之所在,取得事半功倍的效果。电控发动机故障诊断的基本原则可以概括为以下几点。

❶ "先思后行、先熟后生"原则

在对汽车电控系统故障诊断维修时,应针对故障现象首先进行故障分析,明确引起故障的可能原因,确定优先检查的方向和部位,做到有的放矢,避免对与故障无关的部位作无谓的检查,也防止有关的应检项目漏检而多走弯路,即为"先思后行"。

所谓"先熟后生",说的是由于车辆设计制造以及使用环境等方面的因素,一些车型的某些故障,常常以某个部件或总成故障比较常见,这样根据平时积累下来的经验,对这些部件或总成优先给予检查;另一方面,在汽车电控系统中,有些故障形成的原因很复杂,牵涉的应检项目和部位也很烦琐,因此,可以先挑一些自己熟悉的部件、部位或系统优先给予检查,往往也能达到事半功倍的效果。

❷ "先上后下、先外后里"原则

当前汽车电子装置越来越多,使发动机舱排得满满的,由于空间有限,其布局紧凑,层层相叠,有时为了检查一个部件,首先要拆除周围一大堆零件,这样做既费工又费时,因此,掌握好先上后下、先外后里的原则也是十分有益的。能随手检查的项目先做;能在发动机舱做的检查不去底盘做;能在外部做的项目不去里面做。

电控系统故障大多数发生在机构失灵等机械方面(请注意:这里说的机械故障是指电控系统中传感器和执行器机构故障,而并非发动机机械),不一定都是由于电信号引起的,因系统机构出了问题,迫使 ECU 起动备用系统,使电信号产生差异,导致驾驶性能上的障碍。

3 "先简后繁、先易后难"原则

由于汽车电控装置的使用环境十分恶劣,经常在高温、振动、灰尘、潮湿、水淋等环境下工作,一些驾驶性能障碍可能是由于很简单的原因所致,比如线束折断、插接器松动或锈蚀、真空管龟裂或脱落等,因此,能以简单方法检查的可能故障部位优先予以检查。比如直观检查,用眼看(眼睛观察线路或插接器是否有断裂、松脱;进气管路有无破损等),耳听(耳朵或借助螺丝刀、听诊器等听一听发动机有无异响;怠速和急加速是否粗暴;有无漏气声、喷油器有无规律的"喀哒"声等),手摸(用手摸相关电器总成、继电器、可疑的线路插接器连接是否有松动;摸电子部件表面的温度有无不正常的高温,以判断该处是否接触不良;摸喷油器、电磁阀是否有规律地振动来判断其工作正常与否等),通过采用简便的直观检查方法,将一些较为显露的故障迅速地查找出来。即使故障灯不亮,也要检查一下有无存储故障代码,因为 1995 年以后生产的车型上的 ECU(发动机控制装置)大都采用 E2PROM(电子擦抹的可编程只读存储器),只要检测到信号中断或变异超过 0.5s,便会记录故障代码,5s 以后故障不再出现,又自动擦去故障代码,这时候故障灯是不亮的,但故障存储器中会存储该故障码,称为"历史码",以便下次进厂保养时提醒检查相关部位。

若直观检查未找出故障,需借助仪器仪表或其他专用工具进行检查时,也应对较容易检查的先予检查。能就车检查的项目优先进行检查。

可以采用问、看、摸、听、嗅、试等直观检查法,将一些较为显露的故障迅速找出来。

汽车故障直观检查法

▲问:向驾驶员了解行驶里程、经常行驶路况、近期维修情况、故障发生之前有何预兆等。

▲看:看线路是否松动、断路;是否漏油;进气管是否破裂漏气;真空管是否漏插、错插;高压分线是否插错等。

▲摸:摸可疑线路插头是否松动;摸发动机喷油器或怠速控制阀振动情况,以判断是否工作;摸电控元件温度是否正常。

▲听:听有无漏气声、发动机是否异响、一些电磁阀是否有规律的"嗒嗒"响等。

▲嗅:嗅闻发动机运转时散发出的某些特殊气味,判断故障所在。这对诊断线路、皮带打滑、尾气排放等处故障简便有效。

▲试:如可用单缸断火判断发动机各缸工作情况;用信号发生器或更换元件法证实故障部位;路试感觉起动、换挡、制动、转向情况;检验运行中有无异响和抖振。

4 "先备后用、代码优先"原则

电子控制系统部件性能好坏,电气线路正常与否,常以其电压或电阻等参数来判断。如果没有这些数据资料,系统的故障检判将会很困难,往往只能采取新件替换的方法,这些方法有时会造成维修费用猛增且费工费时。所谓"先备后用",是指在检修该型车辆时,应准备好维修车型的有关检修数据资料。除了从维修手册、专业书刊上收集整理这些检修数据资料外,另一个有效的途径是利用无故障车辆对其系统的有关参数进行测量,并记录下来,作为日后检修同类型车辆的检测比较参数。如果平时注意做好这项工作,会给故障检查带来方便。

电子控制系统一般都有故障自诊断功能,当电子控制系统出现某种故障时,故障自诊断系统就会立刻监测到故障并通过警告灯向驾驶员报警,与此同时以代码的方式储存该故障的信息。但是对于有些故障,故障自诊断系统只储存该故障代码,并不报警。因此,在对发动机作系统检查前,应先按制造厂提供的方法,读取故障代码,并检查和排除代码所指的故障部位。待故障代码所指的故障消除后如果发动机故障现象还未消除,或者开始就无故障代码输出,则再对发动机可能的故障部位进行检查。

总之,电控发动机是比较复杂的系统,其故障远比普通发动机复杂得多,在诊断故障时需要掌握系统的检修步骤和方法。从原则上讲,在对电控发动机进行故障诊断时,需要首先系统全面地掌握电子控制系统的结构、原理和线路连接方法,明确电控系统中各部分可能产生的故障以及对整个系统的影响;运用科学的故障诊断方法对系统故障现象进行综合分析、判断,确定故障的性质和可能产生此类故障的原因和范围;制定合理的诊断程序进行深入诊断和检查,直到给予圆满的解决,使汽车恢复应有的性能和技术指标。

第三节 汽车典型故障的诊断与排除

现代汽车部分典型故障的诊断与排除见表 7-2。

现代汽车部分典型故障的诊断与排除　　表 7-2

故障类型	故障现象	故障原因	查找内容
起动困难	难以着火或着火后又熄火	缺油、缺电、汽缸密封性差	①检查火花塞是否跳火、喷油器是否喷油、连接器或连线接头是否松动,如有,进行排除。 ②检查点火正时对否、汽缸压力和蓄电池电压是否正常、进气系统密封是否良好。 ③检查 TPS、CTS 工作是否正常。 ④扩大检测范围(如防盗保护、排气管堵塞等)
怠速游车	发动机转速忽高忽低	点火性能、密封性能差,有关部件失调或损坏,造成混合气过浓、过稀、变化无常	①检查各缸工作情况是否良好,有无缺火、断火。 ②检查进气管真空度是否大于 60kPa,各缸压力是否大于 1MPa。 ③检查汽油泵、滤油器、喷油器工作是否正常。 ④检查 TPS 零位是否正确,其怠速触电 IDL 是否导通。 ⑤检查怠速控制阀(IAC)是否失灵。 ⑥检查 EGR 阀是否过早投入工作、常开或漏气,PCV 阀是否常开或不灵活

续上表

故障类型	故障现象	故障原因	查找内容
各工况游车	加速踏板在任一位置时,发动机喘振和失速	混合气忽浓、忽稀、点火性能和密封性能差,有些原因同怠速游车	①检查各缸各转速下点火、喷油是否正常,有无缺火、断火和断油现象。检查MAP或AFS的输出电压是否正常。 ②检查TPS初始位置是否失准,怠速触点IDL是否正常。 ③检查气门间隙、液力挺柱是否正常,热态大负荷时是否漏气。 ④检查VSS与SP是否正常
发动机无力、汽车加速不良	加速反应迟缓,加速踏板踩下一半车速无明显变化	混合气过稀、点火性能和密封性能差	①检查发动机是否动力不足、车轮制动器是否过紧、离合器是否打滑、自动变速器工作是否正常。 ②检查点火、喷油、进气是否正常,主要检查脏堵、松旷、漏气或缺火。 ③检查袋式滤油器是否接反、喷油器是否脏堵、汽油泵是否老化、分配管燃油压力是否正常。 ④检查汽缸压力、蓄电池电压、点火正时、三元催化器工作有无问题
汽车油耗高	发动机燃油消耗过大	混合气过浓,点火性能和密封性能差	①检查进气、喷油、点火系统是否正常、汽缸密封性是否良好。 ②检查水温传感器CTS是否失常、节温器是否常开。 ③检查燃油油压调节器是否犯卡或漏油,进气管压力传感器MAP真空管是否接错,喷油器是否失效。 ④检查制动器是否过紧,离合器是否打滑,自动变速器是否正常
发动机排放招标	发动机尾气中CO、HC、NO_X超标,冒黑烟或蓝烟	混合气过浓、烧润滑油、净化装置失效	①检查进气系统密封是否良好、进气量是否失常、喷油是否过多。 ②检查点火和喷油是否失常,喷油器是否滴漏和雾化不良。 ③检查活性炭罐是否失效、电磁阀是否常开或关不严。 ④检查汽缸和活塞环磨损情况,是否窜润滑油严重。 ⑤检查曲轴箱通风PVC阀是否失控
发动机回火、放炮	发动机进气管向上窜火、排气管放炮	混合气过浓造成排气管放炮,过稀造成回火;缺火、错火造成回火或放炮;进、排气门关闭不严,产生回火或放炮	①检查点火系统(火花塞、分线、点火线圈、点火器、分电机)在各转速下工作是否正常。 ②检查进、排气门关闭是否严密,三元催化器和消声器是否脏堵。 ③检查燃油系统是否脏堵,喷油压力是否正常,喷油器脉冲线是否接错,点火分线是否接错。 ④检查配气正时是否正确,正时皮带或链条是否错牙

续上表

故障类型	故障现象	故障原因	查找内容
发动机爆燃	加速时汽缸内有连续的金属敲击声	点火过早、发动机过热、燃油品质差	①检查点火是否过早,爆震传感 KNK 工作是否正常。 ②检查发动机是否窜润滑油,燃烧室是否积炭过多。 ③检查水泵是否失效,节温器是否按规定打开,电动风扇是否工作,冷却系水垢是否严重。 ④检查燃油品质和润滑油品质是否满足使用需要
发动机不熄火	关掉点火开关,发动机不立刻熄火	发动机不熄火经常由于燃烧室内积炭过多产生炽热点火引起	①检查发动机是否窜润滑油,燃烧室积炭是否过多(火源)。 ②检查喷油器是否滴漏(油源)。 ③检查节气门关闭是否严;熄火后步进电机是否回到初始关断位置(气源)。 ④检查火花塞冷热型是否有误,是否出现炽热点
变速器运转有异响	运转时齿轮啮合声等噪声太大;或发出干磨、撞击等不正常响声	①滚动轴承缺油。 ②滚珠磨损、损伤等。 ③齿轮加工精度差或磨损过度。 ④齿轮轴弯曲变形。 ⑤齿轮油不足、变质、规格不符合要求或油中有杂物等	①检查齿轮油油量是否充足、变质,规格是否符合要求,油中是否有杂物等。 ②拆检变速器
变速器跳挡、乱挡	重载加速或爬坡时,变速杆有时从某挡自动跳回空挡	①相啮合的离合器式齿轮磨损成锥形。 ②第一、二轴、曲轴不在同一轴线上。 ③挂挡后,齿轮啮合未达轮齿原长或自锁钢球未进入凹槽。 ④自锁装置凹槽、钢球磨损严重或自锁弹簧疲劳、折断等	①重新进行挂挡操作实验效果。 ②拆检变速器
手动变速器换挡困难	换挡时操纵沉重或挂不上挡	①换挡连接机构调整不当,互锁机构磨损。 ②拨叉磨损。 ③同步器磨损。 ④轴承磨损	①检查换挡连接机构调整是否不当,换挡连接机构连接处是否有磨损或松旷。 ②解体检查同步器各处磨损情况,滑块是否损坏。 ③检查拨叉轴和互锁、自锁机构是否有严重磨损。 ④检查变速器轴承是否磨损严重。 ⑤检查拨叉是否变形和磨损

续上表

故障类型	故障现象	故障原因	查找内容
手动变速器掉挡	行驶中受到振动或变速器负荷变化时,变速器自动掉挡	①变速器拨叉轴自锁机构损坏。 ②远程控制连接机构调整不良。 ③齿轮位置不准,啮合间隙过大,有锥形磨损。 ⑤轴承磨损	①检查换挡连接机构调整是否不当,检查换挡连接机构连接处是否有磨损或松旷。 ②检查啮合齿轮的磨损情况,是否有严重磨损或锥形磨损。 ③检查拨叉轴和互锁、自锁机构是否有严重磨损或其他损伤。 ④检查变速器轴承是否磨损严重。 ⑤检查变速器壳的变形情况
离合器分离不彻底	怠速运转情况下,踩下离合器踏板,原地挂挡齿轮有撞击声,且难以挂入	①离合器踏板自由行程过大。 ②分离杠杆内端高度太低或内端不在同一平面,新换摩擦片太厚或从动片装反。 ③从动片钢片翘曲变形或摩擦片破裂。 ④液压操纵离合器液压系统内油量不足或有空气等	①检查离合器踏板自由行程。 ②检修离合器。 ③排空液压操纵离合器液压系统内的空气
离合器打滑	离合器踏板抬起,汽车仍不起步或起步不灵敏	①离合踏板没有自由行程。 ②摩擦片油污、烧焦、表面硬化、表面不平或铆钉头露出。 ③压力弹簧退火或疲劳,膜片弹簧疲劳或开裂	①调整离合器踏板自由行程。 ②检修离合器
转向沉重	转向比正常车辆沉重,转向需要较的力量	①转向器轴承过紧、啮合副损坏、轴承损坏。 ②助力机构损坏、连接机构调整过紧或球头损坏。 ③前轮定位失准	①检查转向器轴承预紧度,如果过大进行调整。 ②检查啮合副的是否有严重磨损或其他损伤。 ③检查转向传动机构有无变形,各连接处是否有磨损或其他损伤,各连接处是否过紧。 ④检查前轮定位值,如果不符合标准进行调整。 ⑤检查转向助力泵和助力器工作情况,如果不正常修理或更换
转向盘振动	行驶中前轮以转向主销为轴进行横向摆振,进而使转向盘持续振动	①转向盘自由行程过大,转向传动机构松旷,轴承松旷。 ②前轮定位不准,前轮气压不足,车轮不平衡; ③减振器损坏	①检查调整转向盘自由行程。 ②检查调整前轮定位。 ③检查前轮气压。 ④检查车轮平衡,不符合标准进行平衡

续上表

故障类型	故 障 现 象	故 障 原 因	查 找 内 容
制动效果差	制动力不够,制动距离长	①制动主缸、轮缸或助力器不良,管路有气阻。 ②轮胎磨损重。 ③制动踏板自由行程太大。 ④制动鼓或蹄磨损过大。 ⑤制动蹄表面变质或脏污	①踏住制动踏板,如缓慢下行,说明制动主缸或制动轮缸漏油。检查轮缸,如轮缸不漏,说明主缸漏;如踏住踏板很软,说明制动液压系统中有空气,应进行放气。 ②踏死制动踏板,起动发动机,如果制动踏板下行,说明助理器起作用,否则说明助理器损坏。 ③测量制动蹄和制动鼓的间隙,如间隙过大,将间隙调整到标准值。 ④检查车轮制动器,如制动蹄(块)脏污,进行清洁。 ⑤将制动蹄贴在制动鼓上,如果制动蹄中间与制动鼓接触,两头不与制动鼓接触,应更换制动鼓或制动蹄
制动跑偏	制动过程中,汽车向某一方向行驶	①同轴两轮制动力不等。 ②同轴两轮胎气压不等或磨损不一致。 ③悬挂异常造成左右高度不等	①检查同轴两侧车轮轮胎磨损情况,如不一致应更换。 ②检查同轴两侧车轮轮胎气压,如不等则充气。 ③在制动实验台上检测车轮制动力,如果不符合标准进行排除。 ④观察或测量左右侧高度,如果不一致则排除

【复习思考题】

1. 汽车常见故障模式有哪些?
2. 汽车故障有哪三种类型? 各有什么特点?
3. 磨损可分为哪五种类型? 各有什么特点?
4. 如何预防汽车零件的疲劳断裂?
5. 目前,我们国家的汽车维修指导思想是什么?
6. 汽车修理分哪四种? 各自的作业范围包括哪些?
7. 汽车零配件有哪"十怕"?
8. 汽车外胎长期堆压存放且不及时翻动,会有什么不良影响?
9. 汽车故障诊断的基本步骤有哪几步?

【工作页】

汽车故障诊断检查工作页

布置日期:______年____月____日	完成时间:______(分钟)
问题: 选择一辆你所熟悉的旧车型,假设该车来厂维修,依据汽车故障发生的一般规律,你应该如何对其进行全面的诊断与检查?	任务: 确定汽车的故障现象和故障部位。

续上表

检查诊断要点：		
项 目	检查要点	注意事项
损坏型故障	检查汽车外部零部件有无裂纹和断裂，有无变形、腐蚀、压痕和老化。	
退化型故障	1. 起动发动机，检查发动机的运转有无异响。	
	2. 汽车起步，检查挂挡是否顺利、有无脱挡和乱挡、传动系统有无异响。	
	3. 行车中检查转向是否轻便、转向有无异响、汽车有无行驶跑偏。	
	4. 进行汽车制动，检查制动是否有效、是否有制动跑偏、制动中有无异响。	
	5. 行车中检查全车有无异响和振动。	
松脱型故障	1. 检查汽车外部有无螺栓松动。	
	2. 检查球头连接松动及其他连接松动。	
	3. 检查有没有焊点脱落。	

续上表

项　目	检查要点	注意事项
失调型故障	1. 检查发动机润滑油压力和发动机水温是否正常。	
	2. 检查各种踏板和转向盘自由行程是否正常。	
	3. 检查各种操纵机构是否有干涉和卡滞。	
堵塞与渗漏型	1. 检查是否有漏水、漏气、漏油和漏电现象。	
	2. 检查有无油、气、水被堵塞的现象。	
性能衰退或功能失效型	1. 是否检查发动机的动力性能。	
	2. 检查汽车尾气排放是否超标等。	
学习纪要：		

【模拟考试题】

一、单项选择题

1. 汽车的偶然故障型故障，与________因素无关。
   A. 操作疏忽　　B. 润滑不良　　C. 使用时间　　D. 设计或制造隐患
2. 使用汽车时，避免超速、超载等大负荷使用现象的发生，主要可以预防________。
   A. 磨料磨损　　B. 疲劳断裂　　C. 黏着磨损　　D. 腐蚀磨损
3. 进行汽车故障诊断的原则之一是________。
   A. 先里后外　　B. 先外后里　　C. 里外同步

4. 引起汽车零件失效的原因，以下________属于设计制造环节存在的问题。

A. 工作环境　　B. 所选制造材料不当　　C. 维修不及时

二、多项选择题

1. 汽车的早期故障型故障，主要是因为________发生的。

A. 汽车的设计环节　　B. 汽车的制造环节

C. 汽车的使用环节　　D. 汽车的修理环节

2. 以下________现象属于汽车零部件的失效模式。

A. 磨损　　B. 疲劳断裂　　C. 变形　　D. 老化

3. 引起汽车零件失效的原因有________三个方面。

A. 工作条件　　B. 长期不用　　C. 设计制造　　D. 使用与维修

4. 为了确保汽车使用的可靠，汽车维修的指导思想是________。

A. 预防为主　　B. 发行损坏，及时维修

C. 以可靠性为中心　　D. 定期拆解检查

5. 汽车修理分为________几种类型。

A. 车辆小修　　B. 总成大修　　C. 汽车大修　　D. 零件修理

6. 对汽车故障采用直观检查法时，可以向驾驶员了解的主要情况有________。

A. 行驶里程　　B. 经常行驶路况

C. 近期维修情况　　D. 故障发生之前有何预兆

7. 对汽车故障采用直观检查法时，可以直接查看送交的汽车，主要查看________。

A. 线路是否松动、断路　　B. 是否漏油

C. 进气管是否破裂漏气　　D. 真空管是否漏插、错插、高压分线是否插错

三、判断题

1. 汽车可靠性标志着汽车在整个使用寿命周期内保持所需质量指标的性能。（　　）

2. 汽车的耗损故障，是指产品经长期使用后，出现老化衰竭而引起的故障。（　　）

3. 在汽车使用、维修过程中，即使防止了外界磨料进入，也无法有效减少磨料磨损。

（　　）

4. 若零件摩擦表面的润滑油黏度较低，就能提高表面抗疲劳磨损的能力。（　　）

5. 在汽车走合期，要严格执行走合制度，搞好次负荷锻炼，可有效预防疲劳断裂。

（　　）

四、分析题

一位对汽车知识基本不懂（或者汽车知识比较丰富）的车主前来咨询发动机响声大（或制动距离太远，或排气管冒黑烟），你应该如何给以答复？

第八章 汽车维修业务管理

学习目标

通过对本章内容的学习，您需要：

1. 了解早会制度的优点、汽车维修企业“5S管理”的拓展、签订维修合同的必要性、汽车保险的购买等；

2. 熟悉“5S管理”的作用、签订维修合同的原则及范围、对客户的基本服务模式、在修车保管注意事项、用户自带配件的管理、修竣交车程序、车辆返修的管理、常见汽车保险产品、减少客户抱怨的渠道、客户档案的形成等；

3. 掌握早会流程、“5S管理”实施纲要、汽车保险的索赔、客户档案的建立与使用等；

4. 重点掌握维修合同的内容、客户抱怨的处理技巧、客户档案的建立与使用等。

第一节 早会管理

在每个工作日开始前召开早会，可以给员工提供交流的平台，便于沟通感情，交流信息。

利用早会，可以将维修企业就昨天经营中出现的问题进行交流，将当天计划的新内容进行安排。同时，还可以传达上级指令、汇报工作进展、交流工作经验，从而使每位员工都非常清楚地了解公司的经营方针政策、市场运转情况、个人工作方向，提高工作效率。

早会的作用

▲对职工灌输汽车维修品质观念，动员全体职工重视维修质量，提高客户满意度。

▲培养企业主管权威、形象、风范、气质，为其提供一个锻炼环境及与员工沟通渠道。

▲对产品质量实施追踪、对员工行为进行管理。通过对昨天维修品质异常的检讨、分析、矫正，总结经验，持续改进，逐步提高。

▲对职工工作的教养、伦理、习惯加以规范，使其向着企业文化方向改进，提升全体员工的素质。

一 早会制度

(1)调整精神面貌。俗话说:“一年之计在于春,一日之计在于晨”。员工全天精神面貌的好坏,关键在于早晨是否能有一个良好的开端。

因此,利用早会的规范要求,让员工意识到新的一天开始了,在意识上自觉调整自己的精神面貌,对自己喊一声“嘿,新的一天开始了,我要加油了!”然后以最好的精神状态投入到工作中去。

(2)培养员工观念。早会作为企业的一项制度,需要严格执行。在早会上,通过对员工一些具体行为提出明确要求,如不准迟到、统一着装、不准喧哗等,来培养员工的时间观念、纪律观念、形象观念等。这些观念的培养,既可以提高职工个人的素质,也可以增强企业的凝聚力,向社会展示自己良好的企业形象。

(3)统一员工思想。通过早会,既能及时解决企业眼前存在的问题,也能使员工的不良思想、行为尽快地反映出来,让员工及时而充分地认识自己、改正自己、提高自己。

(4)沟通信息渠道。召开早会时,各部门均要汇报工作情况,这就有利于相互之间的信息沟通,从而提高工作效率,促进企业的经营。

(5)指导当天工作。召开早会时,要由主管对昨天的工作进行总结,并布置当天任务,从而使各部门明确当天的工作目标,便于迅速展开工作。

(6)员工交流平台。早会召开过程中,参会者要展开一系列的学习活动,如成功案例的分享、失败教训的总结、技术经验交流等。这相当于给员工提供了一个良好的学习交流平台,可提高企业的学习氛围和员工的知识水平。

(7)提高管理能力。早会是锻炼与培养企业管理人员的一种很好的形式。

早会制度有利于把管理工作细化到车间、班组、个人。实施这一制度,有利于培养各级管理人员的目标任务观念;有利于提高管理人员的语言表达能力;有利于强化管理人员的检查、监督、执行力度。

通过早会,各级管理人员的领导能力、协调能力、表达能力、策划能力都能得到提高。

(8)体现民主管理。在召开早会的过程中,员工与员工之间,员工与领导之间可以互相监督。无论是谁,只要违反了早会制度或企业的其他制度,都要按照规定当场采取一定的惩罚措施,并且还要当众进行“三讲”表态(为什么错?以后怎么做?再违反怎么办?)。

这种监督,透明度很高,可以极大地提高全体员工的主人公思想,便于汽车维修企业内部各种规章制度的推行。久而久之,一种良好的厂风、厂纪、厂貌就会形成,有利于民主管理体制之下的企业运行。

二 早会流程

在汽车维修企业,早会现场如图 8-1 所示,早会一般可按表 8-1 的流程进行。

图 8-1 某汽车维修企业的早会

早会流程表 表8-1

序号	项　目	主要内容	建议时间(min)
1	列队	各部门向主持人报告本部门应到人数、实到人数、缺席人数、缺席者姓名等,以便统计与考勤	1
2	学习	学习客户服务知识或汽车维修技术知识	3~5
3	卫生检查	对客户接待区域、维修工具设备、整体环境卫生、岗位职责履行情况等交互检查(此阶段可在早会前完成,早会时汇报检查结果)	3~5
4	活动检查	对阶段性重大活动进展情况进行检查或总结	1~2
5	业务汇报	由维修接待部门、其他业务部门汇报维修车辆进厂情况、客户跟踪情况、对客户抱怨的处理结果等	1~2
6	工作布置	由负责人(或主持人)总结前一天工作,布置当天工作	1
7	宣布散会	早会议题完成后,主持人做简单总结,宣布散会	0.5

三 早会注意事项

召开早会时,需要注意以下事项:

1 达成共识

早会制度,原则上应该得到全体参会人员的认可,起码应该得到班组长以上成员的认可。

2 规模适度

参会人员不宜过多,也不宜过少。人员过多时,既拖延时间,又让多数人感觉早会许多内容与我无关,影响其参会情绪;人员过少时,无法营造必要的氛围。

3 按时召开

无故取消、到点不开的做法都会让职工对这一制度不再信任。

4 时长控制

由于早会需要天天开,而每位员工每天都有各自任务,因此,早会以10~15min为宜。以免时间过长,影响工作,引起反感。

5 队伍整理

整理队伍可以调整员工精神面貌,尽可能按军训要求去做。负责整理队伍的人,最好有一定的军事素质。

6 内容丰富

早会的组织和内容要及时更换,要围绕企业经营的实际情况,进行及时调整,以调动参会人员积极性。主持人要及时发现问题,找到合适话题;事先做好准备,选择恰当方式;过程组织多样,调动员工兴趣。

7 纪律严明

要求员工统一着装、按时参加、统一站姿;不许交头接耳、收发短信、打接电话、大声喧哗;主持人要注意形象,对会议内容事先有所准备,不能出现内容不熟、结巴口吃等现象;对于迟到、早退、旷会以及在会议中违反规定的人员,一定要通过"事先制定规章制度,过程之中严格要求,假如违反严肃处理"的办法制约。

8 记录总结

召开早会,要有专人进行现场记录,以便于总结提高,也便于检查监督。

早会记录样表见表8-2。

××××公司早会记录表(样表)　　表8-2

____年____月____日　　主持人:________　　记录人:________

考勤情况	办公室:应到___人;实到___人。　财务部:应到___人;实到___人。 业务部:应到___人;实到___人。　维修部:应到___人;实到___人。	
	迟到人员:________　出差人员:________ 请假人员:________	
早会内容	业务学习	
	交互检查	
	问题反映	
	责任落实	
	情况通报	
	工作布置	
备注		

第二节　汽车维修接待的5S管理

维修接待是企业与顾客打交道的窗口,其良好的工作环境有助于提升企业形象,有助于提升维修服务质量,有助于提高现场管理效率,有助于降低生产成本,值得下大气力做好。

在汽车维修接待领域引入"5S管理"模式,是一种值得推广的做法。

当然,在汽车维修接待领域引入"5S管理"模式,绝不仅局限于"接待柜台"这一狭义的区域概念,而是指需要为顾客提供服务的所有场所。

一 "5S管理"概述

"5S管理"起源于日本,是指在生产现场中,将人员、设备、材料、方法等生产要素进行有效管理的一种方法。

所谓5S管理,是指整理(Seiri)、整顿(Seiton)、清扫(Seiso)、清洁(Seiketsu)和素养(Shitsuke)。由于这5个单词首个音节发音都是S,所以统称为“5S”(图8-2)。

实施“5S管理”,是通过规范“三现”(现场、现物、现实),营造一目了然的舒心工作环境,培养员工良好的工作习惯,提升员工品质,达到如下效果:

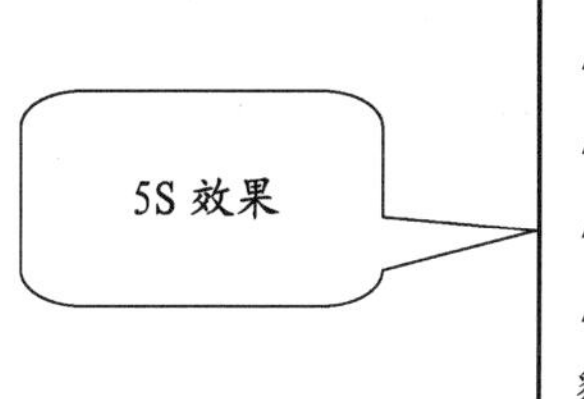

▲认真对待工作中的每件小事。
▲遵守企业各项操作规定、纪律规定。
▲自觉维护工作环境整洁明朗。
▲对待客户、同事、领导,均能做到文明礼貌。

某些没有实施“5S管理”的汽车维修企业,车间脏乱(如地板上到处都是垃圾、油污;零件与箱子摆放得杂乱无章;需要使用的工夹具、零配件不知道放在了何处,大量的时间花费在了寻找物品方面),显现了脏污与零乱的一片景象。员工在这样的作业环境中显得松松垮垮,所有规定的事项,只有起初两三天可以被遵守。

要想改变这样的工作面貌,实施“5S管理”活动最为适合。

二 “5S管理”实施纲要

1 整理(Seiri)

(1)定义。所谓整理,是指将工作场所的一切物品区分为“有必要的”与“不必要的”,然后将“必要的”与“不必要的”明确区分开来,“不必要的”物品尽快处理掉(图8-3)。

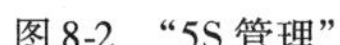
图8-2 “5S管理”

图8-3 整理

在整理过程中,需要引入正确的价值意识,这个价值不是物品的原始购买价值,而是其现实使用价值。判别时,重点把握“要与不要,留与弃”的标准。

(2)目的。在汽车维修接待中,会有一些已结的客户资料;在汽车维修过程中,会有一些更换下来的旧件、待修品、返修品、报废品等滞留在现场,包括一些已无法使用的工夹具、量具、设备等。这些物品既占地方又阻碍生产，如不及时清除，就会使现场变得凌乱。

在整理之前，必须明白这样的道理：

生产现场摆放不要的物品是一种浪费；

摆放物品过多，即使再宽敞的工作场所，也将变得窄小；

棚架、橱柜等被杂物占据，会减少使用价值；

摆放凌乱，会增加寻找工具、零件等物品的困难，浪费时间，降低效率；

物品杂乱无章地摆放着，会增加盘点的难度，使成本核算失准。

因此，整理的最终目的是：

腾出空间，使生产空间发挥最大效用；

防止误送、误取、误用；

塑造清爽的工作场所。

(3)注意点：

①在工作岗位上只放置必需的物品。

②及时处理垃圾。

③把长期不用的东西放回仓库。

(4)实施要领：

①将各自负责的汽车维修接待区域、汽车维修作业区域、汽车清洗区域进行全面检查。

②制定相关物品"要"和"不要"判别基准。

③依据各项物品"要"和"不要"的判别基准，将"不要"的物品清除出工作场所。

④对需要的物品评价使用频度，决定日常用量及放置位置。

⑤制订废弃物品处理方法(包括处理方式、处理周期、责任人)，并严格实施。

⑥每日自我检查一次。

(5)维修接待区"要"与"不要"的标准：

①要的：需要使用的办公用品，美化环境用的海报及看板，正在推行中的活动海报及看板，有用的杂志，报表，顾客临时遗忘的物品以及其他物品。

②不要的：废纸、杂物、烟蒂等，不再使用的办公用品，旧的书报，过期的报表，蜘蛛网，过期的海报及看板，过时的日历及标语，损坏的时钟，顾客用过的纸杯，过期的指示牌等。

2 整顿(Setion)

(1)定义。所谓整顿，是指对整理之后留在现场的必要的物品分门别类地放置。做到明确数量、排列整齐、有效标识、取用快捷(图8-4)。

图8-4　整顿

(2)目的：

①使工作场所一目了然，营造整整齐齐的工作环境。

②消除过多的积压物品。

③降低找寻物品所造成的时间浪费。

(3)注意点：

①整顿的结果要达到任何人都能立即取出所需物品的状态。

②要站在新职员和其他岗位职员的立场来看，哪样东西该

放在什么地方更为方便。

③存放的原则应该是能使物品立即取出，把“寻找”的时间减少到最低。

④物品使用之后，要能容易恢复原位，没有回复或误放时能马上被发现。

(4)实施要领：

①督促检查整理的完整性，有效落实整理中确定的全部内容。

②在整顿工作中体现“三定”原则：定点(物品放在哪里最合适)、定容(存放物品需要多大的空间，是否需要使用容器)、定量(每次、每处存放的物品，多少数量才是最合适的)。

③在整顿工作中体现“三固定”方法：放置场所(物品放置场所明确设定；物品保管做到“三定”；在生产线附近只放工作中真正需要的物品)、放置方法(物品的放置应容易拿取；所存放物品不要超出所规定范围)、标识方法(物品放置场所与准备放置的物品原则上应做到“一对一”，以便于识别；标识方法做到全公司统一)。

④作为整顿效果的评价，引入“目视检查合格法”进行管理。

图 8-5　清扫

3 清扫(Seiso)

(1)定义。所谓清扫，是指将工作场所清扫干净，并保持干净、亮丽的做法(图 8-5)。

(2)目的：

①清除脏污，保持工作环境的洁净，给自己一份舒心，给客户一份放心。

②减少脏污对维修质量的影响，稳定汽车维修的高品质。

③减少因为维修器具、汽车旧件、滑湿地面等给客户或员工所带来的意外伤害。

因此，清除垃圾，美化环境，将岗位变得干净整洁，将设备维护得锃亮完好，创造一个一尘不染的环境，这是我们应该追求的清扫目标。

(3)注意点。进行清扫管理时，需要注意以下几点：

清扫制度

▲形成制度，严格执行；

▲制定标准，参照执行；

▲明确责任、落实执行。

(4)实施要领：

①建立清扫制度，明确各部门的清扫责任区(包括室内、室外)。

②建立清扫标准，作为清扫、检查的规范。

③开始时组织一次全公司范围的大清扫，每个地方都清扫、清洗干净。

④执行例行扫除制度，清理随时产生的脏污。

⑤调查、排除老污染源，杜绝产生新污染源。

4 清洁(Seiketsu)

(1)定义。将整理、整顿、清扫进行到底，并且进行制度化、规范化管理，同时要求员工保持个人清洁(图8-6)。

(2)目的:维持整理、整顿、清扫的成果。

(3)注意点:按照制度化实施;有定期检查、奖优罚劣的机制。

(4)实施要领:

清洁实施要领

▲制订奖惩制度;

▲制订规范标准;

▲建立考评方法。

❺ 素养(Shitsuke)

(1)定义。对于整理、整顿、清扫、清洁,能够形成制度,大家都按要求执行,从而提高员工的文明礼貌水准,增强团队意识,养成按规定行事的良好工作习惯(图8-7)。

图8-6 清洁

图8-7 素养

(2)目的。文明的员工是文明管理的根本保证。

通过严密的制度、严格的纪律,持续不懈地坚持执行,将整理、整顿、清扫、清洁活动坚持下来,并形成习惯,培养出有自律素养的员工,使每位员工都能养成良好工作习惯,而且按照规则去对待所有工作。

(3)注意点:长期坚持,养成良好习惯。

(4)实施要领:

素养实施要领

▲制订统一服饰,便于区分识别,强化责任意识。

▲制订规则规定,便于执行督导,检查评比。

▲制订员工礼仪守则,进行教育训练。

▲通过各种活动,强化职工遵守习惯。

▲通过激励机制,提高职工遵守规章制度意识。

"5S 管理"活动一旦开始实行,就要严格按照标准去落实。如果不能贯彻到底,不仅达不到预期效果,反而会产生负面影响。

任何半途而废的做法,都会进一步强化公司保守而僵化的气氛,让职工感觉到做什么事情都是虎头蛇尾、半途而废。既然领导倡导的事情不会成功,与其认认真真地做,还不如应付了事。以后要想打破这种保守、僵化的局面,可能需要花费更长时间、更多精力。

三 "5S 管理"作用

1 营造愉快的工作环境

如果员工的工作环境明亮、干净,无灰尘、无垃圾,就会让人心情愉快,不会感觉厌倦和烦恼;工作本身也就会成为一种乐趣,员工不会无故缺勤旷工;一目了然的工作场所,没有浪费、勉强、不均衡等弊端,使人心情舒畅;这种管理制度给人以"只要大家努力,什么都能做到"的坚强信念,鼓励大家动手改善……在充满活力的一流场所工作,会让员工由衷地感到自豪和骄傲。

2 推动作业标准化

整顿环节的"三定"、"三要素"原则,可以规范现场作业,使大家都按照规定正确操作。工作程序的稳定,必然带来汽车维修品质的稳定,维修成本也会安定下来。员工能正确执行各项规章制度,到任何岗位都能立即上岗作业;每一位员工都明白工作该怎么做,怎样才算做好了工作;工作环境方便舒适,心情舒畅;员工每天都有所改善,有所进步;汽车维修的品质有所保证,能够如期实现生产目标。

3 提高工作效率

具体表现在:模具、夹具、工具等,经过整理、整顿后,不需要过多的寻找时间;在整洁规范的工厂里,机器正常运转,作业效率大幅提升。

"5S 管理"的工作模式,让初学者一看就懂,能够快速适应岗位要求。

4 减少维修质量缺陷

在汽车维修过程中,按照"5S 管理"标准去做,是确保维修品质的基本前提:

①环境整洁有序了,有异常的现象一眼就可以发现。

②干净整洁的维修现场,可以提高员工的维修质量意识(图 8-8)。

③维修设备、检测仪器正常使用与维护,可以减少维修缺陷。

所有这一切,可以使员工事先就知道要预防维修质量问题的发生,而不仅仅是在事后才去采取补救措施。

图 8-8 干净整洁的维修现场

第八章 汽车维修业务管理

5 实现按期交车

推广“5S管理”可以使工厂环境好，无尘、无碎屑、无漏油；机械设备能够经常擦拭和维护，使用率高；模具、工装夹具管理良好，调试、寻找时间减少；人员工作效率稳定；每日进行使用点检，能够防患于未然。因而，维修效率就可以提高，确保了按时交车。

6 实现节约目标

实行“5S管理”，可以收到如下的节约效果：

实行5S管理所实现的节约目标

▲减少汽车维修所需的零配件库存量。

▲避免维修工具、漆料等库存过多。

▲避免库房、货架过剩。

▲避免购置不必要的维修设备、工装夹具。

▲最大限度地避免寻找、等待、避让等动作所引起的浪费。

▲消除拿起、放下、清点、登记、搬运等没有任何附加价值的动作。

▲避免购置多余的文具、桌椅等办公设备。

7 最大限度减少安全事故

(1)整理、整顿后，工作场所宽敞、明亮，一目了然(图8-9)。

图8-9　宽敞明亮的工作场所

(2)“危险”、“注意”等警示牌该有则有。

(3)物品放置、搬运方法和积载高度充分考虑了安全因素。

(4)维修车间通道和休息场所等不会被占用。

(5)人车分流，道路通畅。

(6)员工正确使用保护器具，遵守作业标准，不违规作业，不会发生工伤事故。

(7)所有设备都进行清洁、检修，能预先发现所存在的问题，从而消除安全隐患。

(8)消防设备齐备，灭火器放置位置、逃生路线明确，万一发生火灾或地震，员工及客户的生命安全都会得到保障。

8 体现推销作用

在汽车维修的同行业内，假如能被称赞为最干净、整洁的维修企业，那么：

(1)工作环境良好、管理制度严谨、维修质量可靠的口碑就会不胫而走，忠实的客户就会越来越多，给企业带来丰厚的利润。

(2)企业知名度高了，很多人就会慕名参观，人们也会以来这家公司工作为荣。

(3)消费者会以购买这家公司的产品为荣。

所有这一切，都是企业的活广告，使企业获得更大的发展空间。

四 4S店展厅"5S管理"细则

汽车4S店,集整车销售(Sale)、售后服务(Service)、零配件供应(SparePart)、信息反馈(Survey)于一体,它不同于传统的汽车维修企业。4S店店面设计统一,展览大厅宽敞明亮,车间地面一尘不染,室内音乐温馨舒缓,休息沙发简洁舒适,展出新车陈列整齐,销售代表统一着装,接待顾客热心亲切,前台接待有条不紊,维修车间井然有序……这一切,无不给人以强烈的视觉冲击。

其实,这一切,都是归功于在4S店内部全面或局部推行的"5S管理"。

4S店对各个工作岗位的生产秩序、环境的文明程度、员工的精神面貌、产品的品质优劣等均有具体要求。如:

对大厅内地面和墙壁,要求及时清洁,不能有较明显的污渍;

展车内外应整洁光新;

对维修车间要求"三(润滑油、汽油、水)不落地";

作业区和汽车行驶通道严格区分,工具、设备的存放和管理井井有条,等等。

这一切无不给人以强烈的暗示:"这是一家管理良好的企业,对其服务品质毋庸置疑"。在视觉和心理感受上会给客户带来全新感受,改变以往对汽车维修企业形成的"脏、乱、差"不良印象,全面提升市场竞争力。

4S店的布置需按汽车生产厂商的统一要求布置,一般应达到表8-3的要求:

4S店布置要求 表8-3

区 域	具体要求	布置示图
4S店展厅	①内部使用的布置物、相关标识应符合生产厂家统一要求。 ②内部照明要求明亮、令人感觉舒适。 ③内部有隐蔽式音响系统,在营业期间播放舒缓、优雅的轻音乐。 ④内部保持适宜、舒适的温度(26℃)。 ⑤悬挂标准的营业时间标志。 ⑥内、外墙面等保持干净整洁,定期清洁(一般为每年2次)。 ⑦地面、墙面、展台、灯具、空调、视听设备等保持整洁,墙面无乱贴的海报等	
车辆展示区	①每辆展车驾驶位右前方设一个规格架,架上摆有与该车对应的规格表。 ②展车之间相对的空间位置和距离、展示面积按照规定设置	

续上表

区　域	具体要求	布置示图
顾客休息区	①设有饮水机，并配专用杯托、纸杯。 ②摆放绿色植物盆栽，以保持生机盎然的氛围。 ③配备彩电、电脑等，在营业时间可播放汽车广告、宣传片、专题片。 ④设有杂志架、报纸架，备3～5种杂志、报纸，其中含有汽车杂志、报纸，报纸应每天更新，杂志需保证是最新出版的。 ⑤沙发、茶几等摆放整齐，保持环境的整体整齐、清洁。 ⑥茶几上备有烟灰缸，其内若有3个以上烟蒂，应立即清理；每次在客人走后立即把用过的烟灰缸清理干净	
业务洽谈区	①桌椅摆放应整齐有序、保持洁净。 ②备有适当文具、车型资料。 ③桌面上备有烟灰缸，烟灰缸内若有3个以上烟蒂时，应立即清理。 ④每次在客人走后立即把用过的烟灰缸、桌面清理干净	
顾客接待台	①接待台处的电话、电脑等设备应保持良好使用状态。 ②接待台保持干净，台面上不可放任何物品。 ③各种文件、名片、资料等整齐有序地摆放在台面下，不放置与工作无关的报纸、杂志等其他物品	
儿童游乐区	①设在展厅里端，位置相对独立，有专人负责看护儿童活动（建议为女性），不宜离楼梯、展车、电视、规格架等距离太近，但能使展厅内的顾客看到儿童活动情况。 ②玩具具有一定新意，色调丰富，保证对儿童有吸引力。 ③能够确保儿童安全，所用玩具应符合国家有关的安全标准，应由相对柔软的材料制作而成，不许采用坚硬锐利的物品作为儿童玩具	
卫生间	①展厅内有标识牌指引；门上的男、女标识易于区分；客人和员工所用卫生间分离，客人在一楼，员工在二楼；由专人负责清洁、检查、记录。 ②地面、墙面、洗手台、设备用具等保持清洁，台面、地面不允许有积水，大小便池不允许有黄垢等脏物。 ③适度布置绿色植物予以点缀。 ④备洗手液、烘干机、擦手纸等，洗手台上无积水或其他杂物。 ⑤相应位置备有充足卫生纸，各隔间内设有衣帽钩，小便池所在墙面上应悬挂赏心悦目的图画、漫画。 ⑥要求无异味，应采用自动喷洒香水的喷洒器来消除异味。 ⑦营业期间播放舒缓、幽雅背景音乐	

五 汽车维修企业“5S管理”拓展

在汽车维修企业实施“5S管理”，不能仅仅停留在浅显的打扫卫生这个层面，应该透过现象去看本质，领悟这一管理模式的内涵，充分拓展其在其他领域的辐射效应。

1 “整理”的拓展

表面看来，“整理”只是区分必需品和非必需品。但要搞明白哪些是必需品、非必需品，却并不简单。对于必需品，人们总是混淆“客观需要”和“主观想要”概念，总有“以防万一”的心态在支撑。

很多情况下，人们习惯于占有更多资源，在文件柜、工具箱、抽屉、操作台上塞满了杂物，长期不用或者已经不能使用的工具、仪器、废旧文具、过期文件、空白表格、草稿纸、书报杂志等充满了办公空间，浪费了有限的资源。

2 “整顿”的拓展

整顿的目的固然是为了减少寻找时间，但是，整顿还有更深层的含义，即：现场环境清洁了，一旦物品或者设备出现异常，就能立刻被发现(图8-10)。

因此，“整顿”的基础实际上是工作空间布局的规划、物品的分类及命名、物品的标识方法、物品摆放位置的科学规划等。

除了物品方面，“整顿”的拓展内容包括限制办公文具使用量、倡导无纸化办公、压缩会议并将现场会议压缩到1小时内、倡导1分钟电话、减少待办事项、控制文件的分放范围及数量、及时销毁过时文件和临时文件(只保留一套正式版本)、缩短工作处理时间等。

图8-10 清洁的维修作业现场

3 “清扫”的拓展

通过清扫，把废旧汽车零部件、废旧油液、污垢、灰尘、油污、原材料加工后的剩余物、汽车喷漆后的遮盖物等清除掉。这样一来，设备的磨耗、瑕疵、漏油、松动、裂纹、变形等缺陷才能暴露出来，以便采取相应措施加以修补。

另外，在清扫过程中还会发现很多问题，这是修补、整修的好机会。如地板上的凹凸不平需要整修、松动螺栓需要紧固、需要润滑部位应及时加油维护、跑冒滴漏需要检修等。

4 “清洁”的拓展

清洁的目的是保持整洁的状态，例如：

作为文件，无论是电子版的还是纸质的，均应存放有序、查找便利；

保密文件应有严格的保密措施；

办公用品、汽车维修的消耗品领用有规章、办理有手续；

维修过程中，每一个操作环节均保持清洁，避免影响汽车的维修质量；

交车之前，客户送修车辆的车内、车外均应清理干净；

打算让客户带回的废旧零部件，应擦拭干净。

5 "素养"的拓展

通过上述"4S"的历练，达到完善企业规章制度，培养员工良好工作习惯、工作责任心，激发大家的工作热情。

先实现"人造环境"，再达到"环境育人"，使企业文化得到整体提升，员工都有归属感，共同促进企业的发展。

第三节　汽车维修合同管理

在市场经济不断推进，汽车维修客户维权意识日益增强的今天，汽车维修厂家在承接汽车维修业务时，一般都要与客户签订汽车维修合同。

一 签订维修合同必要性

为了保证把汽车修好，而且减少事后纠纷，托修方（车主）与承修方（维修企业）有必要签订汽车维修合同，将双方的权利、义务用合同的形式固定下来（图 8-11）。

汽车维修合同不是一纸空文，而是托修方与承修方相关权利及义务的约定，是对双方利益共同的保障。车主和维修部门都要提高签订维修合同的自觉性。

早在 1992 年，原交通部、国家工商行政管理局就联合发布了《汽车维修合同实施细则》，规定：凡车辆二级维护以上的维修项目或维修预算费用在 1000 元（轿车在 2000 元）以上的，承修、托修的双方必须签订维修合同。

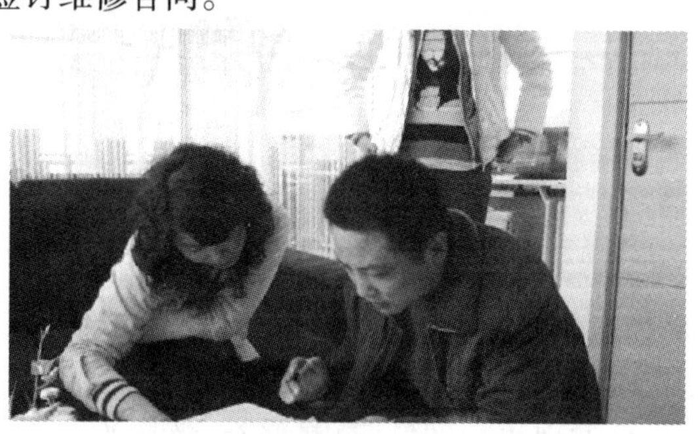

图 8-11　双方签订维修合同

由原交通部颁布，于 2005 年 8 月 1 日起施行的《汽车维修管理规定》，在第三十四条、第四十条两次提到维修合同，这充分说明了汽车维修合同的重要性。

在修理之前，签订详细的服务协议及维修合同，对有关汽车维修的预计费用、质量保证期、交车日期、违约责任、合同纠纷的解决方式等，都进行约定。一旦出现纠纷，便可依据合同，维护自身的权益。

有些汽车维修企业，片面地认为签订维修合同会约束自己的手脚，不肯积极主动地签订。其实，一旦遇到纠纷闹上法庭，法官往往会要求作为强势一方的汽车维修企业举证。一旦汽车维修企业因未签订维修合同而无法举证，就很有可能面临败诉。而且，即使勉强打赢了官司，所花费的人力、物力、财力，付出的声誉损失代价，往往也是巨大的。

二 维修合同签订注意事项

在与维修客户签订汽车维修合同之前，汽车维修企业需要首先做好以下事情：

签订维修合同前所要做的事情

▲尊重客户。

▲弄清客户维修需求。

▲弄清维修项目、时间、价格。

▲准确确认故障。

▲进行物品清点，由客户签名认可。

案例：张先生的一辆中型客车，购买之后行驶了 3 万多千米。一段时间来，因感觉汽车加速无力、发动机“发闷”，在朋友建议下他将车送到汽车修理厂清洗化油器。

对于此维修作业，双方没有签订任何维修合同，甚至连维修委托书也没有。

厂方在完成了相关的维修作业项目后，对化油器的工作效果进行就车试验。当试车提速时，发动机发出了严重的异响，并熄火，经检查，发现缸体已经“捣缸”。

对此，车主认为事故是由厂方试车造成的，要求赔偿。厂方认为，按照车主要求，他们只对化油器进行了拆装和清洗，没有维修其他部位，而且试车时用的空挡，发动机是在无负载情况下运行的，并且是采用逐步提速的方式进行的，不会引发上述事故，肯定是该车发动机在送修前就已存在严重的故障隐患。再说，车主没有要求检查、维修发动机，厂方不知情，发生机件损坏的事故不应由厂方负责，因此拒绝了车主的赔偿要求。对此，双方引发争议。

汽车维修主管部门根据双方的要求，对发动机进行了解体检查，结果发现：第一，油底壳内的润滑油长期没有更换，已经变质，并含有较多的水分和杂质；第二，发动机第三缸连杆大头与杆体的连接处已被拉断，缸壁有明显磨痕；第三，活塞位于下止点处，已与汽缸完全“抱死”；第四，燃烧室有锈迹；第五，第三缸处的机体已被击穿破裂。原来，该车自使用以来，只进行过一次走合期的维护，“捣缸”事故是由第三缸活塞与汽缸“抱缸”引起的。该车送修前所呈现出的提速无力、“发闷”等现象，是发动机内部阻力过大的直接体现。车主因缺乏专业知识和使用经验，没能准确判断出来，误认为是化油器不清洁造成的，没有正确报修。于是，事故就在双方均不知情的前提下发生了。

结论：在本次维修作业中，作业内容比较明确，机件损坏发生在非承修部位，且与承修部位没有关联，试车操作符合有关规定。因此，厂方对所发生的事故和相关机件损坏不应承担赔偿责任。车主因对发动机缺乏及时、正确维护，致使内部存在着较为严重的故障隐患，导致在试车过程中活塞、汽缸“抱死”的事故。因此，机体损坏的责任应由车主本人承担。

对此，车主表示接受。厂方感到十分侥幸，表示今后承修车辆时，一定要注意修前检查，了解相关部位技术状况，与托修方签订责任明确的维修合同，以对用户负责，也对自己负责。

三 维修合同签订原则

托修方与承修方签订汽车维修合同时,需要遵循以下原则:

维修合同签订原则

▲双方法律地位平等,一方不得将自己的意志强加给另一方。

▲双方均享有自愿订立合同权利,任何单位和个人不得非法干预。

▲双方应当遵循公平原则确定各方的权利和义务。

▲双方行使权利、履行义务时应遵循诚实信用原则。

▲双方订立与履行合同时,应遵守法律、行政法规,尊重社会公德,不得扰乱社会经济秩序,损害社会公共利益。

▲维修合同对双方具有法律约束力,双方应按照约定履行自己的义务,不得擅自变更或者解除合同。

四 维修合同签订范围

进行下列汽车维修作业时,承修方、托修方双方应该签订维修合同:

维修合同范围

▲汽车大修。

▲汽车主要总成大修。

▲汽车进行二级维护。

▲汽车维修的预算费用在2000元以上的。

五 维修合同内容

1 维修合同的主要内容

维修合同内容

▲托修方、承修方的名称、联系方式。

▲合同签订的日期、地点、编号。

▲托修车辆的类别、车型、牌照号、发动机号、车架号、VIN码、车辆注册登记日期、里程表里程数。

▲维修类别、项目及预计费用。

▲维修质量保证期。

▲维修车辆送修日期、地点、方式;修竣车交车日期、地点、方式。

▲托修方所提供材料的规格、数量、质量及费用结算原则。

▲随车附件或工具清单。

▲验收标准和方式。

▲结算方式及期限。

▲违约责任和赔偿金额。

▲解决合同纠纷的方式。

▲双方商定的其他条款。

2 双方相关义务

托修方义务

▲按照合同约定时间送修、接收车辆。
▲提供车辆的真实情况(包括送修车辆基础技术资料、技术档案等)。
▲按照合同规定的方式和期限交纳维修费用。

承修方义务

▲按照车型的修理技术标准修复车辆,保证维修质量,向托修方提供竣工出厂合格证。
▲建立车辆维修技术档案。
▲向托修方提供维修车辆的有关资料及使用注意事项。
▲按照规定标准收取维修及配件费用,并向托修方提供所用工时、材料明细表。
▲按照合同规定的时间交付修竣车辆。

3 双方违约责任

托修方违约责任

▲未按合同规定时间送修车辆,应按合同规定支付承修方违约金。
▲不按合同规定支付维修费用,自应付费之日起向承修方交付滞纳金。
▲不按合同约定期限验收接车,应向承修方支付保管费和自然损伤修复费。
▲中途变更修理项目,造成承修方损失时,应予以赔偿。

承修方违约责任

▲未按合同规定时间修复、交付托修车辆,应按合同规定支付托修方违约金。
▲交付的修复车辆不符合质量要求,托修方可以要求返修,并要求承修方赔偿损失。

4 纠纷解决

履行合同发生纠纷时,由汽车维修行业管理处或经济合同仲裁部门仲裁,也可直接向当地人民法院起诉。

在实际工作中,有的维修合同只是简单的事项记录,称不上真正的维修合同(表8-4);而有的维修合同则非常详细、清晰,如北京市汽车维修合同(表8-5)。

不规范的汽车维修合同 表 8-4

汽车维修合同

一、车辆型号

车种		牌照号		发动机号	型号	
车型		底盘号			编号	

二、车辆交接期限(事宜)

送修				接车			
日期		方式		日期		方式	
地点				地点			

三、维修类别及项目

北京市汽车维修合同(样本) 表 8-5

北京市汽车维修合同

合同编号:____________

托修方(甲方):____________

承修方(乙方):____________

1. 托修车辆基本信息:

号牌号码	品牌型号	发动机号码	VIN 代码/车架号	注册登记日期	里程表公里数

2. 维修项目:预定维修项目以双方确认的《进厂检验记录单》为准;实际维修项目以《维修结算清单》为准。

3. 维修材料:

品名	零件号	制造商	规格	型号	价格	数量	类别	提供方式

注:1. 具体内容见《维修结算清单》。
2. "类别"为"原厂件"、"副厂件"或"修复件"。
3. "提供方式"为"甲方自备"或"乙方提供"。

4. 竣工交车日期:______年____月____日,交车地点:____________。

5. 验收及提车:甲方应当在乙方交车后当场验收;验收合格的,甲方应当在《汽车维修竣工出厂合格证》上签字确认,并按照《维修结算清单》结清维修费用后,方可提车。

6. 结算方式:____________。

7. 合同变更:托修车辆竣工交付前,双方可以(书面□ 电话□)通知的方式,就维修项目、维修工时和材料、竣工交车日期等内容进行变更。

8. 违约责任:

(1)迟延履行的,应当向对方支付迟延履行违约金____________元/日;

(2)____________。

9. 其他约定:____________。

10. 本合同经双方签字盖章后生效。合同一式两份,双方各执一份。

续上表

<table>
<tr><td colspan="2">请在签字前充分了解有关事宜，认真填写表格内容，仔细阅读并认可背书合同条款，特别是黑体字部分。</td></tr>
<tr><td>托修方(签章)：__________
经办人(签字)：__________
联系方式：__________
签约日期：_____年___月___日</td><td>承修方(签章)：__________
经办人(签字)：__________
联系方式：__________
签约日期：_____年___月___日</td></tr>
</table>

附：承、托修双方权利义务

一、适用范围

本合同主要适用于甲方委托乙方进行的汽车总成修理、整车修理或道路运输营运车辆的二级维护。其他维修项目也可参照使用本合同。

二、甲方权利、义务和责任

(一)向乙方交付托修车辆时，应当自行取走车内可移动贵重物品及相关证件。

(二)要改变托修车辆车身颜色，更换发动机、车身或车架的，应当依法办理有关审批手续，并向乙方出示相关手续的原件及复印件。

(三)自备维修材料的，应当承担因材料质量问题产生的相应责任。

(四)应当根据乙方维修工作的需要积极履行协助义务。

(五)应当按照合同约定验收、结清维修费用并提车。

(六)对乙方擅自将维修工作转托他人，或维修质量达不到国家、行业标准或北京市地方标准要求的，有权要求乙方返修，也可解除合同并要求乙方赔偿损失。

(七)对乙方未签发《汽车维修竣工出厂合格证》、未按照规定出具结算发票和《维修结算清单》的，有权拒绝支付维修费用。

三、乙方权利、义务和责任

(一)应当对托修车辆进行维修前进厂诊断检验，并填写《进厂检验记录单》。

(二)应当妥善保管托修车辆及固定或遗落在托修车辆上的附件、设备及有关物品。除因维修或检验目的外，不得以任何形式使用托修车辆。违反上述约定造成托修车辆损坏的，应当无偿修理并赔偿损失。

(三)应当使用符合国家规定及双方约定的维修材料，否则应当无条件更换，并依法承担赔偿责任；由此影响甲方正常使用的，应当按照迟延履行的违约责任标准执行。

(四)维修过程中换下的配件、总成，竣工交车时应当交由甲方自行处理；但对环境有影响的废弃物品，应当在征得甲方同意后按照有关规定统一处理。

(五)托修车辆竣工质量检验的各项技术指标应当符合相关国家、行业标准或北京市地方标准的要求，签发《汽车维修竣工出厂合格证》并交甲方保存。

(六)向甲方交付托修车辆时，应当出具符合规定的结算发票，并附《维修结算清单》，清单中工时费与材料费应当分项列明。

(七)对甲方无正当理由拖欠维修费用的，可行使留置权。

(八)质量保证期以《汽车维修竣工出厂合格证》载明的期限或里程为准，但不得低于国家规定的最低标准。返修车辆质量保证期自返修竣工交付日起重新计算。

(九)在质量保证期内，因维修质量原因导致托修车辆无法正常使用，且乙方在3日内不能或者无法提供因非维修原因而造成托修车辆无法正常使用的相关证据的，乙方应当及时无偿返修，做好车辆返修记录，不得故意拖延或者无理拒绝。托修车辆因同一故障或维修项目经两次修理仍不能正常使用的，乙方应当联系经甲方认可的其他汽车维修企业对车辆进行维修，并承担相应维修费用。由此影响甲方正常使用的，按照迟延履行的违约责任标准执行。

四、其他条款

（一）《进厂检验记录单》、《维修结算清单》、《汽车维修竣工出厂合格证》应当经甲方签字确认，作为本合同附件。

（二）结算价格按照乙方公示的汽车维修项目工时费和材料费价目表执行。

（三）在本合同项下发生的纠纷，双方可协商解决或向辖区道路运输管理部门申请调解解决；不愿协商、调解或协商、调解不成的，可向人民法院提起诉讼或依据另行达成的仲裁条款或仲裁协议申请仲裁。

第四节　汽车维修服务基本管理制度

一 在修车保管制度

从汽车维修的流程来看，车辆从进厂办理交接手续直到修竣出厂，都属于维修厂的保管责任。为了保证客户车辆的安全，维修厂应制定相应的车辆保管制度。

1 做好接待、登记工作

车辆进厂维修，应由维修接待或业务部门负责进厂登记工作，登记之后，双方经手人共同签字，办理车辆移交手续。登记时记录好与维修相关的信息，如车辆进厂时间、车型、车牌号、驾驶员姓名、车辆所属单位、报修项目、车辆装备的齐全情况（如有缺件应详细记录）、油箱存油量、里程表行驶里程数等。

随车工具、车上物品等，要求车主带走。

对于不得不留在车内的物品，要清点登记并锁于车内或单独保管。

2 进行车辆维修标识

业务部门应对进厂维修的车辆进行标识，待修车、在修车、修竣车应分别停放在不同区域，以免发生意外。顾客车辆的整车保安，应由保卫部门负责。

3 办理移交

车辆修竣并经检验合格后，由厂方通知托修人验收、付款、交车，然后由维修接待或业务部门与托修人当面清点进场时登记物品的清单，办理移交，交接双方在交接单上签字。交接完毕后，由维修接待或业务部门在出厂登记本中做好记录，并开具出厂证，门卫凭出厂证核对车牌号后放行（图 8-12）。

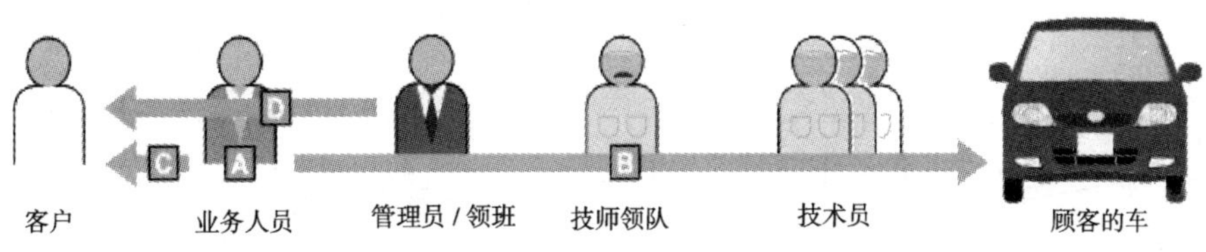

图 8-12　车辆移交环节

二 用户自带配件管理制度

由于种种原因，有时客户会自己携带配件到修理厂维修车辆。对于这种情况，维修厂一定要慎重对待。

(1)为了保证汽车的维修质量，不鼓励客户自带配件前来维修。

(2)如果客户坚持使用自带配件，应先由质检人员检查客户所带配件的外观、质量是否有缺陷，并与客户当面签字确认。

(3)业务人员与客户一起，当面清点自带配件的品名、规格、产地、数量等，并在《施工单》中详细填写，由维修技师保管，并做好标记，当面与客户确认。

(4)若客户自带配件存在质量问题，一般不予使用；若客户坚持使用自带配件，则向客户声明本公司不承担由此引起的保修责任，并请客户签字确认。

(5)若客户自带配件在安装中出现问题，要及时告知维修接待，通知客户来协商解决。

(6)车辆修竣后，让客户在施工单上签字，并注明自带配件，以备后查。

用户自带配件维修须知

▲说服客户不要使用。

▲检查自带配件的外观、质量。

▲登记自带配件的品名、规格、产地、数量。

▲协商解决维修导致的自带配件损坏。

▲修竣之后，客户签字确认自带配件。

三 替换车管理制度

替换车，又称客户代步车。有的汽车生产厂家要求，有重要客户到4S店维修车辆时，会向客户免费提供不低于客户车辆档次的替换车；有的维修商对于因自己的原因导致未能按时修复客户的车辆时，也会向客户提供替换车。

(1)尽量按期完成维修作业，不要向客户提供替换车。

(2)只向因公司原因导致送修车辆维修时间超过合同规定完工时间三天以上，且强烈不满的客户提供替换车。

(3)与客户签订严密的替换车使用规定,约定租金支付责任、油料由谁承担、行驶里程如何控制、安全事故如何担责等(图8-13)。

(4)加紧维修进度,尽快向客户交车。

图8-13 为用户准备的替换车

四 修竣车交车制度

汽车修竣出厂,要实行出厂合格证制度(小修和部分专项修理除外),维修质量不合格的车不准出厂。车辆修竣出厂时,必须按竣工出厂的技术条件进行检测,并向托修方提供由出厂检验员签发的汽车维修竣工出厂合格证(由汽车维修行业管理部门统一印制)。

1 竣工检验

车辆修竣后,需要进行以下检验:

(1)企业应建立严密的合格证领用、签发登记制度。

(2)维修企业应依据车辆竣工检验标准实施竣工检验。

(3)质量检验员对承修车辆进行竣工检验,填写竣工检验记录。检验不合格的车辆不得交付使用。二级维护、总成修理、整车修理应签发《机动车维修竣工出厂合格证》。

(4)竣工车经检验合格后,业务人员要维修车辆进行最后一次清理:清洗、清理车厢内部,查看外观是否正常,清点随车工具和物品并放入车内,将车停放在停车场。

(5)将竣工车辆的施工单、检验单一并交到维修接待人员手中。

2 验收交车

验收交车时,需注意以下事项:

(1)指定专人按照规范操作和规定线路试车,并做好记录。

(2)做好交车准备(清理车辆、查看外观、清点随车物品),通知客户验收接车,价格结算员汇总全部单据,进行账目统计。

(3)一切准备妥当后,提前1小时(工期在两天之内)或4小时(工期在两天以上)通知客户前来接车。如不能按期交车,也要按上述时间或更早些时间通知客户,说明延误原因,争取客户谅解,并表示歉意。

(4)根据客户要求交由客户试车,客户满意后,填写验收交接记录并签字确认,所有修车单据由业务部门管理。

(5)向客户告知车辆故障发生的原因、维修价格的基本构成、以后使用注意事项和质量保证期的相关内容。

(6)客户结算时,结算员做到如下几点:

▲礼貌地向客户打招呼,示意落座。
▲拿出结算单呈交客户过目。
▲当客户同意办理结算手续时,应迅速办理。
▲当客户要求打折或有赠品要求时,结算员可引领客户找维修接待处理。

(7)结算完毕,应即刻开具该车《出厂通知单》,连同维修单、结算单、质量保证书、随车证件和车钥匙一并交给客户。

(8)客户办理完接车手续,维修接待员应送客户出厂,并致祝福,如:

"××先生(女士),请您走好!"

"祝您一路平安!"

(9)假如客户取车时发生争议,应由维修接待员按预先设定程序处理,不得搪塞客户。

五 车辆返修管理制度

1 政策规定

在原交通部颁布的《机动车维修管理规定》(2005年第7号)第四章中规定了相关的质量保证要求:

第三十七条　机动车维修实行竣工出厂质量保证期制度。

汽车和危险货物运输车辆整车修理或总成修理质量保证期为车辆行驶20000公里或者100日;二级维护质量保证期为车辆行驶5000公里或者30日;一级维护、小修及专项修理质量保证期为车辆行驶2000公里或者10日。

摩托车整车修理或者总成修理质量保证期为摩托车行驶7000公里或者80日;维护、小修及专项修理质量保证期为摩托车行驶800公里或者10日。

其他机动车整车修理或者总成修理质量保证期为机动车行驶6000公里或者60日;维护、小修及专项修理质量保证期为机动车行驶700公里或者7日。

质量保证期中行驶里程和日期指标,以先达到者为准。

机动车维修质量保证期,从维修竣工出厂之日起计算。

第三十八条　在质量保证期和承诺的质量保证期内,因维修质量原因造成机动车无法正常使用,且承修方在3日内不能或者无法提供因非维修原因而造成机动车无法使用的相关证据的,机动车维修经营者应当及时无偿返修,不得故意拖延或者无理拒绝。

在质量保证期内,机动车因同一故障或维修项目经两次修理仍不能正常使用的,机动车维修经营者应当负责联系其他机动车维修经营者,并承担相应修理费用。

第三十九条　机动车维修经营者应当公示承诺的机动车维修质量保证期。所承诺的质量保证期不得低于第三十七条的规定。

2 维修企业车辆返修管理

在维修质量保证期内,所维修的车辆发生故障或损坏,要明确责任划分,按照责任属性进行处理解决。

(1)在质量保证期或承诺的质量保证期内,因维修质量造成车辆无法正常使用,且承修方在3日内不能或无法提供因非维修原因而造成车辆无法使用相关证据的,应无偿返修,不得故意拖延或无理拒绝。

(2)在质量保证期或承诺的质量保证期内,车辆因同一故障或者维修项目经两次修理仍不能正常使用的,负责联系其他维修企业修理,并承担相应费用。

图8-14　车辆返修

(3)因维修质量不合格或使用了不合格配件,造成维修质量低劣的,其经济损失由承修方负责。

(4)因用户操作不当或用户自己拆修造成的经济损失,承修方不予承担。

(5)返修车辆由维修接待员接车后,在施工单上注明返修内容,加注"返修"字样,并填写《返工、返修记录单》,及时送给维修车间(图8-14)。

(6)返修车辆执行公司维修质量控制程序,直至达到汽车维修竣工标准。

(7)公司维修车间及质检部门要建立车辆返修记录,对返修项目进行技术分析,制订和落实应对措施。

第五节　汽车保险的代办与服务

随着《汽车交通事故责任强制保险条例》于2006年7月1日的正式实施,车主基于遵守国家法律规定的考虑,以及基于出险之后能够获得保险公司必要赔偿的需求,选择汽车保险已经成为了一项不可回避的内容。

一　部分常见汽车保险产品介绍

1 汽车交通事故责任强制保险(简称"交强险")

(1)定义。交强险,是在随着汽车保有量增加、交通事故所造成的损失及矛盾日益突出的情况下,国家(或地区)基于维护社会大众利益考虑,为保障交通事故受害者能够获得基本赔偿,以法律或行政法规形式所实施的汽车责任保险。

汽车碰撞行人,无论汽车驾驶员是否有责,只要行人不是故意碰撞的汽车,根据交强险条例的规定，受害的行人都可以在驾驶员有责或无责的赔偿限额范围内获得相应的赔偿。

（2）费率。交强险的费率基于"总体经营，不赢不亏"的原则制定。在实际施行过程中，施行浮动费率机制，除第一年为固定值外，续保费率的高低与以往是否发生过获得赔付的交通事故以及事故性质密切相关（表8-6）。

部分车型交强险费率及浮动办法 表8-6

	车辆大类	车辆明细分类	交强险保费（元）
基础保费	家庭自用车	家庭自用汽车6座以下	950
	非营业客车	企业非营业汽车6座以下	1000
		机关非营业汽车6座以下	950
	营业客车	营业出租租赁6座以下	1800
		营业公路客运20~36座	3420
		营业公路客运36座以上	4690
浮动费率	浮动因素		浮动比率
	下浮比率	上一个年度未发生有责任道路交通事故	-10%
		上两个年度未发生有责任道路交通事故	-20%
		上三个及以上年度未发生有责任道路交通事故	-30%
	上浮比率	上一个年度发生一次有责任不涉及死亡的道路交通事故	0%
		上一个年度发生两次及两次以上有责任道路交通事故	10%
		上一个年度发生有责任道路交通死亡事故	30%

（3）保险责任。在保险有效期限内，被保险人在中华人民共和国境内（不含港、澳、台地区），被保险人在使用被保险机动车过程中发生交通事故，致使受害人遭受人身伤亡或者财产损失，依法应当由被保险人承担的损害赔偿责任，保险人按照交强险合同的约定对每次事故在下列赔偿限额内负责赔偿，保险人对每次事故的赔偿限额见表8-7。

交强险对每次事故的赔偿限额 表8-7

损失内容	被保险人有责时赔偿限额（元）	被保险人无责时赔偿限额（元）
死亡伤残	110 000	11 000
医疗费用	10 000	1000
财产损失	2000	100

（4）垫付与追偿。被保险机动车在以下情形下发生交通事故，造成受害人受伤需要抢救的，保险人在接到公安机关交通管理部门的书面通知和医疗机构出具的抢救费用清单后，按照国务院卫生主管部门组织制定的交通事故人员创伤临床诊疗指南和国家基本医疗保险标准进行核实。对于符合规定的抢救费用，保险人在医疗费用赔偿限额内垫付。被保险人在交通事故中无责任的，保险人在无责任医疗费用赔偿限额内垫付（保险人有权向致害人追偿）。对于其他损失和费用，保险人不负责垫付和赔偿。

交强险的垫付与追偿

▲驾驶人未取得驾驶资格的。

▲驾驶人醉酒的。

▲被保险机动车被盗抢期间肇事的。

▲被保险人故意制造交通事故的。

(5)责任免除。对于下列损失和费用,交强险不负责赔偿和垫付:

交强险的责任免除

▲因受害人故意造成的交通事故的损失。

▲被保险人所拥有的财产及被保险机动车上的财产遭受的损失。

▲被保险机动车发生交通事故,致使受害人停业、停驶、停电、停水、停气、停产、通信或者网络中断、数据丢失、电压变化等造成的损失以及受害人财产因市场价格变动造成的贬值、修理后因价值降低造成的损失等其他各种间接损失。

▲因交通事故产生的仲裁或者诉讼费用以及其他相关费用。

2 商业保险险种简介

在汽车保险的商业险种中,对于私家车来说,主要有第三者责任险、车辆损失保险、全车盗抢险、玻璃单独破碎险、车身划痕损失险、自燃损失险、车上人员责任险、不计免赔率特约条款等险种。各险种的保险责任、责任免除、赔偿处理见表8-8。

私家车主要险种的保险责任、责任免除、赔偿处理 表8-8

险　种	保险责任	责任免除	赔偿处理
机动车第三者责任险	被保险人或其允许的合法驾驶人在使用被保险汽车过程中发生意外事故,致使第三者遭受人身伤亡或财产直接损毁,应由被保险人承担的赔偿,保险人对于超过交强险各分项赔偿限额以上部分负责赔偿	被保险人、驾驶人及双方家庭成员的人身伤亡,所有或代管的财产损失;车上人员的人身伤亡或财产损失;无证驾驶;非被保险人允许的人使用被保险汽车;车辆无牌或年检不合格;被盗抢期间造成第三者人身伤亡或财产损失等	负全责:按100%赔偿,免赔20%;负主责:按70%赔偿,免赔15%;负同责:按50%赔偿,免赔10%;负次责:按30%赔偿,免赔5%;无责:不赔偿;违反安全装载规定的:增加免赔10%;非指定驾驶员驾驶出险的:增加免赔10%;在约定行驶区域以外出险的:增加免赔10%
车辆损失保险	碰撞、倾覆;火灾、爆炸;被外界倒塌物体砸中,被空中坠落物体砸中,行驶中坠落;车上所载货物、车上人员意外撞击;雷击、暴风、暴雨、洪水、龙卷风、雹灾、台风、海啸、热带风暴、地陷、崖崩、滑坡、泥石流、雪崩、冰陷、雪灾、冰凌、沙尘暴;发生事故时,被保险人或其代表为防止或者减少车辆损失而采取施救、保护措施所支出的必要合理费用等	肇事后逃逸;故意毁坏现场;故意及犯罪行为;酒后驾驶;无证驾驶;车辆无牌或未年检;改变使用性质或所有权转移;非法改装;被扣押罚没;在营业性场所维护;战争;不明原因产生火灾;自燃仅造成电器、线路、供油系统、供气系统损失;无人驾驶状态;违章装载;自然磨损;轮胎单独损坏;新增设备损失;损失扩大部分等	负全责:按100%赔偿,免赔15%;负主要责任:按70%赔偿,免赔10%;负同等责任:按50%赔偿,免赔8%;负次要责任:按30%赔偿,免赔5%;无事故责任或无过错的:不赔偿;单方事故责任免赔率为15%;应由第三方负责却无法找到的:在符合赔偿规定的金额内实行30%绝对免赔率;行驶区域超出约定的:增加10%绝对免赔率;非约定驾驶员驾驶的:增加10%绝对免赔率

续上表

险　种	保险责任	责任免除	赔偿处理
机动车盗抢保险	被保险汽车被盗窃、抢劫、抢夺，经出险地县级以上公安刑侦部门立案证明，满60天未查明下落的全车损失；全车被盗窃、抢劫、抢夺后，受到损坏或车上零部件、附属设备丢失需要修复的合理费用；被保险汽车在被抢劫、抢夺过程中，受到损坏需要修复的合理费用	在营业性修理厂维修期间被盗抢；从事违法活动；无公安部门核发的行驶证或号牌，或年检不合格；新增设备的损失；仅零部件或附属设备被盗窃或损坏；被盗抢期间造成人身伤亡或本车以外的财产损失；索赔时，未能提供停驶手续或出险地县级以上公安刑侦部门出具的盗抢立案证明等	全车损失的：绝对免赔率为20%；未能提供《汽车行驶证》、《汽车登记证书》、汽车来历凭证、车辆购置税完税证明的：每缺少一项，增加免赔1%；原车钥匙不全的：增加免赔1%~5%；非指定驾驶人使用被保险汽车的：增加免赔5%；在约定行驶区域外的：增加免赔10%
玻璃单独破碎险	被保险汽车风窗玻璃或车窗玻璃的单独破碎，保险人负责赔偿	安装、维修汽车过程中造成的玻璃单独破碎	
车身划痕损失险	无明显碰撞痕迹的车身划痕损失，保险人负责赔偿	被保险人及其家庭成员、驾驶人及其家庭成员的故意行为造成的损失	保险金额分别为2000、5000、10 000或20 000元，投保时协商确定。在保险金额内按实际修理费用计算赔偿，每次赔偿实行15%免赔率，累计赔款达到保险金额，保险责任终止
自燃损失险	因被保险汽车电器、线路、供油系统、供气系统发生故障或所载货物自身原因起火燃烧造成本车的损失；发生保险事故时，被保险人为防止或者减少被保险汽车的损失所支付的必要的、合理的施救费用	自燃仅造成电器、线路、供油及供气系统的损失；所载货物自身损失	全部损失：在保险金额内赔偿；部分损失：在保险金额内按实际修理费用赔偿。每次赔偿实行20%免赔率
车上人员责任险	被保险人或其允许的合法驾驶人在使用被保险汽车过程中发生意外，致使车上人员遭受人身伤亡，保险人负责赔偿	故意行为造成的人身伤亡；违法、违章搭乘人员的人身伤亡；车上人员因疾病、斗殴、自杀等造成的自身伤亡；车上人员在车下时遭受的人身伤亡等	每次事故的人身伤亡按法律、法规规定的赔偿范围、项目和标准以及保险合同的约定进行赔偿。赔偿金额不超过保单载明保险人数每次事故每人的责任限额

二　如何购买汽车保险

1 购买汽车保险的原因

购买汽车保险，基于两个原因：

（1）国家法律规定。自 2006 年 7 月 1 日起，我国开始施行《汽车交通事故责任强制保险条例》。由于是法律规定，不管被保险人是否愿意，都必须投保，目的在于保障交通事故受害者能获得基本的赔偿。凡不购买此险种的汽车，将无法获得上路行驶的资格。

（2）使用汽车是为了提高生活品质，但汽车属于上路行驶的机器，有可能发生不测，会给自己、别人带来伤害。一旦发生意外，可能就会面临即使倾家荡产也无法补偿的境地，这就需要通过保险来化解风险。美好的生活不应该因为用车出现意外而受到较大影响。

2 如何选择保险公司

我国目前承保汽车保险的保险公司有 30 家左右。其中，中国人保、太平洋保险、中国平安（图8-15）属于开业时间较长、市场占有率较高的三家公司（三家公司占有约 2/3 的市场份额，其他 50 多家财产保险公司占有其余的 1/3 的市场份额），理赔较规范，实力较雄厚。如果你的汽车价格相对较高，或者对维修质量有比较高的要求，建议选择大公司投保，而且最好就在买车的 4S 店投保。这样可以省去理赔过程中的许多麻烦。当然，作为实力雄厚的大公司，可能保费要略微偏高，条款也有一些不可通融之处。

经营规模小的公司，其特点一般正好与大公司相反，可能其赔付额度不如大公司，定点维修厂技术水平也不如大公司，而且有时候服务质量不够可靠，但通常保费会比较低。如果你的车价不高，或对维修质量没有特别要求，建议选择小公司，这样在费用方面比较节省。

a) 人保标志

b) 平安保险标志

中国太平洋保险
CHINA PACIFIC INSURANCE

c) 太平洋保险标志

图 8-15　中国三大财产保险公司标志

3 如何选择险种

购买什么险种，取决于汽车的档次、新旧程度、用途、行驶及停放区域、是否约定驾驶员等。目前，交强险是强制购买的；车辆损失险是投保许多附加险的前提；在附加险中，车主可根据自己的情况及需要选购。

一般说来，作为私家车，购买交强险、车损险、第三者责任险、玻璃单独破碎险、车身划痕险、车上人员责任险、盗抢险、不计免赔损失险等共计 8 项就可以了。

不过，有些险种可以根据自己的实际情况舍弃，如：如果你的车一直都在比较可靠、安全的停车场停放，上下班路途中也没有什么特别僻静的路段，可以不保盗抢险；如果车很便宜，那玻璃险的保费就可能达到玻璃自身价格的 30% ~40%，可以放弃玻璃险；新车自燃概率很低，可以不保；如果只是在市区行驶，车上人员责任险也可以不保。

作为汽车 4S 店的经营人员，可以建议车主购买“4S 店特约维修险”，这样可以省去车主与保险公司间将来针对事故车辆是否在 4S 店维修的扯皮现象。

私家车主的保险方案推荐见表 8-9。

几种私家车主的保险方案　　　　表 8-9

方　案	险种组合	保障范围	特　点	适用对象
最低保障	交强险	只赔偿第三者的损失	只有对别人的最低保障,费用低	急于上牌照或通过年检者
基本保障	交强险 + 车损险	只投保基本险,不含任何附加险	费用适度,能够提供最基本保障	有一定经济压力的车主
经济保险	交强险 + 车损险 + 10 万限额三者险 + 不计免赔 + 盗抢险	大的损失项目可以获得保障	投保 5 个最必要、最有价值的险种	是个人精打细算的最佳选择
最佳保障	交强险 + 车损险 + 20 万限额三者险 + 不计免赔 + 盗抢险 + 车上人员责任险 + 风窗玻璃险	常见损失项目都得到了保障	第三者损失、车的损失、车上人员损失都能得到保障	一般公司或个人
完全保障	交强险 + 车损险 + 50 万限额三者险 + 不计免赔 + 盗抢险 + 车上人员责任险 + 风窗玻璃险 + 新增加设备损失险 + 自燃险	全面保障	几乎与汽车有关的全部事故损失都能得到赔偿,但保费较高	经济充裕的车主

4 两个投保误区

两个投保误区

▲超额投保。

▲不足额投保。

5 关于代办保险

投保时要去保险公司营业场所,或是在持有保监会核发的《保险兼业代理许可证》的代理网点办理,不能贪图便宜,相信山寨版的车险代理商(图 8-16)。

不要贪图便宜、方便而随便委托他人代办,除非对他 100% 的信任。

拿到保单后,最好按照其上的报案电话查询一下,看在保险公司的系统中是否可以查到已投保了哪些险种的信息。

假如代办人员没有将保费交到保险公司,出现点小的刮蹭,他可能就得自己掏钱给你修了,可一旦发生大的车祸,就没人给你承担赔偿了。

图 8-16　车险代理

6 关于挂靠投保问题

不要将自己的私家车挂靠在单位投保，否则，有可能在索赔时成为局外人。这是因为：

第一，非营运车与私家车用途不同，保险公司可以以车辆不在承保范围拒绝理赔。

第二，代理人的承诺是口头的，出险后，保险公司可能以投保人未履行如实告知义务为由拒绝理赔。

第三，发生事故后，需要到单位开证明，并在报案表上盖单位公章，还要使保险公司的查勘人员确信这是单位公车，理赔时将款项打进单位账户……这就需要考验车主和方方面面人士的交情是否足够，只要有一个方面走不通，保险公司不予赔付就在所难免。

三 汽车保险索赔须知

(1)必须持有效驾驶证，且驾驶证与所驾车型吻合，驾车行为得到了被保险人的许可。

(2)保险卡应随车携带。发生保险事故后，立即通知保险公司并向交警报案。

(3)一定要按期年检，并获得车辆、证件的年检合格证。保险只对合法驾驶员驾驶的合格车辆生效，对于未年检的车辆视为不合格车辆；对于该审而未审的驾驶证视为不合格驾驶证。在这种情况下，车辆丢了白丢，撞了白撞，保险买了白买，顶多退回保险的现金价值。

(4)索赔材料。索赔时，需要提交的相关材料有：保险单正本、事故责任认定书、事故调节书、法院判决书、人员伤亡等费用单据、伤残鉴定证明、财产损失清单。

有人员伤亡时，可以负责赔偿的合理费用为：医疗费、误工费、护理费、就医交通费、住院伙食补助费、残疾者生活补助费、残疾用具费、丧葬费、死亡补偿费、被抚养人生活费等。申请以上各项费用，都需提供相应证明。

车辆被盗，索赔时还需提供汽车行驶证、购车原始发票、车辆购置附加费凭证、车钥匙、公安刑侦部门出具的盗抢案件证明、车辆报停手续等。

(5)出险后，24 小时内通知交警并保护好现场；48 小时向保险公司报案；协助保险公司查勘、定损；备齐必要单证，及时向保险公司申请索赔；结案后，尽快领取赔款。

(6)撞伤第三者或车上人员受伤。汽车撞伤了人，应及时向交警和保险公司报案。事故结案前，所有费用均由被保险人先行支付。在支付前，需得到保险公司同意，否则，保险公司有可能以"对被保险人自行承诺或支付的赔偿金额，保险人有权重新核定或拒绝赔偿"的条款规定而拒赔。

需要说明的是：事故发生后，如果驾驶员贸然救人，有可能面临无法得到保险公司全额赔偿的困境。因为，按照保险合同条款的约定，发生事故后，如果车主擅自移动车辆，破坏了事故现场，保险公司只赔付总赔偿额的 50%。因而，发生事故后应及时向保险公司报案，描述案情经过和损失程度，并要求交警为其开具救人证明，然后救人。这样由于程序正确、手续齐全，保险公司是没有理由拒赔的。

(7)被盗抢车辆的索赔。如果汽车不幸被盗抢，应在 24 小时内向公安部门报案，在 48 小时内通知保险公司。然后按照要求备齐相关材料，60 天后去保险公司索赔。

但是，假如被盗车辆属于未挂牌新车，那么无论是否购买了盗抢险，都无法获得赔偿。因为，保险车辆必须具备两个条件：须有公安交通管理部门核发的行驶证、号牌；在规定期间经公安交通管理部门检验合格。承保时，对于某些保户，可以经特别约定对"先保险，后核发号牌”的新车负责车损险和三者险，但盗抢险并未生效，自然也得不到赔偿。

（8）第三方不肯赔偿的情况。如果由于第三方的责任使汽车发生碰撞、倾覆，造成了损失，需要交警先确认责任，然后向第三方索赔。如果第三方不肯赔偿，则向人民法院提起诉讼。经法院立案后，被保险人可以书面请求保险公司先赔偿（向保险公司提供人民法院的立案证明），保险公司按保险合同的约定先行赔付。此时，被保险人须签具权益转让书，将向第三方追偿的权利部分或全部转让给保险公司，并积极协助保险公司向第三方追偿。如果被保险人放弃向第三方索赔而直接向保险公司索赔，保险公司将不予受理。

（9）第三者的概念。在车辆保险合同中，保险公司是第一方，被保险人是第二方，除保险公司与车主之外，且在交通事故中受害的人或物是第三方，也叫第三者。

据此，下述人员或财产不属第三者范畴：一是车主或其允许的驾驶员及双方家庭成员；二是车主或其允许的驾驶员及双方家庭成员所有、代管的财产；三是本车人员和财产。

保险公司的理赔遵循一个原则：肇事者本身不能获得赔款，即保险公司付给受害方的赔款，最终不能落到车主手中。之所以将家庭成员排除在第三者责任险之外，目的就是为了防止骗保。因为保险公司无法判断驾驶车辆撞伤家庭成员、撞毁自有财产的，是否存在故意。

所谓的“家庭成员”是指配偶以及居住在一起的父母、子女、兄弟姐妹。就配偶来说，无论是否居住在一起，都互为家庭成员（图8-17）；而对于后者，如果在财产上已经分割，经济上各自独立，那么，就不应该看作是家庭成员了。

因此，当所有权属于同一个人的两辆汽车相互碰撞时，不存在受害的第三方，保险公司不会以三者险进行赔付。一般是只能对其中一辆受损车辆以车损险名义理赔。

图8-17　“老婆，你永远都不是第三者！”

（10）拒赔车险。

即使购买了汽车保险，也并非只要发生事故造成了损失，保险公司就会赔付。以下是几种不可能获得赔付的典型情况：

车险拒赔实例

▲肇事逃逸；
▲驾驶员无责任；
▲驾车撞了自家人；
▲酒后驾车肇事；
▲收费停车场中丢车；
▲无牌照车被盗；
▲驾驶证未年审；
▲对方全责却不追偿；
▲黑车出险不赔；
▲车辆被盗抢期间，发生的第三者损失。

第八章　汽车维修业务管理

第六节　客户抱怨受理机制

 概述

1 客户抱怨

所谓客户抱怨，是指客户对你所提供的产品不满和责难，或者对于提供服务过程中的任何一个举动不赞同、提出质疑或拒绝接受的行为。

客户的抱怨是由对产品或服务的不满意而引起的，所以抱怨行为是不满意的具体反应。客户对服务或产品抱怨，意味着经营者所提供的产品或服务没有达到他的期望、没有满足他的需求；另一方面，也表示客户仍旧对经营者具有期待，希望能改善服务水平。

客户抱怨可分为私人行为和公开行为。私人行为包括回避重新购买或再不购买该品牌、不再光顾该商店、说该品牌或该商店的坏话等；公开行为包括向商店或制造企业、政府有关机构投诉、要求赔偿。

2 客户抱怨类型

客户抱怨，尽管内容可能千差万别，但还是有一定规律。从不同角度可以得出不同分类：

(1)抱怨的真实性。从抱怨的真实性划分，可以分为两类：

①真实的抱怨，即有事实依据的抱怨。

②虚假的抱怨，即缺乏事实依据或与主题毫无关系的抱怨。

(2)抱怨的内容。从客户抱怨的内容来看，可以分为五种情况：

客户抱怨的五项内容

▲工作人员服务态度不佳；

▲配件质量有问题；

▲维修质量有问题；

▲未能及时将车修好；

▲收费不透明。

二 如何减少客户抱怨

1 提供高质量的维修服务

紧紧抓住汽车进厂维修的三个关键时刻，努力做好各个环节的工作，向客户提供高质量的汽车维修服务。

(1)诊断汽车故障。准确诊断汽车故障，是提供高质量维修服务的基础。

①记录故障症状。客户前来报修,要按客户的描述记录下故障症状。如果客户没有主动说出汽车症状,则应询问汽车现在的工作状况。

注意:此时维修接待人员应该准确而全面地记录下汽车的故障症状,而不是解决问题的方法(图8-18)。

图8-18 认真检查潜在故障

②向客户说明故障诊断的程序及收费标准。把客户报修时所描述的故障症状记录下来之后,就应向客户说明诊断的基本程序、收费标准及收费依据。

如果客户在接受维修之前就明白了故障诊断的程序及收费标准,就会减少这方面的抱怨。否则,在确诊了故障之后,个别客户可能借口维修价格太贵或暂时没有时间修车而开车离开,并以“你们只是帮我看了看,并没有维修”为由拒绝交费,引起抱怨。

③分析故障。从客户处获得关于故障描述后,不要马上下结论,要让客户用自己的话说出问题真相,然后再与自己诊断后的判断比较。这样,就能基本保证工作单上信息的准确性。

(2)说服客户同意维修。完成故障诊断后,就要说服客户尽量同意修理。这不仅是修理厂的利益需要,也是减少抱怨的重要构成要素。步骤如下:

①描述故障真相。告诉客户你发现了什么问题,为什么需要维修。

②说明解决方法。告诉客户打算采用什么方法维修,并解释清楚这种修理方法的特点和优点。

需要注意的是:“特点”与“优点”是两个完全不同的概念,特点描述的是事物自身的特征,如发动机运转不稳、制动跑偏、空调工作效果不佳等;而优点则说的是所采纳的方式或提供的事物可以给车主带来的利益,如价格低廉、节省时间、节约油耗、提高性能、保障安全、使用便利等。

③报出估价,让客户同意维修。在向客户说明了检查所发现的问题、维修必要性、维修价格后,尽量说服客户同意维修。

(3)修复交车。完成维修工作后,还需要注意交车环节。

为了获得客户在这个环节的满意,需要做好以下几点:

①让客户放心用车。将汽车内外清理干净,交给客户一辆没有故障、干干净净的车;对潜在的、客户没有要求维修的问题,说明应该如何诊断和防范;向客户说明维修之后的保修期限;向客户推荐定期的维护程序;感谢客户的光临。

②向客户提供维修消费的明细账目,详细说明材料费、工时费、管理费的收费标准及依据,让客户明明白白地消费。

③将旧零件交还给客户。完成维修作业时,要尽可能留下替换下来的旧零部件,当客户

来取车时，把这些替换下来的旧零部件交还给客户。这件事情虽然不大，但客户很容易相信确实给他更换了相关的零部件，容易与客户建立起相互信任的合作关系。因为这种做法超过了客户的期望值，很容易感动他们。

2 补救性服务

某些小小的错误或者疏忽，会损害汽车维修商在客户心目中的良好形象。如：

客户等了半天无人理睬；

未能按时修好客户的汽车；

工作单上打错了客户名字；

客户来提车了，还没有将车洗干净或者没有列出维修服务的账单……

此时，就需要进行补救，具体如下：

(1)说声“对不起”，表明你在向他道歉，但道歉并不是主动承认错误，而是让客户知道你很在意引起他不满的事实，并且正在想办法尽快改正。

当面对一位心情不好的客户时，一句道歉就有可能平息他心中怒火，化解矛盾。

(2)马上动手解决问题。倾听客户对问题的评价及解决要求，马上动手解决。

对于比较简单的问题，如加快维修进度、更改填写有误的工作单、更换维修发票、寻找遗失的价值低廉的物品、更换有瑕疵的装饰品、清洗车身等，可以轻而易举地得以补救。

对于比较复杂的问题，由于已经损坏或者自身的错误，已经没有补救的可能了，就需双方达成协议，如未经许可对发动机进行了大修、将更换下来的变速器作为废品处理了等。

一定要注意，对于一般的小问题，不要争论客户是对是错，即使客户错了，花费大量的时间去弄清问题真相可能比解决问题的成本还要高；对于复杂的问题，也应该首先找到解决问题的方法，再讨论责任分担问题。以下是几种常见过错的补救措施：

①粗暴接待客户，如：冷落客户、对客户不耐烦、拒接或不回复客户的电话、指责客户、与客户争吵等。出现这种情况，往往是因为缺乏良好沟通造成的。由于客户非常反感这种行为，所以工作中必须从提高对客户的认识开始纠正，视客户为上帝，努力提高自身修养。

②信息不准确。向客户提供的信息要准确，稍有马虎，就可能给客户带来的麻烦。如：

向客户推荐的产品说明书中信息不全，客户无从判断；

没有交代清楚交车的准确日期和时间；

向客户提供的地址、邮编、电话、邮箱等有错或不详；

估价与实际维修后所发生的价格误差悬殊……

解决这类问题需从提高自身工作责任心和业务水平做起，多站在客户的角度考虑问题。

③填写工作单有误。作为客户，希望工作单上的所有项目都能准确无误。如果出现维修项目错项、漏项，客户或车牌名称写错，配件、工时、价格不准等，客户就会对你的工作质量不满。

解决这种问题的办法比较简单：一是提高工作责任心；二是提高业务水平；三是坚持“有错就改、错哪儿改哪儿、马上就改”的原则。

④错过期限。错过期限的常见情况有：

告诉打进电话的客户拿着话筒等一会儿，结果自己忘了或者较长时间后才回来接电话；

约定了具体时间给客户或发传真，客户等了较长时间后才收到；

没能按时履约会见客户；

约定了提供服务的具体日期或时间范围而没来提供服务；

交车日期已过一天以上，客户仍不能取到车……

要尽量避免不准时的事情发生。一旦不可避免地要发生，首先要考虑客户心情及如何补救。假如无法准时，一定要提前通知客户，请其谅解。越是提前通知，客户就越能谅解，越是临近期限通知，客户越厌烦。

譬如，如果当初约定客户 3 天后可以交车，但由于配件短缺，需要 5 天才能完成，那么就应该在第二天电话通知客户，并请其谅解，表明正在积极努力，争取尽快修好，而不是第三天客户来提车时，才告知“回去等吧，后天再来”。

⑤客户对维修服务不满。有时候，无论是主观还是客观原因，都可能引起客户对维修服务的不满，如：员工服务态度差、误解了客户的需求、停电、计算机工作失灵、配件缺货、配件质量差、维修质量差、收费不透明等。

当客户对所提供的维修服务不满时，不可一味地找借口来推卸责任，最好的办法是补救性服务，按照“缺啥补啥，哪儿差改哪儿”的原则进行改正。

(3)给予客户一些关照。给予客户某些关照的目的是让客户知道你对自己所犯错误的改正是真诚的，这种错误以后再也不会发生了，并且让客户知道你非常在意与他的业务合作。具体措施有：

①补救性免费赠品。例如：

供应一顿免费午餐，补偿因自己工作拖拉而耽误的客户用餐；

更换维修作业中被油污污染了的座垫；

暂借代步用车或者派车送其回家，补偿没有按时完成维修作业，而给客户带来的不便；

赠送一瓶空气清新剂，补偿维修过程中造成的驾驶室内浓重烟味……

这种关照的花费并不多，但却作为一种载体表达了你的歉意。

②补救性折扣。因为本次服务的失误，给客户造成了不便，也间接造成了损失，可以在客户下次维修时给予一定的优惠(通常为优惠工时费的 20% ~30%)。假如客户要求在本次优惠，可以以“单子已经打好，账目已经结算”来推辞、谢绝。

③补救性个人交往。在经历了一次令客户不愉快的维修服务后，你真诚地给客户打电话、解释原因、进行沟通，既会有助于问题的解决，也会建立起私人的交往关系，这对重树公司信誉是有很大帮助的。

补救工作三步曲

▲说声“对不起”；

▲马上动手解决问题；

▲给予客户一些关照。

三 抱怨处理技巧

客户出现抱怨，看似一个简单的事情，其实背后所反映的，可能是一个系列工程，必须做好一系列的工作，才能减少乃至消除抱怨。

处理客户抱怨，假如按照下述“一、二、三、四、五、六”的方法进行，一般都可以得到圆满解决。

1 推行“一项制度”

在处理客户抱怨时，应该推行“首问负责制”，不要推诿。

图 8-19　首问接待者

所谓“首问负责制”，是指第一个受理客户抱怨的人，要全权负责解答，或者负责联系相关人员解答客户的抱怨并确保客户满意(图 8-19)。

假如客户抱怨被推诿，在以“维修接待—维修技师—客服经理—总经理”的方式循环的话，他一定不会高兴。这种做法也是对个人、维修店、客户不负责任的一种具体表现。

首问接待者能当场处理的，要当场解决。不能当场处理或不属于自己职责范围内的，应该做到：

说明原因，给予可以令客户接受的解释；

将客户带到或指引到相关部门；

用电话与相关部门联系，及时解决客户所反映的问题；

告知客户有关人员的电话号码或办事地点。

2 坚持“两个做法”

(1)倾听述说。如果客户抱怨对维修服务不满，无论你是对还是错，均应首先向客户道歉。

客户的本意是：表达他的感情并把他的问题解决。当抱怨的客户向你陈述时，其不满情绪会得到宣泄，这对问题的解决十分有利。假如突然打断客户的陈述，既显得不礼貌，也对问题的解决十分不利。当客户发泄时，最好的回应方式是：闭口不言、仔细聆听。当然，不要让客户觉得你在敷衍他，要保持情感上的交流。

认真听取客户的话，把客户遇到的问题判断清楚，然后通过话语引导，让客户将他不满意的问题说出来，边听边记录，在对方陈述过程中判断问题的起因，抓住关键因素。听不清楚的，要用委婉的语气进行详细询问。

听完客户的陈述之后，把你所了解的问题向客户复述一次，让他予以确认。适当解释客户的误会或者造成这一问题的相关原因。了解完问题之后再征求客户意见，如：你认为如何处理才合适、你有什么要求等等。

(2)补救补偿。处理抱怨客户的返修时，对于通过补救可以解决的小问题，应该马上安排人员进行补救；对于无论如何也无法补救了的损失，要在请示经理的前提下，给予客户适度补偿(如馈赠赠品、折扣优惠等)。

一定要坚持这样的公司利益原则：第一，尽量赚钱；第二，不赚不赔；第三，少赔为赚。

给予客户补偿、满足客户需求的几种常用方法有：

给予客户补偿的方法

▲不要忘记了照顾客户。

▲了解客户的期待，尽量给予满足。

▲立即派人处理目前最紧急的事情，满足客户眼前的需求。

▲掌握客户真正的需求。

▲关注客户不经意的言语，注意客户反应。

▲关心客户同行的人，注意其家人或朋友的感受及需求。

▲随时问候、关心客户，设定服务施工的预计时间。

▲面向客户，随时微笑、点头。

❸ 明确“三类人职责”

客户的抱怨，主要涉及三类人员：维修接待员、维修技师、经理。处理客户抱怨时，需要分别明确这三类人各自的职责。

（1）维修接待员。要诚恳而礼貌地接待客户，指导客户填写《客户抱怨受理表》（表8-10），认真听取客户的抱怨，马上检查导致客户抱怨的现象，准确判断发生故障的原因并做出相应的处理与安排。

客户抱怨受理表 表8-10

客户信息	客户姓名		性别		联系电话	
	单位或住址				职务职称	
	其他背景					
车辆状况	车型		VIN		车架号	
	销售商		牌照		购车日期	
	行驶里程		维修情况			
投诉	故障日期		驾车人		抱怨要求	
	抱怨日期		故障里程			
故障处理前	车辆状态					
	客户态度					
故障处理后	车辆状态					
	客户态度					
客户反馈	处理结果： 满意□ 基本满意□ 不满意□				客户签字	
	处理速度： 满意□ 基本满意□ 不满意□				______年____月____日	
结案情况	抱怨受理人签字：____________ ______年____月____日			经理签字：____________ ______年____月____日		

①对于因维修质量不佳引起的抱怨。无论是因为所用配件不当，还是维修技师因疏忽而导致的缺陷，均应马上表示道歉，并立即安排维修。如果需要花费的时间较长，可以将车留下，并给予客户适度的补偿，如送其回家、报销车费、赠送小礼品等。

假如客户言辞强烈，车辆存在严重的质量问题，应即刻通知公司经理，马上寻找解决问题的可行性方案，以示对客户的理解和关注。

②对于因客户个人感觉不满引发的抱怨。假如所采用的配件符合要求、维修工艺也符合国家标准或企业承诺的标准，而客户只是个人感觉不满，应该向客户提供相关的标准、数据、依据，耐心解释。解释时尽量采用客户容易明白的话语，让客户能够听明白。

处理这类抱怨时，既要坚持原则，又要注意别伤了客户的感情。如果感觉客户"难缠"，也可以适度答应一些无关紧要的要求，给他一个台阶，照顾一下他的面子。

③对于因客户使用不当引发的抱怨。假如问题是因为客户使用不当造成的，要明确指出造成问题的真实原因，只是所采用的态度可以委婉些。同时，要提醒客户以后使用时的注意事项。

(2)维修技师。导致客户抱怨的维修技师，必须按照维修接待的派工要求，及时维修遭遇抱怨的车辆，并确保客户满意。

(3)客服经理。客服经理主要负责参与处理重大的客户不满。接到报告后，出面安抚客户情绪，在自己权限范围内立即提出处理方案，并在规定时间内组织实施，达到客户满意。对于不能及时处理的问题，要提出合理化建议，同时对事态的发展应该有预见及应对预案。

4 坚持"四个原则"

(1)掌握政策，正确判别。客户抱怨时，必须正确判断其抱怨的实质，分析出因果关系，然后判别抱怨是否合理。

为此，首先要了解相关的法律、法规，以便准确无误地给抱怨项目的合理性进行定性，这一点至关重要。对于不合理、不合法、不合情的抱怨要求不能迁就。

(2)以理服人，礼貌待客。当发生不合理抱怨时，在坚持原则的前提下不能违背服务宗旨，要礼貌待人，不能失礼，更不能用极端方式处理。

(3)调查分析，实事求是。接到客户抱怨后，必须进行调查分析；要听取抱怨人的陈述，还要向有关人员了解维修过程，听取被抱怨人表述；既要尊重抱怨人意见，又要尊重被抱怨人意见；通过调查，得出合理判断，实事求是地解决问题。

(4)赏罚分明，统一尺度。假如客户抱怨得正确，就要对被抱怨人做出相应处理。处理相关人员时，要注意关联性，只处理被抱怨事件本身的当事人，而不处理抱怨起因的责任人是不对的。

例如，客户抱怨制动失灵，检查发现属于制动蹄片质量不佳及间隙调整不当双重原因引起的，如果只处理维修技师，而不处理负责购买零配件的人员，维修技师就会心里不服。如果抱怨属于相关人员工作责任心不强引起的，必须从严处理。因为这是人人都能做到、做好的。只有这样，才能举一反三，教育员工，同时也可避免同类抱怨事件的再次发生。

处理客户抱怨所要坚持的四个原则

▲掌握政策，正确判别。
▲以理服人，礼貌待客。
▲调查分析，实事求是。
▲赏罚分明，统一尺度。

5 做好“五方面工作”

(1)热情接待,听取陈述。抱怨客户肯定带有不满情绪,因而,热情对待是十分必要的。

一块纸巾、一支香烟,也许就能不同程度地化解抱怨客户的某些不满(注意:不可以给正在激动抱怨的车主倒水,尤其是不能到热水)。

先请客户坐下来,再虚心听取他的不满诉说,让其发泄。客户抱怨时,全神贯注地看着对方,频频点头,以示重视。一般来说,抱怨的客户通过语言发泄会大大降低不满情绪,这为下一阶段的解决问题奠定了良好的基础。

要明白,客户信赖你,觉得你可以为他解决问题才向你求助的。不要随便给客户下判断。如果维修店对客户的抱怨避而不见,是极不明智的。这不仅无助于问题的解决,而且会把客户引向其他机构投诉。一旦第三方介入,处理起来会更加困难。另外,客户的抱怨对企业的发展也有积极的推动作用,如:可以指出公司的缺点或不足;可以获得继续为他服务的机会;可以提高处理抱怨人员的能力。

经营实践表明:第一,只有少数不满意的消费者会来抱怨,多数人懒得理会你,当然也就不再来你处进行消费;第二,抱怨能够得到快速处理的客户,大多会再次前来消费。美国消费者协会关于不满意与抱怨之间的关系见表 8-11。

美国消费者抱怨情况统计　　表 8-11

消费性质	客户分类	比率(%)
消费不满意与抱怨比率	不满意,就抱怨	4%
	虽然不满意,但是不抱怨	96%(但他们会将自己不满的情绪告诉 16 ~ 20 人)
即使不满意,仍然回头购买商品的客户	不抱怨	9%(91%不会再回来)
	抱怨过,没有得到解决	19%(81%不会再回来)
	抱怨过,问题得到了解决	54%(54%不会再回来)
	抱怨被迅速解决	82%(18%不会再回来)

调查得知:只有 4% 的不满意客户会来抱怨,96% 的不满意客户不会前来抱怨。但是,他们会将自己不满的情绪告诉 16 ~ 20 人,从而影响这些人的消费行为。

(2)无论对错,均表歉意。一般来说,抱怨者都会认为自己是对的,他希望通过抱怨达到自己的目的。如果受理者一味强调自己的理由,甚至连句安抚的话也不肯说,连个合理使用的建议也不肯提,很容易挫伤客户的自尊心,使其不满情绪升级,激化矛盾,引发投诉。

如果客户抱怨是对的,道歉是应该的;如果客户抱怨是错的,一句道歉的话也能体现你的博大胸怀,使客户感受到你的真诚,也会为日后带来更多的维修业务。

一定要牢记:顾客的对错并不重要,重要的是该如何解决问题而不让其蔓延。向顾客说一声:你已经了解了他的问题,并请他确认是否正确。要善于把顾客的抱怨归纳起来。

图 8-20 是丰田汽车公司总裁丰田章男于 2010 年 2 月 5 日,就因制动系统存在问题导致的大规模汽车召回而公开道歉。

(3)耐心解释,及时解决。当客户抱怨与事实不符时,一定要耐心解释,让客户从内心感觉到是自己的不对而心服口服,这样就不会失去这个客户的业务。如果客户的抱怨是对的,

图 8-20　丰田章男就汽车召回而公开道歉

就必须给予快速解决，化解客户的不满，使客户感觉到这次事故其实只是一个意外，重新达到了满意，成为公司的“回头客”。

（4）敢于担责，勇于认错。有些抱怨事件得不到有效解决，其实是维修单位没有勇气承认错误、承担责任造成的。只要客户有抱怨，无论客户采用何种方式、抱怨是否合理、抱怨哪些问题，都应接受、承担、妥善处理。这既是服务问题，也涉及法律规定，还牵扯到道德规范，这是汽车维修店应该坚持的服务原则，也是避免抱怨激化的有效方式。

（5）抓住机遇，快速处理。遇到客户抱怨，要快速处理，尽快平息客户心中的怨气。

这是因为，他所抱怨的内容，对你来说是一件微不足道的事情；可对客户用车来说，可能就是一道无法逾越的障碍。例如，发动机罩关闭不佳，对维修店来说，可能只是调整一下就可解决；但对用户来说，行驶中突然脱落的发动机罩，可能会危及他的生命安全。

实践证明，等、拖、靠的做法容易使车辆的小病酿成大患，扩大双方矛盾，使得本来一起很小的抱怨事件影响面扩大（如向报社、电视台、消费者协会等部门反映），使原本极容易处理的案例变得十分棘手。

处理客户抱怨需要做好的工作

▲热情接待，听取陈述。

▲无论对错，均表歉意。

▲耐心解释，及时解决。

▲敢于担责，勇于认错。

▲抓住机遇，快速处理。

6 抱怨处理“六步曲”（表 8-12）

抱怨处理“六步曲”　　表 8-12

步　骤	实施要点
第一步：以积极心态接受客户抱怨	接到客户抱怨信息后，马上记录（如客户名称、地址、电话号码及抱怨的原因等），并及时将表格传递到售后服务人员手中，记录人要签名确认
第二步：先安抚客户感情，再处理抱怨事情	遇到抱怨，一定要坚持先处理情感，再处理事情。假如直接处理事情，往往会引起客户的敌对情绪，即使最后解决了问题，客户有可能依然不满意
第三步：澄清引起抱怨事情的关键所在，探讨解决引起抱怨事情的方案	顾客有时会省略一些重要信息，因为他们以为这并不重要，或者忘了告诉你，或者为了掩饰自己使用方面的过错而刻意隐瞒，此时就需了解实际情况，澄清事情关键，然后与客户共同探讨处理方案，并签字确认
第四步：迅速解决所抱怨的问题	这是解决客户抱怨的核心举措，一定要认真做好

续上表

步　骤	实施要点
第五步:衷心感谢客户的抱怨	对给客户造成的不便表示道歉;对客户的意见表示感谢;必要时适当补偿客户损失(如:打折、免费赠品等);以个人名义给予客户关怀
第六步:回访客户,安抚情绪	处理完客户抱怨后,最好在一周左右给予电话或登门回访,了解客户对处理结果还有什么不满,是否需要更改等,直到客户答复满意为止。这样做,是对客户进行感情投资的良好方式,会使客户增强对你的信任,这对稳固客户、发展业务会有着意想不到的效果

第七节　汽车维修客户档案管理

对于汽车维修企业来说,客户是非常重要的经营资源,可以利用客户资源进行有效的感情联络及促销活动,必须对其高度重视,加以精心管理。

在《机动车维修管理规定》第三十四条中规定:机动车维修经营者对机动车进行二级维护、总成修理、整车修理的,应当建立机动车维修档案。机动车维修档案主要内容包括:维修合同、维修项目、具体维修人员及质量检验人员、检验单、竣工出厂合格证(副本)及结算清单等。机动车维修档案保存期为两年。

概述

1 客户档案

档案是人们在社会活动中形成,加以保存以备查考的文件。

汽车维修客户档案就是汽车销售、维修企业在向客户销售汽车、实施维修服务的过程中建立起来,以备日后查考的文件,它完整记录了客户车辆所有完成过的维护、维修项目,可以以纸质或电子文档方式保存。

2 建立客户档案目的

(1)建立起本企业的汽车维修客户关系,稳定基本的服务群体。

(2)了解目标客户的基本需求及个性化需求,进一步发掘汽车维修服务的市场需求,努力提高企业的获利水平。

(3)向客户提供有针对性的汽车维护、维修服务,提高客户的满意度、忠诚度。

3 客户档案形成

(1)客户从本企业的特约经销店购买新车或二手车时留下的相关信息。

(2)客户从其他经销店购买汽车,第一次来本企业接受维修服务时建立的档案。

(3)从其他渠道获得的客户档案资料。

(4)无论从什么渠道获得的客户档案,都需及时更新,将客户在与企业交往、交易过程中所表现出来的特质或典型事件进行记录,以便在以后的维修服务中使用。

4 建立客户档案优点

(1)可以及时通知客户注意保修期限,从而既能赢得客户信赖,又能避免因缺乏及时维护而导致的车辆状况异常。

(2)可以及时提醒车主进行定期维护,以避免车主因工作繁忙、不太懂车而带来的定期维护疏漏,同时可以给企业带来维修利润。

(3)可以实现对车辆的正确维护。这种指导意义既对客户有效,更对维修技师有效。

我们知道,医院的大夫往往很注重病人的病历,通过病历,他可以知道患者以往的病史、检查的结果、采用过的治疗手段、目前的恢复状况等,有助于当前的治疗。其实,汽车维修也是针对汽车的一种"治疗",应该充分利用维修档案。

(4)可以有效规范客户抱怨及投诉的处理。

二 客户档案管理

1 客户档案管理制度

(1)贯彻执行交通运输管理部门及本企业发布的有关车辆维修档案管理的各项方针政策、规章制度。

(2)建立健全、及时更新客户档案资料,规范管理。

(3)车辆维修档案应认真填写,记载及时、完整准确,不得任意更改。

(4)车辆维修档案要妥善保管,长期保存。

(5)对车辆进行维护、总成修理、整车修理的,应建立车辆维修档案。车辆维修档案的主要内容包括:维修合同、维修项目、具体维修人员及质量检验人员、检验单、竣工出厂合格证及结算清单等。

2 客户档案建立与使用

(1)客户分类。所有汽车维修客户,按照可以给企业带来的利润率,可以划分为4类:重点客户、一般客户、维持型客户、无效客户。

重点客户可能人数不多,维修作业总量也不大,但却是企业利润的主要创造者。他们往往愿意接受高价位的维修作业,也愿意接受最新的维修项目,属于消费领袖级别的客户。一般客户属于最为庞大的一个客户群体,虽然人数众多,但给企业带来的利润却比较少的。维持型客户属于基本给企业带不来多少利润的客户,但从企业的经营来说,又不可能没有他们,否则,总体的维修业务量将大幅下降,显得企业人气不旺。

无效客户属于企业出于经营、社会关系等方面的需要,不得不照顾的客户群体,这些客户不仅不会给企业带来利润,反而需要企业给他们倒贴许多成本,属于虽然不愿接纳,但又不得不接纳的客户群体。

(2)新客户建档。新客户是首次来店购车或者来店维修的车主。新客户的关系建立以后,销售人员或者维修接待人员应该向每一位客户赠送《"一对一"顾问式客户服务卡》(表8-13),同时建立《客户服务档案》(表8-14、表8-15),以便在以后的经营中更好地为客户提供服务。

<table>
<caption>“一对一”顾问式客户服务卡　表 8-13</caption>
<tr><td>客户姓名</td><td></td><td>销售商</td><td colspan="3"></td></tr>
<tr><td>购车日期</td><td></td><td>型号</td><td></td><td>VIN 码</td><td></td></tr>
<tr><td>交车时有关事项的确认（车主填写，有打√，无打×）</td><td colspan="2">□已介绍汽车的基本使用方法，并当面做交车检查；
□已介绍汽车走和期使用注意事项；
□已介绍汽车定期维护的重要性及维护间隔里程（时间）</td><td colspan="3">□已介绍驾驶注意事项；
□已介绍汽车日常维护的重要性；
□已告知客户服务热线的功能及使用方法；
□已介绍质量担保政策</td></tr>
<tr><td>顾问式客户服务模式（打√或×）</td><td colspan="2">□有问题或需求就直接找服务顾问；
□一位客户只由一名服务顾问负责，即：“一对一”</td><td colspan="3">□用户对服务顾问不满意时，可以重新选择服务顾问</td></tr>
<tr><td>服务顾问主要工作介绍（打√或×）</td><td colspan="2">□维护/维修服务接待；
□定期维护提醒回访；
□维护/维修咨询解答；
□维护/维修预约受理；
□重要事项通知回访；
□服务活动提醒回访</td><td colspan="3">□重要节日问候；
□年审提醒；
□车辆保险索赔指导；
□车辆保险续保提醒；
□抱怨受理；
□其他服务</td></tr>
<tr><td>“一对一”顾问式服务关系建立</td><td colspan="2">服务顾问名片
（粘贴）</td><td colspan="3">客户签名：____________
日期：______年____月____日
服务顾问签名：____________
日期：______年____月____日</td></tr>
</table>

客户服务档案 A（客户信息）　表 8-14

服务顾问：　　　　　　　　　　　　　　建档日期：

车的信息			客户个性特点				定期信息			
购车日期			消费特点	大方	一般	谨慎	维护日期（预计 6 次）			
驾龄			对车珍爱程度	珍爱	一般	随意				
车型			汽车专业知识	熟悉	一般	不懂	保险期限			
类别			驾驶水平	高超	一般	较差	年审日期			
用途			维修服务期望	较低	一般	很高	典型事件			
常跑长途	是	否	沟通难度	容易	一般	偏难	脱保原因			
个人信息			客户忠诚度（第 1 ~ 3 年）							
工作单位			加入俱乐部	是		否				
职务职称			累计维修次数							
办公电话			累计维修金额				公开赞誉			
家庭电话			推荐用户数量							
手机			公开赞誉次数							
电子邮箱			累计积分							
家庭住址			客户级别	VIP		常规	抱怨事件			
车主纪念日			不愉快事件（第 1 ~ 3 年）							
			脱保次数							
			客户责任次数							
			非客户责任次数				其他不愉快			
			当面争执次数							
			投诉到企业次数							
			投诉到外界次数							

客户服务档案 B(车辆维修) 表 8-15

<table>
<tr><td>车主姓名</td><td colspan="3"></td><td>性别</td><td></td><td colspan="2">工作单位</td><td colspan="2"></td></tr>
<tr><td>通信地址</td><td colspan="5"></td><td colspan="2">邮政编码</td><td colspan="2"></td></tr>
<tr><td>手机</td><td colspan="3"></td><td>家庭电话</td><td></td><td colspan="2">办公电话</td><td colspan="2"></td></tr>
<tr><td colspan="2">牌号</td><td colspan="2">经销商</td><td colspan="2">购车日期</td><td colspan="2">车型</td><td colspan="2">颜色</td></tr>
<tr><td colspan="2"></td><td colspan="2"></td><td colspan="2"></td><td colspan="2"></td><td colspan="2"></td></tr>
<tr><td colspan="2">变速器(AT/MT)</td><td colspan="2">VIN 码</td><td colspan="2">发动机号码</td><td colspan="2">车匙号码</td><td colspan="2">车用途(私/公)</td></tr>
<tr><td colspan="2"></td><td colspan="2"></td><td colspan="2"></td><td colspan="2"></td><td colspan="2"></td></tr>
<tr><td>车辆改装记录</td><td colspan="4"></td><td>严重事故记录</td><td colspan="4"></td></tr>
<tr><td>总成基础件拆检记录</td><td colspan="4"></td><td>总成基础件更换记录</td><td colspan="4"></td></tr>
<tr><td>序号</td><td>送修日</td><td>交车日</td><td>工单号</td><td>里程数</td><td>维修类别</td><td>维修项目</td><td>维修金额</td><td>维修接待</td><td>维修技师</td></tr>
<tr><td></td><td></td><td></td><td></td><td></td><td></td><td></td><td></td><td></td><td></td></tr>
<tr><td></td><td></td><td></td><td></td><td></td><td></td><td></td><td></td><td></td><td></td></tr>
<tr><td></td><td></td><td></td><td></td><td></td><td></td><td></td><td></td><td></td><td></td></tr>
<tr><td></td><td></td><td></td><td></td><td></td><td></td><td></td><td></td><td></td><td></td></tr>
<tr><td></td><td></td><td></td><td></td><td></td><td></td><td></td><td></td><td></td><td></td></tr>
</table>

3 客户档案的使用

对于维修企业来说,客户档案主要有以下用途:

(1)车辆“保姆”。对于绝大多数的私家车主来说,他们都不知道如何才能保持汽车的良好状态,出现了问题也不知道该怎么解决,甚至连以前发生过的问题也可能忘了故障的症状、解决的办法以及需要注意的事项。这就需要汽车维修企业借助于完善的汽车维修档案,给客户提出使用建议、维护计划、修理保障等一系列方案,充当一个车辆使用、维修方面“保姆”的角色。

(2)保管与更新。客户档案编码及存放的原则应该是确保在需要时可以尽快查找得到。为此,建议由专人负责管理及更新,并且按照车牌号码的顺序编排存放,在存放纸质档案的同时,建立电子档案。

客户档案必须时时更新,只要你获得了客户个人信息的变更,只要你对客户的汽车进行了任何维护、修理作业,都要在客户档案中予以体现,这样才能发挥客户档案的作用。如果没有及时更新客户档案,有时可能会在与客户的联系中造成令人尴尬的状况,让客户感觉你对他不够重视或者企业管理不善,从而对企业失去信心。

(3)短信提醒服务。借助于手机短信平台的群发功能,可以在特殊的日子向客户提供提醒服务,既可以使客户规避风险,又可以及时获得客户来店维修的业务量(表 8-16)。

短信提醒服务项目表　　表 8-16

短信提醒项目	短信提醒内容
定期维护	新手用车,一无所知;及时提醒,感动其心
车辆年检、驾驶证审验	错过年检,麻烦很多;店家提醒,体现关心
保险续保	提醒客户尽早续保,规避风险
客户生日、结婚纪念日等特殊日期	做事先做人,交人先交心。你在他特殊日子的一句祝福,可能就会感动客户,使其下次维修时来店接受服务
恶劣天气、特殊情况的驾驶	走合期勿高速行驶;雨天注意检查刮水器;雪天注意检查制动器;水中熄火切勿再启动;大风天气注意空中坠落物……让客户感觉你是真诚为他着想,使其心中平添一份暖意
公司活动通告	车主俱乐部、试乘试驾活动、自驾游活动、公司庆典优惠等,都可提前告知
维修服务满意度跟踪调查	一条调查短信,会让客户感觉你对工作认真负责

【复习思考题】

1. 为什么要召开早会?
2. 召开早会有什么优点?
3. 召开早会需要注意哪些事项?
4. "5S 管理"包括哪些内容?
5. 如何在汽车维修接待岗位拓展"5S 管理"?
6. 实行"5S 管理"有何作用?
7. 你的工作、生活环境,是否符合"5S 管理"的要求?
8. 维修合同主要包括哪些方面的内容?
9. 如何保管好在修车辆?
10. 如何对待用户的自带配件?
11. 车辆返修时该如何管理?
12. 为什么车主必须购买交强险?
13. 购买汽车保险需要注意哪些事项?
14. 哪些情况下出险,可能无法得到保险公司的赔付?
15. 如何管理好用户的送修车辆?
16. 处理客户抱怨时,维修接待员的主要职责是什么?
17. 处理客户的抱怨,需要做好哪五个方面的工作?
18. 处理客户抱怨,分哪六步?
19. 如何有效利用客户档案?
20. 根据所给材料,推荐一份汽车保险方案:李先生,35 岁,儿子 6 岁,自己在外企工作,夫人为国家公务员。所购新款捷达轿车已经使用接近一年,下个月该续保了。请推荐一份汽车保险方案。

【工作页】

汽车维修管理工作页(参加早会)

布置日期:____年___月___日	完成时间:_____(分钟)
问题: 在一家规范的汽车维修企业,一般都要举行早会。作为一名汽车维修接待人员,你应该如何参加早会?	任务: 学会参加早会,包括听会、检查、发言、记录等。
参会要点:	
工 作 步 骤	**注 意 事 项**
1. 我应该以什么样的精神面貌参加早会?	
2. 我要如何以早会的要求指导当天的工作?	
3. 我要如何通过早会锻炼自己与客户交流的能力,提高自己的管理水平?	
4. 我要如何在早会期间做好自我检查、相互检查?	
5. 我要如何做好领导交办的记录早会内容的工作?	
学习纪要:	

汽车维修管理工作页(5S 管理)

布置日期:______年____月____日	完成时间:______(分钟)
问题: “5S 管理”对于做好汽车维修接待工作具有十分重要的作用。作为汽车维修接待人员,应该如何学会做好“5S 管理”?	任务: 本章内容的学习,日后对自己的办公桌、工作区域、所分工的卫生区域进行清理,实践“5S 管理”的理念。
“5S 管理”要点:	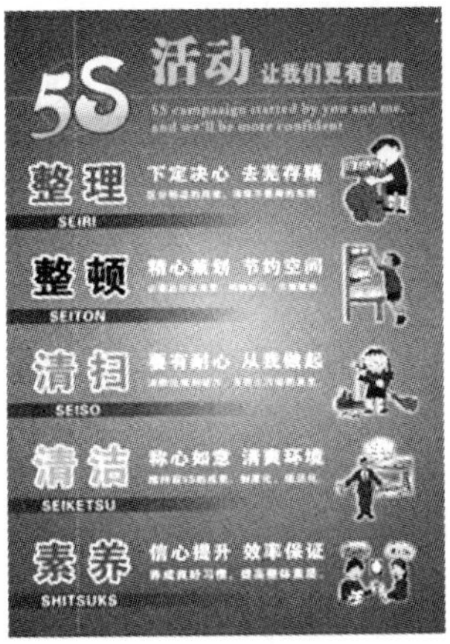

项目	工 作 步 骤		注 意 事 项	
整理	整理分类	整理属性	物品名称	具体整理方式
	需要使用的	经常使用的		
		偶尔使用的		
		几乎不用但又不能丢的		
	应该清理的	可以出售的		
		可立即丢弃的		
		需要请人帮忙处理掉的		
整顿	整顿项目		具体整顿内容	具体整顿方法
	检查		整理效果如何?	
	三要素	场所	整体场所如何规划? 相关物品放在哪里最合适?	
		方法	相关物品怎么放置?	
		标识	如何标识可以让外来者一下子就看明白?	

续上表

<table>
<tr><td rowspan="5">整顿</td><td colspan="2">整 顿 项 目</td><td>具体整顿内容</td><td>具体整顿方法</td></tr>
<tr><td rowspan="3">三定原则</td><td>定点</td><td>物品是不是放到了该放的位置？</td><td></td></tr>
<tr><td>定容</td><td>需要多大空间可以让我的物品具有美感，且确保放置得下？</td><td></td></tr>
<tr><td>定量</td><td>各类物品每个周期需要多少数量？</td><td></td></tr>
<tr><td colspan="2">目视检查</td><td>自己先看看，感觉是否漂亮？</td><td></td></tr>
<tr><td rowspan="4">清扫</td><td colspan="2">区 域</td><td>清扫内容</td><td>具体清扫方法</td></tr>
<tr><td colspan="2">顾客接待台</td><td>1. 接待台每天清理几次？放置什么必备的物品？
2. 各种文件、名片、资料等如何摆放？
3. 电话、电脑等设备多长时间清扫一次？</td><td></td></tr>
<tr><td colspan="2">业务洽谈区</td><td>1. 地面多长时间擦洗一次？
2. 桌椅是否保持洁净、摆放整齐？
3. 是否准备了相关的文具、车型资料？
4. 烟灰缸、桌面何时清理？</td><td></td></tr>
<tr><td colspan="2">公共卫生区</td><td>1. 多长时间清扫一次？
2. 什么情况下及时清扫？
3. 如何排除污染源？</td><td></td></tr>
<tr><td rowspan="4">清洁</td><td colspan="2">区 域</td><td>清洁标准</td><td>自查方法</td></tr>
<tr><td colspan="2">顾客接待台</td><td>设备、资料准备贯彻“必需”原则；
设备、资料摆放整齐、有序；
电子文档存放有序、查找便利；
环境整洁，干净舒适</td><td></td></tr>
<tr><td colspan="2">业务洽谈区</td><td>文件、资料准备贯彻“必需”原则；
桌椅、资料摆放整齐、有序；
及时清理，保持清洁</td><td></td></tr>
<tr><td colspan="2">公共卫生区</td><td>能够保持清洁；
及时处理污染源；
有碍观瞻的物品被及时清理</td><td></td></tr>
</table>

续上表

	内　容	自查方法
素养	1. 是否养成了整理、整顿、清扫、清洁的良好习惯？ 2. 是否严格执行了公司的规章制度？ 3. 是否开始关心别人，培养了优秀的团队意识？	
我的天天自查	“5S 天天自查”检查报告（见下表）	

我的天天自查

“5S 天天自查”检查报告

检查员：__________ 检查时间： ______年____月____日(上午、下午)

序号	项目	检查内容	分值	检查等级及扣分				得分
				A -0 分	B -1 分	C -2 分	D -3 分	
1	入口处	接车区是否有无关车辆在停放	15					
2		路面上有无关的物品或不清洁						
3		指示牌位置不当、不醒目、破损						
4		车主来了，没有人及时接待						
5	接待室	接待室标识不明显	15					
6		地面、墙面脏						
7		接待台物品摆放零乱						
8	客户休息室	地面、墙面脏	15					
9		供客人休息桌椅被占，无饮用水						
10		物品摆放零乱，相关物品不清洁						
11	接待人员	未统一着装或着装不规范、不整洁	10					
12		言谈冷淡或放肆，不符合接待要求						

续上表

	序号	项目	检查内容	分值	检查等级及扣分				得分
					A -0分	B -1分	C -2分	D -3分	
我的天天自查	13	维修车间	行车通道不清洁	15					
	14		作业区不清洁,油、液有落地现象						
	15		作业区旧件及废料未及时清理						
	16		工具摆放混乱						
	17		维修作业时未使用相应防护装备						
	18	维修技师	未统一着装	10					
	19		工装太脏,有明显油污						
	20		言行不当						
	21		进入车内未戴手套						
	22	结算室	地面、墙面脏	10					
	23		物品摆放零乱						
	24		客人来结算,没有打印出账单						
	25	卫生间	相关设施有损坏现象	10					
	26		没有达到卫生要求						
	27		有异味						

学习纪要:

汽车维修管理工作页(处理抱怨)

<table>
<tr><td>布置日期:______年____月____日</td><td>完成时间:______(分钟)</td></tr>
<tr><td>问题:
作为开门经营的汽车维修厂,由于主观、客观的原因,经常会遇到客户抱怨。
学员两人一组进行角色扮演,一人扮演客户任意给出一种引发客户抱怨的具体事由(如:在约定交车时间未能将车修好、轮胎充气气压太高、制动跑偏、水温表不显示水温值、自动刮水器遇雨不摆、燃油表不显示油量、客户将随车工具遗漏在了维修厂等),另外一人扮演接待员予以化解抱怨。</td><td>任务:
学会根据客户特点、时间特点、季节及天气特点、引发抱怨的具体事由等情况,因地制宜地处理好客户抱怨。</td></tr>
<tr><td>客户抱怨处理要点:</td><td></td></tr>
</table>

抱怨处理流程自查表

项　目	内　容	分值	实施情况	自查得分
一项制度	首问负责制施行了吗?	10		
两个做法	1."倾听述说"做得如何? 2."补救补偿"做了吗?	20		
三类人职责	1.维修接待员的职责是什么? 2.维修技师的职责是什么? 3.客服经理的职责是什么?	30		
四个原则	1."掌握政策,正确判别"坚持了吗? 2."以理服人,礼貌待客"坚持了吗? 3."调查分析,实事求是"坚持了吗? 4."赏罚分明,统一尺度"坚持了吗?	40		

续上表

项　目	内　容	分值	实施情况	自查得分
五方面工作	1."热情接待,听取陈述"做得如何? 2."无论对错,均表歉意"做得如何? 3."耐心解释,及时解决"做得如何? 4."敢于担责,勇于认错"做得如何? 5."抓住机遇,快速处理"做得如何?	50		
六步曲法处理抱怨	1.以积极的心态接受客户抱怨。 2.先安抚客户感情,再处理抱怨事情。 3.澄清引起抱怨事情的关键之所在,探讨解决引起抱怨事情的方案。 4.迅速解决所争议问题。 5.衷心感谢客户的抱怨,向客户道歉并适当补偿。 6.回访客户,安抚情绪。	60		
综合得分		210		

学习纪要:

【模拟考试题】

一、单项选择题

1.参加早会的人员,最好控制在________人。

A.2~3　B.10~20　C.30~50　D.100以上

2.早会召开的时间跨度,最好控制在________。

A.5分钟以内　B.5~10分钟　C.10~15分钟　D.20~30分钟

3.召开早会时,以下________内容是不应该的。

A.每个工作日均需召开　B.列队开会

C.坐姿开会　D.站姿开会

4.以下________情况无需签订维修合同。

A.汽车大修　B.二级维护

C.维修的预算费用在2000元以上　D.维修的预算费用在200元以上

5.以下________情况属于承修方的违约责任。

A.未按合同规定时间修复、交付托修车辆,应按合同规定支付托修方违约金

B. 交付的修复车辆符合质量要求，托修方使用不当导致损坏

C. 托修方前来维修发动机，交付使用后轮胎爆裂导致车辆倾覆致损

D. 托修方前来维修制动系统，但年检时被认定发动机排放超标

6. 以下________内容无需在车辆进厂维修时予以登记。

A. 报修项目

B. 车辆装备的齐全情况、油箱存油量、里程表行驶里程数

C. 车辆保险的购买情况

D. 车辆的进厂时间

7. 客户自带配件要求更换，业务人员应与客户一起，当面清点自带配件________等项目。

A. 品名、规格、产地　　B. 购买地点

C. 购买价格　　D. 购买人姓名

8. 根据《机动车维修管理规定》，汽车和危险货物运输车辆整车修理或总成修理质量保证期为________。

A. 车辆行驶 200 公里或者 10 日　　B. 车辆行驶 2000 公里或者 30 日

C. 车辆行驶 20 000 公里或者 50 日　　D. 车辆行驶 20 000 公里或者 100 日

9. 根据《机动车维修管理规定》，二级维护质量保证期为________。

A. 车辆行驶 500 公里或者 10 日　　B. 车辆行驶 2000 公里或者 30 日

C. 车辆行驶 5000 公里或者 30 日　　D. 车辆行驶 5000 公里或者 100 日

10. 根据《机动车维修管理规定》，一级维护、小修及专项修理质量保证期为________。

A. 车辆行驶 200 公里或者 7 日　　B. 车辆行驶 2000 公里或者 10 日

C. 车辆行驶 2000 公里或者 15 日　　D. 车辆行驶 2000 公里或者 30 日

11. 机动车维修经营者应当公示承诺的机动车维修质量保证期，所承诺的质量保证期，应该________。

A. 高于国家规定的机动车维修质量保证期

B. 不低于国家规定的机动车维修质量保证期

C. 低于国家规定的机动车维修质量保证期

12. 私家车第一年的交强险费用标准为________。

A. 900 元　　B. 950 元　　C. 1000 元　　D. 1050 元

13. 某私家车主操作不慎，倒车时碰撞上了一辆沃尔沃轿车，导致其前照灯、保险杠损坏，维修费用超过 50 258 元，交警判定该私家车主承担事故的全部责任。交强险可以替客户赔付________。

A. 2000 元　　B. 10 000 元　　C. 50 258 元　　D. 110 000 元

14. 机动车维修档案的保存期为________。

A. 半年　　B. 1 年　　C. 2 年　　D. 3 年

15. 某汽车购买了交强险、车损险、第三者责任险、不计免赔等险种，某日，该车在路边停放时被撞，无法找到肇事方，花费维修费 3000 元，请问：车主需要自行承担________的维修费用。

A. 0 元　　B. 300 元　　C. 450 元　　D. 900 元

16. 山东省德州市的一位车主，购买了交强险、车损险、第三者责任险、不计免赔等险种，并约定在山东省境内使用汽车。某日该车由朋友驾驶到河北吴桥去看杂技表演，因路况不

熟，撞到了桥墩上，构成单方事故。花费维修费5000元，那么车主需要自行承担________的维修费用。

A.0元　　B.400元　　C.500元　　D.1500元

17. 车主王先生为自己的私家爱车购买了交强险、车损险、第三者责任险、不计免赔等险种，并约定由夫妻两人使用该车。某日，该车由妻弟驾驶外出办事，因急于赶路，在逆行路超车时与对面来车相撞，导致车损，交警判断王先生的车负全责。双方车辆维修费共计15 000元，那么车主需要自行承担________的维修费用。

A.0元　　B.150元　　C.1500元　　D.4500元

18. 车主刘先生为自己核定载质量为6吨的营运货车购买了交强险、车损险、第三者责任险、不计免赔等险种。某日，该车装载了8吨化肥往乡下送货，因转弯太急撞到一处农房，造成本车车损1600元，第三者损失3800元，交警判断王先生的车负全责。那么保险公司可以赔付刘先生________费用。

A. 交强险2000元，商业三者险1800元，车损险1600元

B. 交强险2000元，商业三者险1800元，车损险0元

C. 交强险2000元，商业三者险1620元，车损险0元

D. 交强险2000元，商业三者险1620元，车损险1600

19. 某汽车购买了交强险、车损险、玻璃单独破碎险等险种。某日，该车在4S店更换前风窗玻璃时，由于维修工操作不慎，导致玻璃破碎。考虑到车主购买了玻璃单独破碎险，便立即拨打了保险公司的报案电话。本车前风窗玻璃的维修费用应该由________承担。

A. 车主本人　　B. 汽车4S店　　C. 保险公司　　D. 玻璃制造商

20. 某汽车购买了交强险、车损险、第三者责任险、自燃损失险等险种。某日，该车在停放过程中驾驶员闻到了一股橡胶燃烧的焦糊味，经全力抢救，只是线束的一段烧焦，其他部位没有影响。本车烧焦的线束的维修费用应该由________承担。

A. 车主本人　　B. 汽车4S店　　C. 保险公司　　D. 汽车制造商

二、多项选择题

1. 早会具有________作用。

A. 将维修企业在昨日经营过程中出现的新问题进行交流

B. 将今日计划的新内容进行安排

C. 相除当天的客户抱怨

D. 传达上级指令、汇报工作进展、交流工作经验

2. “5S管理”包括以下________内容。

A. 整理　　B. 整顿　　C. 清洁　　D. 素养

3. 做好整理工作，主要需要注意________。

A. 将各种零部件、工具按照尺寸大小进行排列

B. 在工作岗位上只放置必需的物品

C. 及时处理垃圾

D. 把长期不用的东西放回仓库

4. 做好整顿工作，主要需要注意________。

A. 使工作场所一目了然，营造整整齐齐的工作环境

B. 消除过多的积压物品

C. 整顿本部门所有工作人员的工作纪律

D. 消除找寻物品所造成的时间浪费

5. 整顿过程中的“三定原则”是指________。

A. 定人　　B. 定点　　C. 定容　　D. 定量

6. 整顿过程中的“三固定”方法是指________。

A. 标识方法　　B. 标识位置　　C. 放置场所　　D. 放置方法

7. 以下________情况属于托修方的违约责任。

A. 未按合同规定时间送修车辆，应按合同规定支付承修方违约金

B. 不按合同规定支付维修费用，自应付费之日起向承修方交付滞纳金

C. 不按合同约定期限验收接车，应向承修方支付保管费和自然损伤修复费

D. 中途变更修理项目，造成承修方损失时，应予以赔偿

8. 向客户提供替换车时，应该与客户签订严密的替换车使用规定，约定________。

A. 租金支付责任　　B. 油料由谁承担

C. 行驶里程如何控制　　D. 安全事故如何担责

9. 车辆修峻后，验收交车时需做好的交车准备工作主要有________。

A. 清理车辆、查看外观、清点随车物品　　B. 通知客户前来验收接车

C. 价格结算员汇总全部单据，进行账目统计　　D. 在大门口迎接客户前来接车

10. 以下________情况属于交强险的责任免除范围。

A. 因受害人故意造成的交通事故的损失

B. 被保险人所有的财产及被保险机动车上的财产遭受的损失

C. 被保险机动车发生交通事故，致使受害人停业、停驶、停电、停水、停气、停产、通信或者网络中断、数据丢失、电压变化等造成的损失以及受害人财产因市场价格变动造成的贬值、修理后因价值降低造成的损失等其他各种间接损失

D. 因交通事故产生的仲裁或者诉讼费用以及其他相关费用

11. 以下________情况属于交强险的垫付与追偿范围。

A. 驾驶员未取得驾驶资格的　　B. 驾驶员醉酒的

C. 被保险机动车被盗抢期间肇事的　　D. 被保险人故意制造交通事故的

12. 根据机动车登记规定，汽车上不允许车主自行变更的项目有________。

A. 汽车的外形　　B. 汽车的内装饰　　C. 车辆结构　　D. 车身颜色

13. 以下________属于客户抱怨的内容。

A. 工作人员服务态度不佳　　B. 维修质量有问题

C. 未能及时将车修好　　D. 收费不透明

14. 维修客户所关心的主要问题有________。

A. 由谁来维修他的车　　B. 是否维修好了他的车

C. 他的维修是否物有所值　　D. 假如出现了问题，你们是否负责

15. 假如汽车维修厂因为工作不到位引起顾客不满，补救工作可以分______三步。

A. 说声“对不起”

B. 指出问题的关键是客户使用不当，尽量别让客户感觉对不起他

C. 马上动手解决问题

D. 给予客户一些关照

三、判断题

1. 早会应该在每个工作日正式开始之前均召开。 ( )

2. 早会制度,只要几位厂领导认可即可,无需征求基层的意见。 ( )

3. "5S 管理"是指在生产现场中,将人员、设备、材料、方法等生产要素进行有效管理的一种方法。 ( )

4. 所谓整理,就是将工作场所的一切物品区分为"有必要的"与"不必要的"。然后将"必要的"与"不必要的"明确区分开来,"不必要的"物品尽快处理掉。 ( )

5. 所谓整顿,就是指对整理之后留在现场的必要的物品分门别类地放置。做到明确数量、排列整齐、有效标识、取用快捷。 ( )

6. 所谓清扫,是指将工作场所清扫干净,并一贯保持干净、亮丽的做法。 ( )

7. 所谓清洁,是指将整理、整顿、清扫进行到底,并且进行制度化、规范化管理,同时要求员工保持个人清洁。 ( )

8. 所谓素养,是指对于整理、整顿、清扫、清洁,能够形成制度,大家都按要求执行,从而提高员工的文明礼貌水准,增强团队意识,养成按规定行事的良好工作习惯。 ( )

9. 车辆从进厂办理交接手续直到修竣出厂,都属于维修厂的保管责任。 ( )

10. 若客户自带配件存在质量问题,可以使用,但需说明该配件自身出现问题时,与维修厂无关。 ( )

11. 如不能按期交车,应该在客户来提车时向其说明延误原因,重新约定交车时间。 ( )

12. 在质量保证期和承诺的质量保证期内,因维修质量原因造成机动车无法正常使用,且承修方在 3 日内不能或者无法提供因非维修原因而造成机动车无法使用的相关证据的,机动车维修经营者应当及时无偿返修。 ( )

13. 在质量保证期内,机动车因同一故障或维修项目经两次修理仍不能正常使用的,机动车维修经营者应当继续维修,直到修好为止,托修方不得要求找别人维修。 ( )

14. 交强险属于车主自主选择是否购买的一项险种。 ( )

15. 轿车的车门玻璃破碎,属于车损险的理赔范围。 ( )

16. 轿车的车身被人用钥匙恶意划伤,不属于车身划痕险的理赔范围。 ( )

17. 被保险汽车在被抢劫、抢夺过程中,受到损坏需修复的费用,保险公司不赔偿。 ( )

18. 假如被盗车辆尚未挂牌,那么无论是否购买了盗抢险,都无法获得赔偿。 ( )

19. 客户前来抱怨所维修的车辆存在质量问题时,假如不是本人的责任,应该尽量推辞,以免客户纠缠。 ( )

20. 只要确保维修质量,就不会导致客户抱怨。 ( )

四、分析题

1. 在昨日的维修接待工作中,一位客户上门反映他所维修的车辆,车门喷漆效果不好(或者发动机异响依然存在、前照灯无法实现自动开启、刮水器没有快速挡、车内座垫有带有油污的手印……),针对此问题,准备你在早会中的具体发言稿。

2. 根据"5S"管理要求,结合本店实际,分别制订顾客接待区、车辆展示区、维修车间、业务洽谈区等处的"5S"实施细则。

3. 某客户到 4S 店大修其雅阁轿车,自带曲轴要求更换,承修方同意了客户的要求,但未在维修合同中约定不承担由曲轴损坏引起的保修责任。进行费用结算时，扣除了按照4S店报价的曲轴费用。修峻车辆交付使用后18天，该车出现了曲轴断裂导致发动机全部报废的严重故障，引发客户投诉。

试设计分别应对客户、媒体记者、维修管理处调查处理的预案。

4. 请为一位在丈夫在政府机关担任副处长职务，妻子在一家外资企业任会计的私家车主（雅阁2.0轿车）设计一份保险险种的购买计划。

5. 一位私家车主（营运车主、公务车主），来4S店维修他的私家车（营运大客车、领导专车），订立维修合同时所确定的维修报价为3280元，后来在维修过程中，发现了一处故障隐患，需要增加维修费460元，延迟交车半天。本来维修技师让维修接待员与车主联系，征得其同意，可是维修接待员忙别的事情忘记了。结果车主如期来提车，发现费用增加了460元，交车时间延迟了半天，引发抱怨。请设计化解抱怨的应对方案。

第九章 汽车维修财务知识

学习目标

通过对本章内容的学习，您需要：

1. 了解客户对汽车维修费用的各种结算方式；
2. 熟悉支票、银行汇票、信用卡、银行本票等的基本使用方法；
3. 掌握发票的开具要求与方式。

第一节 汽车维修的收费结算方式

客户结算维修费用时，除了直接用现金结算外，还可能会选择其他的不同方式，因此我们有必要对这些结算方式予以了解。

一 支票

支票是由出票人签发，委托办理支票存款业务的银行或者其他金融机构在见票时无条件支付确定金额给收款人或持票人的票据。

开立支票存款账户和领用支票，必须有可靠的资信，并存入一定资金。支票分现金支票和转账支票。支票一经背书即可转让，具有通货作用，成为替代货币发挥流通手段和支付手段职能的信用流通工具。运用支票进行货币结算，可以减少现金流通量，节约货币流通费用。

1 支票的种类

支票的种类

▲普通支票；

▲现金支票；

▲转账支票。

现金支票是支票上印有"现金"字样的支票,只能用于支取现金。它可以由存款人签发用于到银行为本单位提取现金,也可以签发给其他单位和个人用来办理结算或者委托银行代为支付现金给收款人。转账支票只能用于转账,它适用于存款人给同一城市范围内的收款单位划转款项,以办理商品交易、劳务供应、清偿债务和其他往来款项结算。普通支票既可用于支取现金,也可用于转账。但在普通支票左上角划两条平行线的,为划线支票,只能用于转账,不能支取现金。

❷ 支票适用范围

单位和个人在同一票据交换区域的各种款项结算,均可以使用支票。

自 2007 年 6 月 25 日起,支票实现了全国通用,异城之间也可使用支票进行支付结算。支票全国通用后,出票人签发的支票凭证不变,支票的提示付款期限仍为 10 天;异地使用支票款项最快可在 2 ~ 3 小时之内到账,一般在银行受理支票之日起 3 个工作日内均可到账。为防范支付风险,异地使用支票的单笔金额上限为 50 万元。

❸ 支票的填写

(1)出票日期需用大写填写。出票日期 1 ~ 9 月分别写成零壹、零贰…零玖,10 月、11 月、12 月分别写成壹拾月、壹拾壹月、壹拾贰月;1 ~ 10 日分别写成零壹、零贰…零壹拾日;11 日写成壹拾壹日,20 日写成零贰拾日,30 日写成零叁拾日,31 日写成叁拾壹日。也可以盖日期章,印泥用红色、蓝色都可以(图 9-1)。

(2)收款人名称必须填全称,收款人也可以刻制本单位章,填进账支票时直接盖上去,可多次使用,印泥要求同上。一般情况下出票人会把收款人预先填好,不用收款人填写。

(3)款项用途需清晰明了,金额要用大小写同时填写。金额小写要用 ¥ 封头,大写时应紧接"人民币"字样填写,不得留有空白。大写遇到 0 时要注意。比如 1030.50 元可以写成壹仟零叁拾元零伍角整,也可以写成壹仟零叁拾元伍角整,两种写法都是对的。

(4)支票要用黑色碳素笔填写,也可打印。书写时不能重笔,不能涂改,有密码的还要填写密码。存根联是企业留存的,填写要求不是很高,简单按支票右边内容填就可以了。

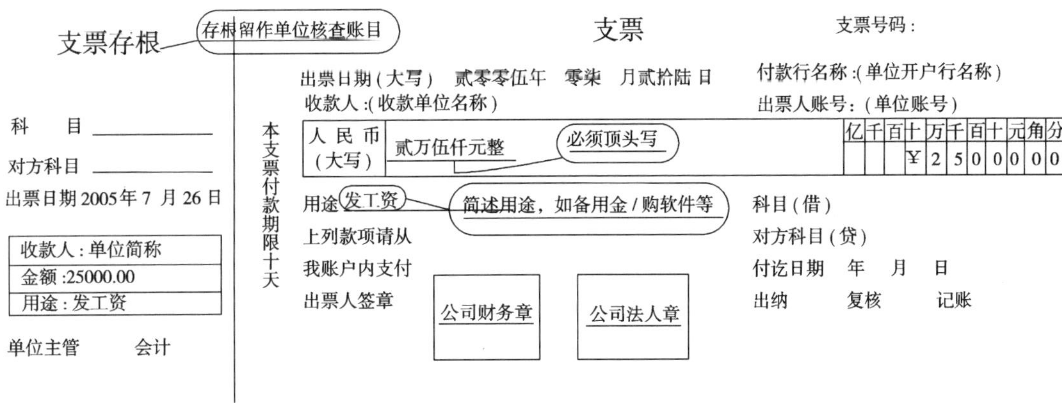

图 9-1 支票的填写

❹ 支票必须记载的事项

支票上必须记载以下事项:表明"支票"字样;无条件支付委托;确定金额;付款银

行名称及地址(未载明付款地点者,付款银行所在地视为付款地点);出票日期及出票地点(未载明出票地点者,出票人名字旁的地点视为出票地);出票人名称及其签字;收款人名称。

支票上未记载上述规定事项之一的,无效;支票上的金额可以由出票人授权补记,未补记前的支票,不得使用;支票上未记载收款人名称的,经出票人授权,可以补记;支票上未记载付款地的,付款人的营业场所为付款地;支票上未记载出票地的,出票人的营业场所、住所或者经常居住地为出票地;出票人可以在支票上记载自己为收款人。

5 支票的使用

(1)支票一律记名,转账支票可以背书转让。

(2)支票有效付款期为10天(从签发支票的当日起,到期日遇假日顺延)。

(3)支票签发的日期、大小写金额和收款人名称不得更改,其他内容有误,可以划线更正,并加盖预留银行印鉴之一证明。

(4)支票发生遗失,可以向付款银行申请挂失;挂失前已经支付,银行不予受理。

(5)出票人签发空头支票、印章与银行预留印鉴不符的支票、使用支付密码但支付密码错误的支票,银行除退回支票外,还要按票面金额处以5%但不低于1000元的罚款。

(6)支票的背书。现金支票不存在背书的问题,因为付款方在给你支票的时候就已经在现金支票的正面和反面盖章了,只要拿到现金支票的开户银行去,就可以取钱。

转账支票只要在有效期内(10天)可无数次背书转让(银行有粘贴单),但背书必须连续。若出票人注明“不得背书转让”字样的则不可背书转让。

6 支票的挂失

已经签发的普通支票和现金支票,如遗失或被盗,应立即向银行申请挂失。

(1)出票人将已经签发可以直接支取现金的支票遗失或被盗等,应出具证明,填写两联挂失申请书,加盖预留银行的签名式样和印鉴,向开户银行申请挂失止付。银行查明该支票确未支付,经收取一定的挂失手续费(票面金额的1%,但不低于5元)后受理挂失,在挂失人账户中用红笔注明支票号码及挂失日期。

(2)收款人将收受的可以直接支取现金的支票遗失或被盗等,也应出具证明,填写两联挂失止付申请书,经付款人签章证明后,到收款人开户银行申请挂失止付。

依据《票据法》第15条第3款规定:“失票人应当在通知挂失止付后3日内,也可以在票据丧失后,依法向人民法院申请公示催告,或者向人民法院提起诉讼。”即可以背书转让的票据的持票人在票据被盗、遗失或灭失时,须以书面形式向票据支付地(即付款地)的基层人民法院提出公示催告申请。在失票人向人民法院提交的申请书上,应写明票据类别、票面金额、出票人、付款人、背书人等票据主要内容,并说明票据丧失的情形,同时提出有关证据,以证明自己确属丧失的票据的持票人,有权提出申请。

失票人在向付款人挂失止付之前,或失票人在申请公示催告以前,票据已经由付款人善意付款的,失票人不得再提出公示催告的申请,付款银行也不再承担付款的责任。由此给支票权利人造成的损失,应当由失票人自行负责。银行暂停止付权限为12天,超过12天未收到人民法院止付通知的,自第13天起,挂失止付通知书失效。

按照规定,已经签发的转账支票遗失、被盗等,由于这种支票可以直接待票购买商品,银行不受理挂失，但可以请求收款人及其开户银行协助防范。如果丧失的支票超过有效期或者挂失之前已经由付款银行支付票款的，由此所造成的损失，由失票人自行负责。

7 支票的交存

在支票背面右边盖上预留印鉴，不要压线，包括财务章和法人章。盖章时要清楚，持支票到银行再填进账单（表9-1）一式三联送存银行就可以了。填进账单时左边为出票人的（付款人）全称、账号、开户银行（支票上有），右边为收款人（自己单位）的全称、账号、开户银行（公司银行），最后填写金额 。

银行进账单　　　　表9-1

此联由银行盖章后退回单位

<table>
<tr><td rowspan="2">收款单位</td><td>全称</td><td colspan="2"></td><td>款项往来</td><td></td></tr>
<tr><td>账号</td><td colspan="2"></td><td>款项性质</td><td>票据（分页填写）</td></tr>
<tr><td colspan="5" rowspan="2">人民币
（大写）</td><td>十亿千百十万千百十元角分</td></tr>
<tr><td></td></tr>
<tr><td colspan="3">托收票据目录第1页　共　页</td><td rowspan="2">款项性质</td><td>金额</td><td rowspan="6">（收款银行盖章）</td></tr>
<tr><td>付款行交换号码</td><td>付款单位账号</td><td>凭证号码</td><td>千百十万千百十元角分</td></tr>
<tr><td></td><td></td><td></td><td></td><td></td></tr>
<tr><td></td><td></td><td></td><td></td><td></td></tr>
<tr><td></td><td></td><td></td><td></td><td></td></tr>
<tr><td></td><td></td><td></td><td></td><td></td></tr>
</table>

8 支票真伪的辨别

支票真伪辨别

▲检查支票号码，是否为挂失支票。

▲检查支票印章是否齐全，现金支票正反面印章必须一样；转账支票只在正面预留印鉴章。

▲检查是否有涂改，避免退票。

▲检查票面字迹、印章是否清晰，位置是否正确，金额大小写是否一致并正确。

▲检查支票日期是否准确、是否为有效期，日期行必须大写。

▲转账支票加盖有银行的签章三处，可拨打出票单位开户行电话查询。

▲凭密码支取的支票，查验是否填写了密码，密码是否正确。

二 银行汇票

银行汇票是汇款人将款项存入当地出票银行，由出票银行签发的，由其在见票时，按照实际结算金额无条件支付给持票人或收款人的票据。

1 银行汇票的使用

(1)使用范围。银行汇票适用于先收款后发货或钱货两清的商品交易,单位和个人各种款项结算都可以使用银行汇票。银行汇票可以用于转账,填明"现金"字样的银行汇票还可以用于支取现金。银行汇票的付款期限一般为出票日起一个月内,超过付款期限提示付款不获付款的,持票人应当在票据权利时效内作出说明,并提供本人身份证或单位证明,持银行汇票和解讫通知书向出票银行请求付款。

(2)记载事项。表明"银行汇票"的字样;无条件支付的承诺;收款人姓名或单位;汇款人姓名或单位;签发日期(发票日);汇款金额、实际结算金额、多余金额;汇款用途;兑付地、兑付行、行号;付款日期。

(3)提示付款期限。银行汇票的提示付款期限自出票日起 1 个月。持票人超过付款期提示付款的,代理付款人不予受理。

2 银行汇票的申请

(1)单位需要使用银行汇票时,应填写银行汇票请领单,具体说明领用银行汇票的部门、经办人、汇款用途、收款单位名称、开户银行、账号等,由请领人签章,并经单位领导审批同意后,由财务部门具体办理相关手续。银行汇票请领单的格式如表 9-2 所示。

银行汇票请领单　　　　表 9-2

请领日期　　年　月　日

收款人		开户银行		账号	
汇款用途					
汇款金额	人民币(大写)				¥
部门负责人意见		单位领导审批意见		请领人签章	

(2)申请使用银行汇票办理结算业务的单位,财务部门应向签发银行提交"银行汇票委托书",并在其上逐项写明汇款人名称和账号、收款人名称和账号、兑付地点、汇款金额、汇款用途等,并在"汇款委托书"上加盖汇款人预留银行的印鉴,由银行审查后签发银行汇票。如汇款人未在银行开立存款账户或个人要求签发银行汇票,则可以交存现金办理汇票。

(3)汇款人办理银行汇票,能确定收款人的,须详细填明单位、个体经济户名称或个人姓名。确定不了的,应填写汇款人指定人员的姓名。

(4)交存现金办理的汇票,需要在汇入银行支取现金的,应在汇票委托书上的"汇款金额"大写栏先填写"现金"字样,后填写汇款金额。这样,银行可签发现金汇票,以便汇款人在兑付银行支取现金。如需要在兑付银行支取现金的,必须是申请人或收款人是个人,申请人或收款人是单位的,不得办理"现金"汇票。

(5)签发银行受理"银行汇票委托书",经过验对"银行汇票委托书"内容和印鉴,并在办妥转账或收妥现金之后,即可向汇款人签发转账或支取现金的银行汇票。对个体经济户和个人需要支取现金的,在汇票"汇款金额"栏先填写"现金"字样,后填写汇款金额,再加盖印章并用压数机压印汇款金额,将汇票和解讫通知交汇款人。

银行汇票一式四联,第一联为卡片,由签发行结清汇票时作汇出汇款付出传票;第二联为银行汇票,与第三联解讫通知一并由汇款人自带,在兑付行兑付汇票后此联作联行往来账付出传票;第三联是解讫通知,在兑付行兑何后随报单寄签发行,由签发行作余款收入传票;

第四联是多余款通知，在签发行结清后交汇款人。

3 银行汇票的解付

收款人收到银行汇票时，应该认真审查，审查的内容主要包括：收款人或背书人是否确为本单位；银行汇票是否在付款期内，日期、金额等填写是否正确无误；印章是否清晰，压数机压印的金额是否清晰；银行汇票和解讫通知是否齐全、相符；汇款人或背书人的证明或证件无误，背书人证件上的姓名与其背书相符。

审查无误后，在汇款金额以内，根据实际需要的款项办理结算，并将实际结算金额和多余金额准确、清晰填入银行汇票和解讫通知的有关栏内（实际结算金额和多余金额如果填错，应用红线划去全数，在上方重填正确数字并加盖本单位印章（只限更改一次）。多余金额由签发银行退交汇款人。全额解付的银行汇票，应在“多余金额”栏写上“0”符号。

填写完结算金额和多余金额后，收款人或被背书人将银行汇票和解讫通知同时提交兑付银行，缺少任何一联均无效，银行将不予受理。

在银行开立账户的收款人或被背书人受理银行汇票后，在汇票背面加盖预留银行印鉴连同解讫通知和二联进账单送交开户银行办理转账。

持票人为未在银行开户的个人，可以向所选择的任何一家商业银行提示付款，提示付款时，应在汇票的背面签章，并填写本人身份证名称、号码及发证机关，由其本人向银行提交本人身份证及其复印件。

4 银行汇票的退款

汇款单位因汇票超过付款期限或其他原因没有使用汇票时，可分情况申请退款：

（1）在银行开立账户的汇款单位要求签发银行退款时，应当备函向签发银行说明原因，并将未用的“银行汇票联”和“解讫通知联”交回汇票签发银行办理退款。银行将“银行汇票联”和“解讫通知联”和银行留存的银行汇票“卡片联”核对无误后办理退款手续，将汇款金额划入汇款单位账户。

（2）未在银行开立账户的汇款单位要求退款时，应将未用的“银行汇票联”和“解讫通知联”交回银行，同时向银行交验申请退款单位的有关证件，经银行审核后办理退款。

（3）汇款单位因“银行汇票联”和“解讫通知联”缺少其中一联而不能在兑付银行办理兑付，而向签发银行申请退款时，应将剩余的一联退给汇票签发银行，并备函说明短缺其中一联的原因，经签发银行审查同意后办理退款手续。

5 银行汇票的背书

银行汇票如果其收款人为个人的，可以经过背书将汇票转让给在银行开户的单位和个人。如果收款人为单位的，不得背书转让。

汇票必须转让给在银行开户的单位和个人，不能转让给未在银行开户的单位和个人。在背书时，背书人必须在银行汇票第二联背面“背书”栏填明其个人身份证件及号码，并签章，同时填明被背书人名称，并填明背书日期。

6 银行汇票遗失后的处理

（1）如果遗失了注明“现金”字样的银行汇票，应立即向签发银行或兑付银行请求挂失止付。申请时应提交汇票挂失申请书(可用汇票委托书代替),并在凭证备注栏内写明“汇票挂失”。如果在银行受理挂失以前,包括对方银行收到挂失通知以前,汇票金额已彼人冒领的,银行不承担付款责任。持票人一旦发现汇票遗失,应尽快申请挂失,同时,依据《票据法》第15条第3款规定,“失票人应当在通知挂失止付后3日内,也可以在票据丧失后,依法向人民法院申请公示催告,或者向人民法院提起诉讼”,以免遭到不必要的利益损失。

(2)如果遗失了注明收款单位、个体经济户名称的汇票,失票人应当立即通知收款单位、个体经济户、收款人、兑付银行、签发银行,请求这些单位或个人协助防范。因为这类汇票遗失后,银行不办理挂失止付。

(3)如果遗失了指定收款人姓名的汇票,不能到银行申请挂失止付。因为这种汇票可以背书转让,无法确定被背书人,无法挂失,兑付行和签发行都不予协助防范。因此,这种银行汇票的持票人一定要认真保管,切勿遗失。银行汇票遗失后,在付款期满后一个月确实没有发生什么问题的,可以由汇款人写出书面证明,说明情况,到签发银行办理退款。

7 银行汇票结算的相关规定

(1)银行汇票的签发和解付。银行汇票的签发和解付,只能由中国人民银行和商业银行参加“全国联行往来”的银行机构办理。跨系统银行签发的转账银行汇票的解付,应通过同城票据交换将银行汇票和解讫通知提交同城的有关银行审核支付后抵用。省、自治区、直辖市内和跨省、市的经济区域内,按照有关规定办理。在不能签发银行汇票的银行开户的汇款人需要使用银行汇票时,应将款项转交附近能签发银行汇票的银行办理。

(2)银行汇票一律记名。在汇票中指定某一特定人为收款人,其他任何人都无权领款;但如果指定收款人以背书方式将领款权转让给其指定的收款人,其指定的收款人有领款权。

(3)银行汇票的汇票金额起点为500元。500元以下款项银行不予办理银行汇票结算。

(4)银行汇票的付款期为1个月。这里所说的付款期,是指从签发之日起到办理兑付之日止的时期。从签发日开始,不论月大月小,统一到下月对应日期止的一个月。如果到期日遇节假日,可以顺延。逾期的汇票,兑付银行将不予办理。

8 银行汇票的真假鉴别

(1)眼观。用肉眼银行汇票的纹路是否清晰,波峰是否依弧形彩虹的形状有规律地出现,银行汇票汉语拼音微缩的字母是否连续排列有序,银行汇票各要素是否填写齐全,金额大小写是否一致,日期是否正确,有无涂改。

(2)手摸、耳听。用手触摸纸张较挺拔,轻轻击打会发出比较响亮、清脆的声音,与鉴别人民币的方法基本相同。

(3)仪器鉴别。一般的汇票鉴别仪有4项功能:一是放大功能,把银行汇票放在银行汇票鉴别仪下观察,各要素会看得更清楚、逼真,若有涂改,很容易发现。二是长波功能,主要是观察有色或无色荧光纤维。三是短波功能主要是观察银行汇票背面二维荧光。四是水印功能,把银行汇票背面放在银行汇票鉴别仪下,可观察到汉语拼音“HP”字样。

(4) 收到银行汇票,除了对银行汇票本身的真伪进行辨别外,还要对背书转让的银行汇票检查背书是否连续,背书人签章是否齐全。汇票的出票日期、汇票号码、收款人名称、实际结算金额等是否有更改的迹象。对经更改的票据要坚决拒收。

(5)按银行汇票上的出票人电话直接电话咨询出票人,向出票人进行核实。

三 信用卡

信用卡是商业银行向个人和单位发行,凭以向特约单位购物、消费和向银行存取现金,具有消费信用的特制载体卡片,其形式是一张正面印有发卡银行名称、有效期、号码、持卡人姓名等内容,背面有磁条、签名条的卡片。

凡在中华人民共和国境内金融机构开立基本存款账户的单位可申请领单位卡,单位卡可申领若干张,持卡人资格由申领单位法定代表人或其委托的代理人书面指定和注销。具有完全民事行为能力的公民可以申领个人卡。

单位或个人申领信用卡,应按规定填制申请表,连同有关资料一并送交发卡银行,符合条件并按要求交存一定金额的备用金后,银行为申领人开立信用卡存款账户并发给信用卡。

1 信用卡的种类

(1)按是否向发卡银行交存备金分贷记卡、准贷记卡两类,贷记卡是发卡银行给予持卡人一定的信用额度,持卡人可在信用额度内先消费、后还款的信用卡。准贷记卡则是先按发卡银行要求交存一定金额备用金的信用卡。我们现在所说的信用卡,一般单指贷记卡。

(2)按使用对象分为单位卡和个人卡。

(3)按信用等级分为金卡和普通卡。

2 信用卡使用注意

(1)单位账户的资金一律从基本存款账户转账存入,不得交存现金,不得将销货收入的款项存入其账户。

(2)信用卡仅限于合法持卡人本人使用,持卡人不得出租或转借信用卡。

(3)单位信用卡不得用于 10 万元以上的商品交易、劳务供应款项的结算。

(4)持卡人用卡购物时,需将信用卡和身份证一并交特约单位并在签购单上签名确认。

(5)特约单位不得通过压卡、签单和退货等方式支付持卡人现金。

(6)单位卡一律不得支取现金。

(7)信用卡透支额,金卡最高不得超过 10 000 元,普通卡量高不得超过 5000 元,透支期限最长 60 天。

(8)持卡人不得恶意透支。

(9)持卡人不需要继续使用信用卡的,应持信用卡主动到发卡银行办理销户。销户时,单位卡账户余额转入其基本存款账户,不得提取现金。

3 信用卡的真假鉴别

(1)看塑料底片。真卡表面光滑,颜色不易脱落,底片有防伪标志;伪卡表面粗糙,颜色易脱落,底片无防伪标志。

(2)看印刷。真卡颜色鲜明,字样清晰,卡面条纹清查整齐;伪卡字样模糊,颜色过深或过浅,卡面条纹不整齐,有如贴在白卡上。

(3)看签名栏。真卡有发卡公司的商标;伪卡无公司商标,即全白色或有涂改痕迹,且签名不流畅。

(4)看压印。真卡卡号大写英文字母整齐有序;伪卡压印号与英文字母不整齐或大小有别,其中涂改卡旧卡号在卡面隐约可见。

四 银行本票

银行本票是申请人将款项交存银行,由银行签发的承诺自己在见票时无条件支付确定的金额给收款人或者持票人的票据。分定额本票和不定额本票两种,定额银行本票面额为1000元、5000元、10 000元和50 000元。

银行本票见票即付,付款保证程度高,适用于同一票据交换区域内的个人各种款项结算。

1 银行本票的相关规定

(1)银行本票可以用于转账。填明"现金"字样的银行本票,也可用于支取现金。现金银行本票的申请人和收款人均为个人。

(2)银行本票可以背书转让,填明"现金"字样的银行本票不能背书转让。

(3)银行本票的提示付款期限自出票日起2个月。

(4)在银行开立存款账户的持票人向开户银行提示付款时,应在银行本票背面"持票人向银行提示付款签章"处签章,签章须与预留银行签章相同。未在银行开立存款账户的个人持票人,持注明"现金"字样的银行本票向出票银行支取现金时,应在银行本票背面签章,记载本人身份证件名称、号码及发证机关。

(5)银行本票丧失,失票人可以凭人民法院证明,向出票银行请求付款或退款。

(6)银行本票的出票人,为经中国人民银行当地分支行批准办理银行本票业务的银行。

(7)签发银行本票必须记载下列事项:表明"银行本票"的字样;无条件支付的承诺;确定的金额;收款人名称;出票日期;出票人签章。欠缺记载上列事项之一的,无效。

(8)持票人超过付款期限提示付款的,代理付款人不予受理。

(9)银行本票的代理付款人是代理出票银行审核支付银行本票款项的银行。

(10)申请人使用银行本票,应向银行填写"银行本票申请书",填明收款人名称、申请人名称、支付金额、申请日期等事项并签章。申请人和收款人均为个人需要支取现金的,应在支付金额栏先填写"现金"字样,后填写支付金额;申请人或收款人为单位的,不得申请签发现金银行本票。

(11)出票行受理银行本票申请书,收妥款项签发银行本票。用于转账的,在银行本票上划去"现金"字样;申请人和收款人均为个人需要支取现金的,在银行本票上划去"转账"字样。不定额银行本票用压数机压印出票金额。出票行在银行本票上签章后交给申请人。

(12)申请人或收款人为单位的,银行不得为其签发现金银行本票。申请人应将银行本票交付给本票上记明的收款人。

2 收款人受理银行本票时,应审查的事项

(1)收款人是否确为本单位或本人。

(2)银行本票是否在提示付款期限内。

(3)必须记载的事项是否齐全。

(4)出票人签章是否符合规定,不定额银行本票是否有压数机压印的出票金额,并与大写出票金额一致。

(5)出票金额、出票日期、收款人名称是否更改,更改的其他记载事项是否由原记载人签章证明。

(6)收款人可以将银行本票背书转让给被背书人。被背书人受理时，还应审查：背书是否连续，背书人签章是否符合规定，背书使用粘单的是否按规定签章；背书人身份证件。

3 付款与退款

(1)持票人超过提示付款期限不获付款的,在票据权利时效内向出票银行作出说明,并提供本人身份证件或单位证明,可持银行本票向出票银行请求付款。

(2)申请人因银行本票超过提示付款期限或其他原因要求退款时,应将银行本票提交到出票银行,申请人为单位的,应出具该单位的证明;申请人为个人的,应出具该本人的身份证件。出票银行对于在本行开立存款账户的申请人,只能将款项转入原申请人账户;对于现金银行本票和未在本行开立存款账户的申请人,才能退付现金。银行本票丧失,失票人可以凭人民法院出具的其享有票据权利的证明,向出票银行请求付款或退款。

五 商业汇票

商业汇票是指由付款人或存款人(或承兑申请人)签发,由承兑人承兑,并于到期日向收款人或被背书人无条件支付确定金额款项的一种票据。

按其承兑人的不同,可以分为商业承兑汇票和银行承兑汇票两种:商业承兑汇票是指由收款人签发,经付款人承兑,或者由付款人签发并承兑的汇票;银行承兑汇票是指由收款人或承兑申请人签发,并由承兑申请人向开户银行申请,经银行审查同意承兑的汇票。

商业汇票一般有三个当事人,即出票人、收款人和付款人。

1 使用商业汇票必须遵守的原则

(1)使用商业汇票的单位必须是在银行开立账户的法人。

(2)签发商业汇票必须以合法的商品交易为基础,禁止签发无商品交易的汇票。

(3)商业汇票经承兑后,承兑人负有到期无条件支付票款的责任。

(4)商业汇票承兑期限最长不得超过6个月。如属分期付款,应一次签发若干张不同期限的汇票。

2 商业汇票业务办理注意事项

(1)办理商业汇票必须以真实的交易关系和债权债务关系为基础,出票人不得签发无对价的商业汇票用以骗取银行或其他票据当事人的资金。

(2)商业汇票的出票人,应为在银行开立存款账户的法人以及其他组织,与付款人(即承况人)具有真实的委托付款关系,并具有支付汇票金额的可靠资金来源。

(3)签发商业汇票必须按规定详细记载必须记载事项。

(4)我国目前使用的商业承兑汇票和银行承兑汇票所采用的都是定期付款形式,出票人签发汇票时,应在汇票上记载具体的到期日。

(5)商业汇票可以在出票时向付款人提示承兑后使用,也可以在出票后先使用再向付款人提示承兑。商业承兑汇票和银行承兑汇票的持票人远均应在汇票到期日前向付款人提示承兑。承兑不得附有条件。

(6)商业汇票的持票人向银行申请贴现时,必须提供与其直接前手之间的增值税发票和商品发运单据复印件,贴现银行办理转贴现、品发运单据复印件。贴现利息的计生机算,承兑人在异地的,贴现、转贴现和再贴现的银行应另加3天的划款日期。

商业汇票的票款结算一般采用委托收款方式。商业汇票的提示付款期,自汇票到期日起10日。持票人应在提示付款期内通过开户银行委托收款或直接向付款人提示付款。对异地委托收款的,持票人可估算邮程,提前通过开户银行委托收款。

3 商业汇票鉴别

(1)商业汇票的特征。商业汇票具有七项特征:

商业汇票特征

▲由中国人民银行统一监督印制,具有统一规定格式、联次、颜色和规格。

▲紫光灯下在规定位置有人民银行行徽或各专业银行行徽的荧光反应。

▲承兑汇票的票号以2位英文字母冠首,其后是8位阿拉伯数字。

▲票号是以渗透性油墨印制,正面为黑色,字迹清晰、端正、间隔相等;反面为浅红色,整个号码区域用手摸有明显凹凸感。

▲大写金额红水线栏使用水溶性荧光油墨,在紫光下有荧光反应。

▲在白光照射下,显现满版水印,银行承兑汇票和商业承兑汇票水印不同。

▲背面有二维标识码,在紫光下有微弱荧光反应。

(2)商业汇应该具备的要素。商业汇票应该具备以下几点要素:

①表明“商业承兑汇票”或“银行承兑汇票”字样;

②无条件支付的委托;

③确定的金额,票据金额以中文大写和数码同时记载,二者必须一致,不一致的票据无效;

④收款人名称与付款人名称不能相同,其开户银行可以相同也可以不同;

⑤商业汇票的出票日期必须是中文大写,且到期日与出票日间隔最长不超过6个月。

出票人签章不符合规定则无效;单位在票据上的签章,应为该单位的财务专用章或公章,加其法定代表人或其授权代理人的签名或者盖章,商业承兑汇票的承兑人在票据上的签章应为其预留银行的签章;银行承兑汇票的承兑人签章,应为经中国人民银行批准使用的该银行汇票专用章,加其法定代表人或授权经办人的签名或盖章。银行用公章进行承兑的,亦应承担票据责任。承兑人签章不符合有关规定,其签章无效,但不影响其他符合规定签章的效力。

票据上的记载事项应真实,不得伪造、变造;票据上有伪造、变造签章的,不影响票据上其他真实签章效力;票据上其他记载事项被变造的,在变造之前签章的人,对原记载事项负责;在变造之后签章的人,对变造之后的记载事项负责;不能分清的,视同在变造前签章。

票据金额、日期、收款人名称不得更改,更改的票据无效。

对于其他记载事项,原记载人可以更改,更改时应由原记载人签章证明。银行承兑汇票的原记载人为出票企业,银行不得更改银行承兑汇票。

商业汇票的流通应当在规定的区域内进行,限定流通区域的票据,只能在限定的区域内流通,注明“不得转让”字样的票据,不得背书转让,只能持票到期收款。

(3)商业汇票的鉴别。商业汇票的真伪鉴别方法是:

①观看其纸张颜色、印章颜色和形状是否有异,观看汇票的纹印是否清晰,观看号码、金额部位是否有涂改迹象。

②摸汇票的纸张是否有轻薄的感觉,手感是否有异;摸号码区域是否有毛糙感觉,是否有明显凹凸感。

③在白光和紫光下照射、观看号码区、金额书写部位,观看二维标识码及背书印刷字体颜色,是一样还是有异。

4 票据贴现

(1)概述。票据贴现是持票人在需要资金时,将其收到的未到期承兑汇票,经过背书转让给银行,先向银行贴付利息,银行以票面余额扣除贴现利息后的票款付给收款人,汇票到期时,银行凭票向承兑人收取现款。就客户而言,贴现即贴息取现。一般地讲,用于贴现的商业汇票主要包括商业承兑汇票和银行承兑汇票两种。

(2)申请票据贴现的条件。申请票据贴现的单位必须是具有法人资格或实行独立核算、在银行开立基本账户并依法从事经营活动的经济单位。贴现申请人应具有良好的经营状况,具有到期还款能力,贴现申请人持有的票据必须真实,票据填写完整、盖印、压数无误,凭证在有效期内,背书连续完整。贴现申请人在提出票据贴现的同时,应出示贴现票据项下的商品交易合同原件并提供复印件或其他能够证明票据合法性的凭证,同时还应提供能够证明票据项下商品交易确已履行的凭证(如发货单、运输单、提单、增值税发票等复印件)。

(3)银行在贴现票据时,贴现付款额的计算公式:

银行贴现付款额 = 票据面额 ×(1 - 年贴现率 × 贴现后到期天数 ÷ 365 天)

六 现金结算

现金结算是维修行业普遍采用的一种方式,但主要适用与个人结算,注意事项有:

(1)收取现金至少清点两遍。

(2)严格按现金开支范围使用好收取的现金。

(3)注意识别现金的真伪。

第二节 发 票

发票是指在购销商品、提供或者接受服务以及从事其他经营活动中，开具、收取的收付款凭证。它是消费者的购物凭证，是纳税人经济活动的重要商事凭证，也是财政、税收、审计等部门进行财务税收检查的重要依据。

一 发票的分类

1 普通发票

普通发票主要由营业税纳税人和增值税小规模纳税人使用，增值税一般纳税人在不能开具专用发票的情况下也可使普通发票。

普通发票由行业发票和专用发票组成。前者适用于某个行业和经营业务，如商业零售统一发票、商业批发统一发票、工业企业产品销售统一发票等；后者仅适用于某一经营项目，如广告费用结算发票、商品房销售发票等。

普通发票的基本联为三联：第一联为存根联，开票方留存备查用；第二联为发票联，收执方作为付款或收款原始凭证；第三联为记账联，开票方作为记账原始凭证。

2 增值税专用发票

增值税专用发票是我国实施新税制的产物，是国家税务部门根据增值税征收管理需要而设定的，是增值税一般纳税人销售货物或者提供应税劳务开具的发票，是购买方支付增值税额并可按照增值税有关规定据以抵扣增值税进项税额的凭证。专用发票既具有普通发票所具有的内涵，同时还具有比普通发票更特殊的作用。它不仅是记载商品销售额和增值税税额的财务收支凭证，而且是兼记销货方纳税义务和购货方进项税额的合法证明，是购货方据以抵扣税款的法定凭证，对增值税的计算起着关键性作用。

增值税专用发票由基本联次或者基本联次附加其他联次构成，基本联次为三联：发票联、抵扣联和记账联。发票联，作为购买方核算采购成本和增值税进项税额的记账凭证；抵扣联，作为购买方报送主管税务机关认证和留存备查的凭证；记账联，作为销售方核算销售收入和增值税销项税额的记账凭证。其他联次用途，由一般纳税人自行确定。

二 发票的作用

随着市场经济的发展，商品流通的不断扩大，发票在整个社会经济活动中，特别是在税收征管及财务管理中起的作用越来越大。其作用主要有以下几个方面：

(1)发票是记录经营活动的原始证明。由于发票上载明的经济事项较为完整，既有填制单位印章，又有经办人签章，还有监制机关、字轨号码、发票代码等，具有法律证明效力。它为工商部门检查经济合同，处理合同纠纷，法院裁定民事诉讼，消费者向销货方要求调换、退货、修理商品，公安机关核发车船牌照，保险公司理赔等，提供了重要依据。所以消费者个人养成主动索取发票的习惯是维护自身合法权益的保障。

(2)发票是加强财务会计管理,保护国家财产安全的重要手段。发票是会计核算的原始凭证,正确填制发票是正确进行会计核算的基础。只有填制合法、真实的发票,会计核算才会真实可信,核算质量才有可靠保证,提供的会计信息才会准确、完整。

(3)发票是税务稽查的依据。发票一经开具,票面上便载明征税对象的名称、数量、金额,为计税基数提供了原始依据。发票还为计算应税所得额、应税财产提供必备资料。离开了发票,要准确计算应纳税额是不可能的,所以税务稽查往往从发票检查入手。

(4)发票是维护社会秩序的工具。发票具有证明作用,在一定条件下又有合同性质。各类发票违法行为,不仅与偷税骗税有关,还与社会秩序的诸多方面(如投机倒把、贪污受贿、走私贩私等)的案件关系甚大。发票这一道防线一松,将为经济领域的违法犯罪打开方便之门。所以,管好发票,不仅是税务机关自身的责任,也是整个社会的工作。

三 普通发票的开具规定

(1)在销售商品、提供服务以及从事其他经营活动对外收取款项时,应向付款方开具发票。特殊情况下,由付款方向收款方开具发票。向消费者个人零售小额商品,也可以不开发票,但如果消费者索要发票时,则不得拒开。

(2)开具发票应按规定时限、顺序,逐栏、全部联次一次性如实开具,并加盖单位财务印章或发票专用章。

(3)使用计算机开具发票,须经国税机关批准,并使用国税机关统一监制的机外发票,并要求开具后的存根联按顺序号装订成册。

(4)发票限于领购单位和个人在本省、自治区、直辖市范围内使用。临时到本省、自治区、直辖市以外从事经营活动的单位或个人,应凭所在地税务机关证明,向经营地税务机关申购经营地的发票。省、自治区、直辖市税务机关可以作出跨市、县开具发票的办法。

(5)开具发票的单位和个人的税务登记内容发生变化时,应办理发票和发票领购簿的变更、缴销手续。注销税务登记前,应当缴销发票领购簿和发票。

(6)所有单位和从事生产、经营的个人,在购买商品、接受服务,以及从事其他经营活动支付款项时,向收款方取得发票,不得要求变更品名和金额。

(7)对不符合规定的发票,不得作为报销凭证,任何单位和个人有权拒收。

(8)发票限于领购的单位和个人自己填用,任何单位和个人不得转借、转让、代开发票,未经税务机关批准,不得拆本使用发票;不得自行扩大专业发票使用范围。禁止倒买倒卖发票、发票监制章和发票防伪专用品。

(9)开具发票的单位和个人应按税务机关的规定存放和保管发票,不得擅自损毁。已经开具的发票存根联和发票登记簿,应保存五年。保存期满,报经税务机关查验后销毁。

(10)对于退回的普通发票,假如购货方和销货方均未作账务处理的,销货方必须收回原发票并注明"作废"字样,与存根联及其他联次一起粘贴以备核查;购货方未作账务处理,销货方已作账务处理的,销货方必须收回原发票后开具蓝字退货进仓单,方可开具等额的红字发票。同时,必须把红字发票记账联撕下作为冲账凭证,其余联次不得撕下,并把收回的原发票粘贴在红字发票存根联背面以备核查。

(11)任何单位和个人未经批准,不得跨区域携带、邮寄、运输空白发票。禁止携带、邮寄或者运输空白发票出入境。

(12)开具发票的单位和个人应当建立发票使用登记制度，设置发票登记簿，并定期向主管税务机关报告发票使用情况。

四 增值税专用发票的开具规定

1 一般规定

(1)字迹清楚，填写齐全，正确无误，不得涂改。如填写有误，应另行开具，并在误填发票上注明“误填作废”。如开具后因购货方不索取而成为废票的，也应按填写有误办理。

(2)票、物相符，票面金额与实际收取的金额相符。

(3)全部联次一次填开，上、下联的内容和金额一致。

(4)发票联和抵扣联加盖财务专用章或发票专用章。

(5)按照规定时限开具专用发票。

(6)不得开具伪造的专用发票，不得拆本使用专用发票。

(7)不得开具票样与国家税务总局统一制定的票样不相符合的专用发票。

开具的专用发票有不符合上列要求者，不得作为扣税凭证，购买方有权拒收。

2 具体规定

(1)一般纳税人应通过增值税防伪税控系统(以下简称“防伪税控系统”)使用专用发票。使用(包括领购)、开具、缴销、认证纸质专用发票及其相应的数据电文。

(2)专用发票实行最高开票限额管理。最高开票限额，是指单份专用发票开具的销售额合计数不得达到的上限额度。最高开票限额由一般纳税人申请，税务机关依法审批。最高开票限额为10万元及以下的，由区县级税务机关审批；最高开票限额为100万元的，由地市级税务机关审批；最高开票限额为1000万元及以上的，由省级税务机关审批。防伪税控系统的具体发行工作由区县级税务机关负责。

(3)一般纳税人销售货物或者提供应税劳务，应向购买方开具专用发票。增值税小规模纳税人(以下简称“小规模纳税人”)需要开具专用发票的，可向主管税务机关申请代开。

(4)增值税专用发票开具的要求：项目齐全，与实际交易相符；字迹清楚，不得压线、错格；发票联和抵扣联加盖财务专用章或者发票专用章；按照增值税纳税义务的发生时间开具。对不符合上述要求的专用发票，购买方有权拒收。

(5)增值税专用发票的开具时间：按照增值税纳税义务的发生时间开具。

(6)有下列情形之一的，一般纳税人不得领购开具增值税专用发票：

①会计核算制度不健全，不能向税务机关准确提供增值税销项税额、进项税额、应纳税额数据及其他有关增值税税务资料的。

②有《税收征管法》规定的税收违法行为，拒不接受税务机关处理的。

③有下列行为之一，经税务机关责令限期改正而仍未改正的：虚开增值税专用发票；私自印制专用发票；向税务机关以外的单位和个人买取专用发票；借用他人专用发票；未按本规定第十一条开具专用发票；未按规定保管专用发票和专用设备；未按规定申请办理防伪税

控系统变更发行;未按规定接受税务机关检查。

(7)纳税人有下列行为不得开具增值税专用发票:向消费者销售应税项目;销售免税项目;销售报关出口的货物;在境外销售应税劳务;将货物用于非应税项目;将货物用于集体福利和个人福利;将货物无偿赠送他人;提供非应税劳务转让无形资产或销售不动产。

向小规模纳税人销售应税项目可以不开具专用发票。

(8)增值税专用发票的作废。一般纳税人在开具专用发票当月发生销货退回、开票有误等情形,收到退回的发票联、抵扣联同时符合下列条件的,可即时作废:收到退回的发票联、抵扣联时间未超过销售方开票当月;销售方未抄税并且未记账;购买方未认证或者认证结果为"纳税人识别号认证不符"、"专用发票代码、号码认证不符",按作废处理;开具时发现有误的。

作废专用发票须在防伪税控系统中将相应的数据电文按"作废"处理,在纸质专用发票(含未打印的专用发票)各联次上注明"作废"字样,全联次留存。

第三节 税务知识

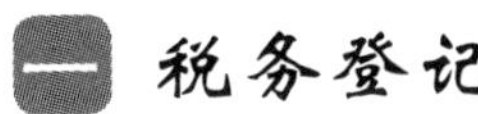

一 税务登记

税务登记有利于税务机关了解纳税人基本情况,掌握税源,加强征收与管理,建立税务机关与纳税人之间正常的工作联系,强化税收政策和法规的宣传,增强纳税意识等。

税务登记包括开业登记、变更登记、停业复业登记、注销登记和外出经营报验登记等。

1 税务登记的范围

凡有法律、法规规定的应税收入、应税财产或应税行为的各类纳税人,均应按规定办理税务登记。不从事生产、经营活动,但是依照法律、法规规定负有纳税义务的单位和个人,除临时取得应税收入或发生应税行为以及只缴纳个人所得税、车船使用税的外,也应按规定向税务机关办理税务登记。

各类企业,企业在外地设立的分支机构和从事生产、经营的场所,个体工商户和从事生产、经营的事业单位,应当自领取营业执照之日起(或自工商行政管理部门办理变更登记之日起)30 日内向所在地税务机关申请办理税务登记。

2 税务登记内容和时间

(1)开业税务登记。从事生产、经营的纳税人、个体工商户和从事生产、经营的事业单位,应当自领取营业执照之日起 30 日内向所在地税务机关申请办理税务登记;其他纳税人应自成为纳税义务人之日起 30 日内向所在地税务机关申报办理税务登记。

(2)变更登记。自工商行政管理部门办理变更登记之日起 30 日内,持相关证件到原税务登记机关申报办理变更税务登记;纳税人按照规定不需在工商行政管理机关办理变更登记的,或者其税务登记的内容与工商登记内容无关的,应自有关机关批准或者宣布变更之日起30日内,持相关证件到原税务登记机关申报办理变更税务登记。

(3)停业、复业登记。需要停业的,应向税务机关提出停业登记,说明停业的理由、时间、停业前纳税情况和发票的领、用、存情况,并如实填写申请停业登记表。税务机关经过审核,应当责成申请停业的纳税人结清税款并收回其税务登记证件、发票领购薄和发票,办理停业登记。纳税人的发票不便收回的,税务机关应当就地予以封存;经核准停业在15日以上的纳税人,税务机关应当相应调整已经核定的应纳税额;纳税人停业期间发生纳税义务,应当及时向主管税务机关申报,依法补缴应纳税款。恢复生产、经营之前,应向税务机关提出复业登记申请,经确认后,办理复业登记,领回或启用税务登记证件和发票领购簿及其领购的发票,纳入正常管理;纳税人停业期满不能及时恢复生产、经营的,应当在停业期满前向税务机关提出延长停业登记;纳税人停业期满未按期复业又不申请延长停业的,税务机关应当视为已恢复营业,实施正常的税收征收管理。

(4)注销登记。纳税人发生解散、破产、撤销以及其他情形,依法终止纳税义务的,应当在向工商行政管理机关办理注销登记前,向原税务登记管理机关申报办理注销税务登记。按照规定不需在工商行政管理机关办理注销登记的纳税人,应自有关机关批准或者宣告终止之日起15日内,向原税务登记机关申报办理注销税务登记。

纳税人因生产、经营场所变动而涉及改变税务登记机关的,应在向工商行政管理机关申请办理变更或注销登记前或者生产、经营地点变动前,向原税务登记机关办理注销税务登记,再向迁达地税务机关申报办理税务登记。

纳税人被工商行政管理机关吊销营业执照的,应当自营业执照被吊销之日起15日内,向原税务登记机关申报办理注销登记。

纳税人因生产、经营地点发生变化注销税务登记的,原税务登记机关在对其注销税务登记的同时,应向迁达地税务机关递解纳税人迁移通知书,由迁达地税务机关重新办理税务登记。如遇纳税人已经或正在享受税收优惠待遇的,迁出地税务机关应在迁移通知书上注明。

(5)外出经营报验登记。从事生产、经营的纳税人到外县(市)进行生产经营的,应向主管税务机关申请开具外出经营活动税收管理证明;外出经营活动结束,纳税人应当向经营地税务机关填报《外出经营活动情况申报表》,并按规定结清税款、缴销未使用完的发票。经营地税务机关应当在《证明》上注明纳税人的经营、纳税及发票使用情况。纳税人应持此《证明》,在《证明》有效期届满10日内,回到所在地税务机关办理《证明》缴销手续。

3 纳税申报的内容

(1)纳税人领取税务登记证15日内应向税务机关报送财务、会计制度。

(2)纳税人使用计算机记账的,应在使用前将会计电算化系统的核算软件、使用说明书及有关资料报送主管税务机关备案。

(3)报送纳税申报表和财务报表,与纳税有关的合同、协议书及凭证,外出经营活动税收管理证明和异地完税证明,公证机构出具的有关证明文件,纳税申报的时间和期限,纳税人申报时间和扣缴义务人申报、结报、代扣代缴、代收代缴税款的时间等,由县(市)税务机关按照税法规定和纳税人、扣缴义务人的具体情况确定;税人到税务机关办理纳税申报有困难的,经税务机关批准,可以邮寄申报。邮寄申报以寄出地邮戳日期为实际申报日期。

二 税种与税率

1 税种

我国现行使用的税种有：增值税、消费税、营业税、资源税、所得税、外商投资企业和外国企业所得税、固定资产投资方向调节税、城市维护建设税、城镇土地使用税、房地产税、车船使用税、印花税、土地增值税、契税、进出口关税等。

2 税率

税率是应纳税额与征税对象之间的比例，是计算税额的尺度，反映了征税深度。在征税对象数额已定的情况下，税率高低决定了税额多少，我国税率分为三种。

(1)比例税率，是对同一征税对象，不论数额多少，按照所需税目，都按同一比例征税。这种税率在税额和征税对象之间的比例是固定的。

(2)累进税率，是按照征税对象的数额大小或比率高低，划分为若干等级，每个等级由低到高规定相应的税率。税率与征税对象数额或比率成正比，征税对象数额大、比率高；反之，税率就低。

(3)定额税率，是按征税对象的一定计量单位直接规定一定数量的税额，而不是征收比例。定额税率一般只适用于从量计征的某些税种。

3 增值税纳税人及税率

根据《中华人民共和国增值税暂行条例》，凡在中华人民共和国境内销售货物或者提供加工、修理修配劳务以及进口货物的单位和个人，为增值税的纳税义务人。增值税税率为：

(1)纳税人销售或者进口下列货物，税率为13%：粮食、食用植物油；自来水、暖气、冷气、热水、煤气、石油液化气、天然气、沼气、居民用煤炭制品；图书、报纸、杂志；饲料、化肥、农药、农机、农膜。

(2)小规模纳税人征收率为6%(生产、加工的小规模纳税人)或4%(批发、零售的小规模纳税人)。

三 税收年检

(1)检查纳税人的账簿、记账凭证、报表和有关资料。检查扣缴义务人代扣代缴、代收代缴税款账簿、记账凭证和有关资料。

(2)到纳税人的生产、经营场所和货物存放地(不包括生活区和机关)检查 纳税人应纳税的商品、货物或其他财产，检查扣缴义务人与代扣代缴、代收代缴 税款有关经营情况。

(3)责成纳税人、扣缴义务人提供与纳税或代扣代缴、代收代缴税款有关的文件、证明材料和有关资料。

(4)询问纳税人、于日缴义务人与纳税或代扣代缴、代收代缴税款有关的问题和情况。

(5)到车站、码头、机场、邮政企业及其分支机构检查纳税人托运、邮寄应纳税商品、货物或其他财产的有关单据、凭证和有关资料。

(6)经县以上税务局(分局)局长批准,凭全国统一格式的检查存款账户许可证明,查核从事生产、经营的纳税人、扣缴义务人在银行或其他金融机构的存款账户;查核从事生产、经营的纳税人的储蓄存款,须经银行县、市支行或市分行的区办事处核对,指定所属储蓄所提供材料。

(7)税务机关在行使"查核"职权时,应指定专人负责,凭全国统一格式的检查存款账户许可证明进行,并有责任为被检查人保守秘密。税务机关派出的人员进行税务检查时,应出示税务检查证件。无税务检查证的,纳税人、扣缴义务人及其他当事人有权拒绝检查。

第四节　汽车维修企业的财务报告

一　财务会计报告的内容及编制要求

1 财务会计报告的内容及会计报表的种类

会计报表是根据日常会计核算资料归集、加工、汇总而形成的结果,综合反映了企业资产、负债和所有者权益的情况及一定时期的经营成果和现金流量,是会计核算的总结。主要包括资产负债表、利润表、现金流量表、所有者权益(或股东权益)变动表附注等。会计报表可按不同标准进行分类。

(1)按照会计报表所反映内容,分动态会计报表和静态会计报表。动态会计报表是反映一定时期内资金耗费和资金收回的报表。静态报表则是指综合地反映企业在某一时点资产总额和权益总额的会计报表。

(2)按照会计报表编报时间,分为月报、季报和年报。月报要求简明扼要、及时反映,如资产负债表、利润表等;年报要求揭示完整、反映全面,如现金流量表等;季报在会计信息的详细程度方面,介于月报和年报之间。

(3)按照会计报表的编制单位,可以分为单位报表和汇总报表。单位报表是指企业在自身会计核算的基础上,对账簿记录进行加工而编制的会计报表,以反映企业本身的财务状况和经营成果。汇总报表是指由企业主管部门或上级机关,根据所属单位报送的会计报表,连同本单位会计报表汇总编制的综合性会计报表。

(4)按照会计报表各项目所反映的数字内容,可以分为个别会计报表和合并会计报表。个别会计报表各项目数字所反映的内容,仅仅包括单个企业的财务数据。合并会计报表是由母公司编制的,一般包括所有控股子公司会计报表的数字,通过编制和提供合并会计报表,可以向会计报表使用者提供公司集团总体的财务状况和经营成果。

(5)按照会计报表的服务对象,可以分为内部报表和外部报表。内部报表是指为适应企业内部经营管理需要而编制的不对外公开的会计报表,如成本报表就属于内部报表。外部报表是指企业向外提供的会计报表,如资产负债表、利润表、现金流量表、所有者权益(或股东权益)变动表等就属于外部报表。

❷ 会计报表的编制要求

为保证会计报表所提供的信息能够及时、准确、完整地反映企业的财务状况和经营成果,满足信息使用者的需要,企业在编制会计报表时,就必须做到数字客观真实、计算准确、内容完整、手续齐备和报送及时等编制会计报表的一般要求。

二 利润表

❶ 利润表的结构和内容

利润表分单步式和多步式两种。单步式利润表是指以收入总额减去一切费用总额而计算出的净利润。多步式利润表是指按净利润形成的主要环节,将营业利润、利润总额和净利润等分步进行计算,从而得出最终成果(表9-3)。我国采用多步式利润表格式。

多步式利润表计算步骤如下:一是以营业收入为基础,扣除企业或其他经济组织日常主要经营活动中所发生的成本、税金、期间费用及资产减值损失,加上公允价值变动收益和投资收益等,从而计算出营业利润。二是在营业利润的基础上,加减营业外收支项目,从而计算出利润总额。三是以利润总额扣除所得税后,得出净利润。最后,利润表必须列示每股收益项目,包括基本每股收益和稀释每股收益项目。

多步式利润表 表9-3

××年×月 单位:元

项　　目	本　月　数	本年累计数
一、营业收入 减:营业成本 营业税金及附加 销售费用 管理费用 财务费用 资产减值损失 加:公允价值变动净收益 投资净收益		
二、营业利润 加:营业外收入 减:营业外支出		
三、利润总额 减:所得税费用		
四、净利润		
五、每股收益 (一)基本每股收益 (二)稀释每股收益		

❷ 利润表的编制方法

编制月报时,“本期金额”栏反映各项目的本月实际发生数,“本年累计金额”栏反映各项目自年初起至报告期末止的累计实际发生数。编报年报时,“上年金额”栏内各项数字,应根据上年度利润表“本年金额”栏内所列数字填列。如果上年度利润表与本年度利润表的项目名称和内容不相一致,应对上年度利润表项目的名称和数字按本年度的规定进行调整,填入本表“上年金额”栏内。利润表中“本期金额”栏内各项目的内容和填列方法如下:

(1)“营业收入”项目,反映企业经营业务所取得的收入总额。本项目应根据“主营业务收入”账户和“其他业务收入”账户的发生额合计填列。

(2)“营业成本”项目,反映企业经营业务发生的实际成本。本项目应根据“主营业务成本”账户和“其他业务支出”账户的发生额合计填列。

(3)“营业税金及附加”反映了企业经营业务应负担的营业税、消费税、城市维护建设税、资源税、土地增值税等。本项目应根据“营业税金及附加”账户的发生额分析填列。

(4)“销售费用”项目,反映企业在销售商品和商品流通企业在购入商品等过程中发生的费用。本项目应根据“销售费用”账户的发生额分析填列。

(5)“管理费用”项目,反映企业发生的管理费用。本项目应根据“管理费用”账户的发生额分析填列。

(6)“财务费用”项目,反映企业发生的财务费用,应根据账户发生额分析填列。

(7)“资产减值损失”项目,反映企业因资产减值而发生的损失。本项目应根据“资产减值损失”账户的发生额分析填列。

(8)“公允价值变动净收益”项目,反映企业资产因公允价值变动而发生的损益。本项目应根据“公允价值变动损益”账户的发生额分析填列。

(9)“投资净收益”项目,反映企业以各种方式对外投资所取得的收益。本项目应根据“投资收益”账户的发生额分析填列;如为投资损失,以“ - ”号填列。

(10)“营业外收入”项目,反映企业发生的与其经营活动元直接关系的各项收入。本项目应根据“营业外收入”账户的发生额分析填列。

(11)“营业外支出”项目,反映企业发生的与其经营活动无直接关系的各项支出。本项目应根据“营业外支出”账户的发生额分析填列。

(12)“所得税费用”项目,反映企业按规定从本期损益中减去的所得税。本项目应根据“所得税费用”账户的发生额分析填列。

(13)“净利润”项目,反映企业实现的净利润。如为净亏损,以“ - ”号填列。

(14)“基本每股收益”和“稀释每股收益”项目,反映企业根据每股收益准则计算的两种每股收益指标的金额。

三 资产负债表

资产负债表是反映企业某一特定日期财务状况的会计报表。它根据“资产 = 负债 + 所有者权益”会计等式,按照一定分类标准和顺序,把企业在一定日期的资产、负债、所有者权益等予以适当排列,并对日常工作中形成的大量数据进行高度浓缩整理后编制而成的。

资产负债表能够提供资产、负债和所有者权益的全貌。它可以提供某一日期资产的总额，表明企业拥有的经济资源及分布情况，是分析企业生产经营能力的重要资料；可以反映某一日期的负债总额及结构，表明企业未来需用多少资产或劳务清偿债务；可以反映所有者权益的情况，表明投资者在企业资产中所占份额，了解权益的结构情况。资产负债表还能够提供进行财务分析所需的基本资料，即可以通过该表计算流动比率、速动比率、资产负债率等，以了解企业的短期和长期偿债能力等。

1 资产负债表的内容和结构

资产负债表包括：各项资产总额及构成（含流动资产和非流动资产）；负债总额及构成（含流动负债和非流动负债）；所有者权益总额及构成（含投资者投入资本及留存收益）。

资产负债表主要有报告式和账户式（表9-4）两种。我国一般采用账户式。

资产负债表　　表9-4

编制单位：××　　20××年×月××日　　单位：元

资　　产	期末余额	年初余额	负债和所有者权益	期末余额	年初余额
流动资产：			流动负债：		
货币资金			短期借款		
交易性金融资产			交易性金融负债		
应收票据			应付票据		
应收账款			应付账款		
预付款项			预收款项		
应收利息			应付职工薪酬		
应收股利			应交税费		
其他应收款			应付利息		
存货			应付股利		
一年内到期的非流动资产			其他应付款		
其他流动资产			一年内到期的非流动负债		
流动资产合计			其他流动负债		
非流动资产：			流动负债合计		
可供出售金融资产			非流动负债：		
持有至到期投资			长期借款		
长期应收款			应付债券		
长期股权投资			长期应付款		
投资性房地产			专项应付款		
固定资产			预计负债		
在建工程			递延所得税负债		
工程物资			其他非流动负债		
固定资产清理			非流动负债合计		
生产性生物资产			负债合计		
油气资产			所有者权益：		
无形资产			实收资本（或股本）		

续上表

资　产	期末余额	年初余额	负债和所有者权益	期末余额	年初余额
开发支出			资本公积		
商誉			减:库存股		
长期待摊费用			盈余公积		
递延所得税资产			未分配利润		
其他非流动资产			所有者权益合计		
非流动资产合计					
资产总计			负债和所有者权益或股东权益总计		

2 资产负债表的编制

资产负债表"期初余额"栏各项数字应根据上年末"期末余额"栏内所列数字填列。"期末余额"栏各项目主要是根据资产、负债和所有者权益期末余额记录编制的。

(1)"货币资金"项目,反映企业期末持有的现金、银行存款和其他货币资金等的总和。本项目应根据"库存现金"、"银行存款"、"其他货币资金"账户的期末余额相加后填列。

(2)"交易性金融资产"、"应收票据"、"预付账款"、"应收股利"、"应收利息"、"待摊费用"、"其他流动资产"、"可供出售金融资产"、"在建工程"、"工程物资"、"固定资产清理"、"开发支出"、"商誉"、"递延所得税资产"、"其他非流动资产"等项目,反映企业持有的相应资产的期末价值,一般应根据各个账户的期末借方余额直接填列。其中,"预付账款"账户所属有关明细账期末有贷方余额的,应在本表"应付账款"项目内填列。

(3)"应收账款"、"其他应收款"、"长期应收款"、"存货"、"消耗性生物资产"、"持有至到期投资"、"投资性房地产"、"长期股权投资"、"固定资产"、"生产性生物资产"、"油气资产"、"无形资产"等资产项目,反映企业期末持有的相应资产的实际价值,应当以扣减提取的相应资产减值准备后的净额填列。其中,"固定资产"、"无形资产"、"生产性生物资产"、"油气资产"项目,还应按减去相应的"累计折旧"、"累计摊销"、"生产性生物资产累计折旧"、"累计折耗"期末余额后的金额填列。材料采用计划成本核算以及库存商品采用计划成本或售价核算的,"存货"项目还应按加上或减去"材料成本差异"、"商品进销差价"期末余额后的金额填列。如果"应收账款"账户中所属明细账期末有贷方余额,应在本表"预收账款"项目内填列。"代理业务资产"减去"代理业务负债"后的余额在"存货"项目中反映。建造承包商的"工程施工"期末余额大于"工程结算"期末余额的差额,应在"存货"项目中反映。"长期应收款"项目,应按减去相应的"未实现融资收益"期末余额后的金额填列。企业期末持有的公益性生物资产,应在"其他非流动资产"项目中反映。

(4)"短期借款"、"交易性金融负债"、"应付票据"、"应付账款"、"预收账款"、"应付职工薪酬"、"应交税费"、"应付利息"、"应付股利"、"其他应付款"、"预提费用"、"预计负债"、"其他流动负债"、"长期借款"、"应付债券"、"专项应付款"、"递延所得税负债"、"其他非流动负债"等项目,一般应反映企业期末尚未偿还的短期借款、应付未付给职工的各种薪酬、应交未交税费等,一般应根据各个账户的期末贷方余额直接填列。其中,"应付职工薪酬"、"应交税费"等期末转为债权的,应以"－"号填列。

如果“应付账款”账户所属各明细账期末有借方余额,应在本表“预付账款”项目内填列,如果“预收账款”账户所属有关明细科目有借方余额的,应在本表“应收账款”项目内填列。建造承包商的“工程施工”期末余额小于“工程结算”期末余额的差额,应在“应付账款”项目中反映。“递延收益”应在“其他流动负债”项目中反映。

(5)“实收资本”、“资本公积”、“盈余公积”、“库存股”等项目,一般应反映企业期末持有的接受投资者投入企业的实收资本、从净利润中提取的盈余公积余额、企业收购的尚未转让或注销的本公司股份金额等,应根据各个账户的期末贷方余额直接填列。其中,期末累计未分配利润、资本公积为负数的,以“ - ”号填列。

(6)企业与同一客户在购销商品结算中形成的债权债务关系,应当单独列示,不应当相互抵消,即应收账款不能与预收账款相互抵消、预付账款不能与应付账款相互抵消、应付账款不能与应收账款相互抵消、预收账款不能与预付账款相互抵消。长期应收款中将于一年内(含一年)到期的部分,在“一年内到期的非流动资产”项目中反映;长期待摊费用中将于一年内(含一年)摊销的部分,在“待摊费用”项目中反映;长期应付款中将于一年内到期的部分,在“一年内到期的非流动负债”项目中反映。

四 现金流量表

现金流量表是反映企业在一定会计期间内有关现金和现金等价物的流人和流出的报表,是以现金为基础编制的财务状况变动表。这里的现金是相对广义的现金,不仅包括库存现金,还包括企业随时支用的银行存款、其他货币资金以及现金等价物。

1 现金流量及其分类

企业一定时期内现金流入和流出是由各种因素产生的,现金流量表首先要对企业各项经济业务发生的现金流量进行合理的分类。企业一定时期内发生的现金流量可分为以下三大类,即经营活动产生的现金流量、投资活动产生的现金流量和筹资活动产生的现金流量。

2 现金流量表的基本格式

现金流量表属于年报,其由报表主表和补充资料两部分组成,具体格式见表9-5。

现金流量表

表9-5

编制单位: ××年度 单位:元

项　　目	本期金额	上期金额
一、经营活动产生的现金流量		
销售商品、提供劳务收到的现金		
收到的税费返还		
收到的其他与经营活动有关的现金		
经营活动现金流入小计		
购买商品、接受劳务支付的现金		
支付给职工以及为职工支付的现金		
支付的各项税费		
支付的其他与经营活动有关的现金		
经营活动现金流出小计		
经营活动产生的现金流量净额		

续上表

项　目	本期金额	上期金额
二、投资活动产生的现金流量		
收回投资所收到的现金		
取得投资收益所收到的现金		
处置固定资产、无形资产和其他长期资产收回的现金净额		
处置子公司及其他营业单位收到的现金净额		
收到其他与投资活动有关的现金		
投资活动现金流入小计		
购建固定资产、无形资产和其他长期资产支付的现金		
投资支付的现金		
取得子公司及其他营业单位支付的现金净额		
支付的其他与投资活动有关的现金		
投资活动现金流出小计		
投资活动产生的现金流量净额		
三、筹资活动产生的现金流量		
吸收投资收到的现金		
取得借款收到的现金		
收到的其他与筹资活动有关的现金		
筹资活动现金流入小计		
偿还债务支付的现金		
分配股利、利润或偿付利息支付的现金		
支付的其他与筹资活动有关的现金		
筹资活动现金流出小计		
筹资活动产生的现金流量净额		
四、汇率变动对现金的影响额		
五、现金及现金等价物净增加额		
加:期初现金及现金等价物余额		
六、期末现金及现金等价物余额		

3 现会流量表的编制基础及披露

现金流量表的编制基础是收付实现制。编制现金流量表时,应当调整那些由于运用权责发生制原则而增减了本期的净利润但并没有增加或减少现金的一些收益和费用、支出以及存货、应收应付等项目。现金流量表附注主要披露以下三个方面的内容:

(1)企业应采用间接法在附注中披露将净利润调节为经营活动现金流量的信息。

(2)企业应当披露当期取得或处置子公司及其他营业单位的有关信息。

(3)企业应当披露现金及现金等价物的信息。

五 所有者权益变动表

所有者权益(或股东权益)变动表是反映企业年末所有者权益(或股东权益)增减变动情况的报表。按照《企业会计准则第30号——财务报表列报》的规定,所有者权益(或股东权益)变动表至少应当单独列示下列信息的项目:

(1)净利润。
(2)直接计入所有者权益的利得和损失项目及其总额。
(3)会计政策变更和差错更正的累积影响金额。
(4)所有者投入资本和向所有者分配利润等。
(5)按照规定提取的盈余公积。
(6)实收资本、资本公积、盈余公职、未分配利润的期初和期末余额及其调节情况。

六 会计报表之间的勾稽关系

会计报表之间存在着一定的勾稽关系,它们从不同的角度说明企业的财务状况、经营成果和现金流量情况。会计报表的勾稽关系主要包括主表与主表之间等的勾稽关系。

1 资产负债表与利润表之间的勾稽关系

资产负债表反映的是某一个时点上的财务状况,属于静态报表;而利润表反映的是某一时期的经营成果,属于动态报表。利润表中的净利润是所有者权益的一个组成部分,在资产负债表中以留存收益的形式出现,作为资产负债表的一个投入量。相应地,资产负债表将各个会计期间的经营成果联结在一起,它是两个会计期间利润表之间的桥梁。

2 资产负债表、利润表与现金流量表之间的关系

经过大量的研究,得出的一个结论是,将现金流量表和以应计制为基础的资产负债表和利润表结合起来使用,要比任何单独的一项更为有用,也就是说,在评价企业经营业绩和未来前景时,两者都是必需的。从某种意义上来说,现金流量表与资产负债表、利润表的勾稽关系直接体现在现金流量表的编制方法之中。现金流量表的编制是以利润表和资产负债表的数据为基础,通过对这两种报表的收入、费用等一些项目进行调整,把权责发生制核算原则转换成收付实现制下的现金流入、现金流出和现金流量净增加额。主要体现在以下几点:

(1)在现金流量表的编制基础不包括现金等价物的情况下,年末资产负债表中"货币资金"的年末数与年初数之差必须与现金流量表正表和补充资料中的"现金及现金等价物净增加额"相等。

(2)现金流量表中的"投资活动产生的现金流量"主要是指企业长期资产增减变动所引起的现金流量的增减变动,它主要依据资产负债表中的"固定资产"、"无形资产"等长期资产项目及相关账户资料来反映:"筹资活动产生的现金流量"是指导致企业所有者权益及借款规模和构成发生变化的活动所引起的现金流量的增减变动,它主要依据资产负债表中的"银行借款"、"应付账款"等负债项目来反映。

【复习思考题】

1. 什么是支票?支票的有效期为几天?
2. 如何填写支票的日期?试填写2018年8月8日开出的支票日期。
3. 银行汇票可以如何使用?
4. 什么样的信用卡可以透支?
5. 发票分哪几种?各适用于什么场合?

6. 作废发票应该怎么处理？

7. 客户将发票丢失，要求补开，应该怎么应对？

8. 财务会计报告的作用是什么？包括哪些内容？

9. 什么要编制会计报表？会计报表的编制有哪些要求？

10. 为什么要编制资产负债表？

11. 资产负债表的结构和内容是什么？

12. 现金流量表包括哪些具体内容？其结构如何？

【模拟考试题】

一、单项选择题

1. 转账支票可以用做________用途。

A. 支出现金　　B. 转账　　C. 抵账　　D. 抵押

2. 支票的提示付款期限为________。

A. 5 天　　B. 7 天　　C. 10 天　　D. 15 天

3. 目前，支票的使用范围为________。

A. 本市　　B. 本省　　C. 全国　　D. 全球

4. 支票遗失后，失票人在向付款人挂失止付或申请公示催告前，票据已经由付款人善意付款的，给支票权利人造成的损失，应当由________负责。

A. 出票人　　B. 收票人　　C. 银行

5. 银行汇票的提示付款期限自出票日起为________。

A. 10 天　　B. 15 天　　C. 1 个月　　D. 2 个月

6. 信用卡透支期限最长不得超过________天。

A. 30　　B. 60　　C. 90　　D. 120

7. 商业汇票承兑期限最长不得超过________个月？

A. 1　　B. 2　　C. 3　　D. 6

8. 动态会计报表是反映一定时期内资金耗费和________的报表。

A. 资金借出　　B. 资金收回　　C. 资金被盗

9. 我国一般采用________形式的资产负债表。

A. 报告式　　B. 账户式　　C. 混合式

10. 利润表反映的是某一时期的经营成果，属于________报表。

A. 动态　　B. 静态　　C. 常态　　D. 变态

二、多项选择题

1. 按照支付方式，支票分为________。

A. 普通支票　　B. 现金支票　　C. 实物支票　　D. 转账支票

2. 标有“现金”字样的银行汇票可以用于________。

A. 转账　　B. 支取现金　　C. 典当

3. 信用卡是商业银行向个人和单位发行，其主要用途有________。

A. 凭以向特约单位购物　　B. 凭以向特约单位消费

C. 向朋友借款　　D. 向银行存取现金

4. 商业汇票一般有________几个当事人。

A. 出票人　　B. 收款人　　C. 持票人　　D. 付款人

5. 普通发票可以由________使用。

A. 营业税纳税人　　B. 增值税小规模纳税人

C. 汽车维修工　　D. 维修接待员

6. 发票是维护社会秩序的工具，主要具有________作用。

A. 相互见面　　B. 证明作用　　C. 合同性质

7. 会计报表按照所反映的内容，分为________几类。

A. 动态会计报表　　B. 静态会计报表

C. 常态会计报表　　D. 变态会计报表

8. 资产负债表能够提供________的全貌。

A. 资产　　B. 负债　　C. 所有者权益　　D. 使用者债务

9. 现金流量表是反映企业在一定会计期间内有关________的流入和流出的报表，是以现金为基础编制的财务状况变动表。

A. 人民币　　B. 现金　　C. 现金等价物　　D. 美元

10. 现金流量表应该反映出企业在一定时期内所发生的现金流量，可以分为________几类。

A. 外人还款产生的现金流量　　B. 经营活动产生的现金流量

C. 投资活动产生的现金流量　　D. 筹资活动产生的现金流量

三、判断题

1. 支票是由收票人签发，委托办理支票存款业务的银行或者其他金融机构在见票时无条件支付确定金额给收款人或持票人的票据。（　　）

2. 现金支票是支票上印有“现金”字样的支票，只能用于支取现金。（　　）

3. 支票是允许涂改的，只要出票人单位的公章清晰即可。（　　）

4. 银行汇票不能用于转账。（　　）

5. 贷记卡是发卡银行给予持卡人一定的信用额度，持卡人可在信用额度内先消费、后还款的信用卡。（　　）

6. 银行本票是申请人将款项交存银行，由银行签发的承诺自己在见票时无条件支付确定的金额给收款人或者持票人的票据。（　　）

7. 商业汇票是指由付款人或存款人（或承兑申请人）签发，由承兑人承兑，并于到期日向收款人或被背书人无条件支付确定金额款项的一种票据。（　　）

8. 假如本单位的维修发票已经用完，可以向邻近修理厂借用。（　　）

9. 假如汽车4S店属于当地二类维修企业，则无需办理税务登记。（　　）

10. 汽车维修企业到外市开展连锁经营时，只要已经在本地税务机关登记注册，无需向经营地税务机关重新登记。（　　）

模拟考试题参考答案

第一章　汽车后市场服务新理念

一、单项选择题

1. C　2. B　3. A　4. B　5. C　6. C　7. B　8. D

二、多项选择题

1. ABD　2. ABC　3. ABCD

三、判断题

1. ✓　2. ×　3. ✓　4. ×　5. ×

四、分析题(略)

第二章　汽车文化概论

一、单项选择题

1. B　2. A　3. C　4. B　5. A　6. C　7. D　8. A　9. B　10. B
11. C　12. D　13. A　14. B　15. B

二、多项选择题

1. ABCD　2. ABD　3. ABCD　4. BCD　5. ABC
6. ABCD　7. ABCD　8. ACD　9. ABD

三、判断题

1. ✓　2. ✓　3. ×　4. ✓　5. ×　6. ×　7. ✓　8. ✓　9. ×

四、分析题(略)

第三章　汽车构造知识

一、单项选择题

1. B　2. C　3. C　4. B　5. C　6. C　7. C　8. B　9. B　10. A

二、多项选择题

1. ACD　2. ABCD　3. ABC　4. ABCD　5. ABC
6. AB　7. BC　8. ABCD　9. ACD　10. ABCD
11. ABCD　12. ABCD

三、判断题

1. ✓　2. ×　3. ✓　4. ✓　5. ×　6. ×　7. ✓　8. ✓　9. ✓　10. ×

四、分析题(略)

第四章　汽车维修企业认识

一、单项选择题

1. A　2. A　3. C　4. C　5. C　6. C　7. B　8. D

二、多项选择题

1. ACD　2. ABC　3. BC　4. ACD　5. ABC
6. ABCD　7. ABCD　8. ABCD　9. ABCD

三、判断题

1. √　2. √　3. ×　4. ×　5. √　6. ×　7. √　8. ×

四、分析题(略)

第五章　汽车维修服务接待

一、单项选择题

1. A　2. D　3. C　4. B　5. C　6. B

二、多项选择题

1. AB　2. ABD　3. BC　4. ABD　5. ABC
6. ABCD　7. ABCD　8. ABCD

三、判断题

1. √　2. ×　3. √　4. ×　5. ×　6. √　7. √　8. √

四、分析题(略)

第六章　汽车维护知识

一、单项选择题

1. A　2. C　3. B　4. D　5. A　6. B　7. C　8. C　9. C

二、多项选择题

1. ABCD　2. ABC　3. ACD　4. ABC　5. ABCD
6. ABCD　7. BCD　8. ABCD　9. ABCD

三、判断题

1. ×　2. ×　3. √　4. √　5. √　6. ×　7. ×

四、分析题(略)

第七章　汽车常见故障

一、单项选择题

1. C　2. B　3. B　4. B

二、多项选择题

1. AB　2. ABCD　3. ACD　4. AC　5. ABCD
6. ABCD　7. ABCD

三、判断题

1. √　2. √　3. ×　4. ×　5. √

四、分析题(略)

第八章　汽车维修业务管理

一、单项选择题

1. B　2. C　3. C　4. D　5. A　6. C　7. A　8. D　9. C　10. B

11. B　12. B　13. A　14. C　15. D　16. C　17. C　18. C　19. B　20. A

二、多项选择题

1. ABD　2. ABCD　3. BCD　4. ABD　5. BCD
6. ACD　7. ABCD　8. ABD　9. ABC　10. ABCD
11. ABCD　12. ACD　13. ABCD　14. BCD　15. ACD

三、判断题

1. ✓　2. ×　3. ✓　4. ✓　5. ✓　6. ✓　7. ✓　8. ✓　9. ✓　10. ×
11. ×　12. ✓　13. ×　14. ×　15. ×　16. ×　17. ×　18. ✓　19. ×　20. ×

四、分析题(略)

第九章　汽车维修财务知识

一、单项选择题

1. B　2. C　3. C　4. A　5. C　6. B　7. D　8. B　9. B　10. A

二、多项选择题

1. ABD　2. AB　3. ABD　4. ABD　5. AB
6. BC　7. AB　8. ABC　9. BC　10. BCD

三、判断题

1. ×　2. ✓　3. ×　4. ×　5. ✓　6. ✓　7. ✓　8. ×　9. ×　10. ×

参考文献

[1] 贾逵钧,莫远. 如何做好汽车维修业务接待. 北京:机械工业出版社,2006.
[2] 李景芝,郭荣春. 汽车文化. 北京机械工业出版社,2011.
[3] 戴冠军. 汽车维修工程. 北京:人民交通出版社,2001.
[4] 范瑞亭,苗泽青. 汽车维修行业管理指南. 北京:人民交通出版社,2005.
[5] 高延龄. 汽车运用工程. 北京:人民交通出版社,2006.
[6] 李华. 我国汽车维修企业存在的问题及发展对策. 科技信息. 北京:科技出版社,2008.10.
[7] 黄伟. 中国汽车维修业的发展趋势. 职业技术理论研究. 重庆:重庆出版社,2007.4.
[8] 于秀华. 实行连锁经营是我国汽车维修企业的发展趋势. 林业机械与木工设备. 哈尔滨:东北林业大学出版社,2004.11.
[9]《中华人民共和国发票管理办法》.
[10]《中华人民共和国发票管理办法实施细则》.
[11]《增值税专用发票使用规定》.
[12]《关于修订增值税专用发票使用规定的补充通知》.
[13]《中华人民共和国票据法》.
[14]《中华人民共和国增值税暂行条例》.
[15]《企业会计准则》.

参考文献